中国劳动关系学院劳动教育教材委员会"十四五"规划教材
融入"党的二十大精神"

U0649022

职业与劳动

——大学生劳动教育十讲

（第2版）

OCCUPATION AND LABOR

TEN LECTURES ON LABOR EDUCATION
FOR COLLEGE STUDENTS

党印　主编

李珂　曲霞　主审

人民交通出版社股份有限公司
北　京

内 容 提 要

本书是中国劳动关系学院劳动教育教材委员会"十四五"规划教材。本书根据中共中央、国务院印发的《关于全面加强新时代大中小学劳动教育的意见》和教育部印发的《大中小学劳动教育指导纲要(试行)》编写而成。全书共十讲,包括:劳动类型与劳动组织、产业发展与职业要求、劳模精神与职业道德、劳动精神与职业发展、工匠精神与职业技能、劳动心理与职业适应、劳动安全与职业健康、劳动价值与职业收入、劳动法规与职业保障和劳动关系与未来职业。

本书立足于刚入校的大学生,面向大学生未来就业和职业生涯发展,旨在讲授全面的劳动知识,培养深厚的劳动情怀、优良的劳动品质,使大学生树立正确的劳动价值观,展现积极向上的劳动精神面貌,为在校期间全面发展,未来从事相关职业打下坚实的基础。

本书既可作为高等院校劳动教育必修课程的教材,也可作为相关企业员工培训的学习读物。本书配套有教学 PPT、扩展案例库等数字化教学资源,欢迎加入劳动教育教学研讨群(QQ 群号 732215914)获取。

图书在版编目(CIP)数据

职业与劳动:大学生劳动教育十讲 / 党印主编 .—
2 版 .—北京:人民交通出版社股份有限公司,2023.5
ISBN 978-7-114-18750-6

Ⅰ. ①职… Ⅱ. ①党… Ⅲ. ①大学生—劳动教育
Ⅳ. ① G40-015

中国国家版本馆 CIP 数据核字 (2023) 第 070538 号

中国劳动关系学院劳动教育教材委员会"十四五"规划教材
融入"党的二十大精神"
Zhiye yu Laodong——Daxuesheng Laodong Jiaoyu Shi Jiang

书　　　名:**职业与劳动——大学生劳动教育十讲(第 2 版)**
著 作 者:党　印
责任编辑:王　丹
责任校对:赵媛媛
责任印制:刘高彤
出版发行:人民交通出版社股份有限公司
地　　址:(100011)北京市朝阳区安定门外外馆斜街 3 号
网　　址:http://www.ccpcl.com.cn
销售电话:(010)59757973
总 经 销:人民交通出版社股份有限公司发行部
经　　销:各地新华书店
印　　刷:北京市密东印刷有限公司
开　　本:787 × 1092　1/16
印　　张:15
字　　数:280 千
版　　次:2021 年 6 月　第 1 版
　　　　　2023 年 5 月　第 2 版
印　　次:2024 年 1 月　第 2 版　第 4 次印刷　总第 9 次印刷
书　　号:ISBN 978-7-114-18750-6
定　　价:49.00 元

FOREWORD 序 言

《中共中央 国务院关于全面加强新时代大中小学劳动教育的意见》（中发〔2020〕7号，简称《意见》）面向各级各类学校提出了整体优化劳动教育课程设置的总要求，要求"将劳动教育纳入中小学国家课程方案和职业院校、普通高等学校人才培养方案""职业院校以实习实训课为主要载体开展劳动教育，其中劳动精神、劳模精神、工匠精神专题教育不少于16学时。普通高等学校要明确劳动教育主要依托课程，其中本科阶段不少于32学时。"教育部《大中小学劳动教育指导纲要（试行）》（简称《纲要》）则从目标、内容和途径等方面进一步细化了普通中小学、职业院校和普通高等学校劳动教育的学段要求。两个文件从顶层设计的角度明确了不同学段、不同类型学校劳动教育的不同要求，但实践中，高等院校（含高职院校）与中小学劳动教育混同化的现象依然非常明显。

我认为，高等学校（含高职院校）的劳动教育不同于中小学劳动教育的一个突出特点是其职业性，它是一种面向职场、以职业为导向的劳动教育，是一种旨在从思想上、知识上和能力上为学生顺利进入职场、获得高水平发展做好准备的教育。目前，很多高校，包括职业院校，把《意见》和《纲要》要求的劳动教育必修课开成了劳动周活动，把打扫卫生、勤工助学、到食堂帮厨、做家常菜等中小学常用的劳动教育手段当成了大学生劳动教育的主要内容。我觉得这些做法可以有，特别是在当代大学生在中小学阶段就普遍缺乏劳动锻炼的情况下，适当组织这样的活动、适当"补课"是应该的，但它不应该成为大学生劳动教育的主体、"主菜"，更不是全部。大学生劳动教育要特别强调"懂劳动"的教育，因为高等教育阶段是学生走向职场的最后一站，他们格外需要理解马克思主义劳动观的真理性意义，掌握有关劳动的知识、政策、法律，准确把握劳动发展的未来趋势与劳动者素质要求，全面做好社会主义事业建设者和接班人的思想上和认识上的准备。此外，大学生的劳动教育还要特别强调"专业报国""技术报国""治学报国"，建立专业学习或职业技术学习与劳动教育的内在关联。

从这个意义上讲，由我校青年学者党印担纲主编的这本《职业与劳动——大学生劳动教育十讲》抓住了大学生劳动教育的本质，不仅很好地体现了《意见》和《纲要》关于普通高等学校和职业院校劳动教育必修课的基本要求，而且凸显了职业与劳动之间的内在关联性，强化了大学生在整个人类社会劳动发展的大趋势下认识职业价值、理解职业分工、做好职业规划的意识与能力。

本教材以"劳动"与"职业"为主线，层层递进地展示出二者的内在互动关系：一是劳动的发展、劳动分工和劳动组织的变化，决定并改变着职业的内容、形式、性质和价值取向；二是职业的内容、形式、性质和价值取向的变化强化了职业教育在整个社会生产体系中的突出重要地位，要求以职业教育来优化并提高劳动的效率和效益，进而推动社会经济的发展；三是职业教育具有适应和引导人们劳动就业的功能，劳动力市场的供求变化影响和调节着职业教育的结构和规模，并引导着职业教育与劳动教育的深度结合，进而引发人类社会劳动与职业的进一步变革。以这种层层递进的逻辑关联，深刻揭示出劳动没有高低贵贱之分，任何一份职业都很光荣、都能出彩的道理，展现出当代大学生要适应新一轮科技革命和产业变革的需要，密切关注行业、产业前沿知识和技术进展，勤学苦练、深入钻研，干一行、爱一行、钻一行，不断提高劳动技能水平的必要性。

同时，本教材紧扣大学生职业发展需要，对国家在劳动就业、劳动法律完善、提高劳动者收入水平、构建多层次社会保障体系、改善劳动安全卫生条件、构建社会主义和谐劳动关系、广大劳动者共建共享改革发展成果方面的相关政策进行了解读，并配套提供大量生动案例，生动地体现出中国共产党以人民为中心、以让人民群众过上更加幸福的好日子为奋斗目标的执政理念，说明了劳动创造财富、劳动创造幸福，在社会主义制度下，一切劳动者只要肯学肯干肯钻研，练就一身真本领，掌握一手好技术，就都能立足岗位成长成才，都能在劳动中发现广阔天地，在劳动中体现价值、展现风采、感受快乐的道理。进而教育引导新时代大学生立足本职、胸怀全局，自觉发扬劳模精神、劳动精神、工匠精神，自觉把人生理想、家庭幸福融入国家富强、民族复兴的伟业之中，把个人梦与中国梦紧密联系在一起，以国家主人翁的姿态为坚持和发展中国特色社会主义作出贡献，努力谱写"中国梦 劳动美"的壮丽篇章。

总之，本教材很好地体现了《意见》和《纲要》对新时代大学生劳动价值观教育的要求，可作为普通高校和高职院校开好劳动教育的必修课，引导学生掌握通用劳动科学知识，深刻理解马克思主义劳动观和社会主义劳动关系，增强职业认同感和劳动自豪感，培育不断探索、精益求精、追求卓越的工匠精神和爱岗敬业的劳动态度的重要教材。当然，本教材还有很多需要完善的地方，其运用于课堂教学后的实际效果也有待进一步检验。但作为建构以职业为导向的大学生劳动通识教育体系的率先尝试，党印等一批青年学者的创新是值得肯定的，也希望作者团队能沿着这个方向继续努力，并根据教材使用的效果不断修订完善，为推进新时代高校劳动教育、科学建构高校劳动教育课程体系作出更大贡献。

刘向兵

2021 年 5 月 1 日于北京

PREFACE 第2版前言

劳动教育是与劳动者相关的教育。今天的大学生是明天各行业的劳动者，明天各行业的发展有赖于今天的大学生充分认识劳动、劳动者、劳动观和劳动教育。今天的大学生需掌握必要的专业知识和劳动技能，涵养良好的劳动品质，以良好的劳动精神面貌走向明天的劳动世界，迎接未来的各项挑战。

大学生学习的专业不同，对口的社会行业不同，但需要掌握一些共同的劳动科学通识，比如劳动组织、劳动法、劳动心理、劳动安全，也需要树立共同的正确劳动价值观，弘扬共同的劳模精神、劳动精神和工匠精神。这些与专业无关，与性别无关，与所在地区和学校无关，是当代大学生提升劳动素养、走向职场的必要准备。

在2018年全国教育大会之后，党和国家先后发布了多份关于劳动教育的文件，既有中共中央、国务院发布的《关于全面加强新时代大中小学劳动教育的意见》、教育部发布的《大中小学劳动教育指导纲要（试行）》，又有各省级、地市级和县级发布的实施意见和方案。除此以外，劳动教育被写入2021年修订的《教育法》，被写入2022年党的二十大报告，重要性大幅提升。党的二十大报告指出，"统筹职业教育、高等教育、继续教育协同创新，推进职普融通、产教融合、科教融汇，优化职业教育类型定位。"总之，加强劳动教育是新时代教育体系改革的重要要求，大学生结合职业发展开展劳动教育具有全面的政策基础。

大学生开展劳动教育既包括必要的劳动实践活动，又包括必要的劳动通识教育。专门的劳动教育必修课是开展劳动教育的重要载体，此类课程需基于专门的劳动教育通识教材。在此背景下，近年来全国涌现出数十本劳动教育通识教材，中国劳动关系学院劳动教育学院亦组织编写劳动教育教材系列，这本《职业与劳动——大学生劳动教育十讲》乃其中之一。

本教材面向普通高等学校和高等职业院校的大学生，旨在普及通用劳动科学知识，引导大学生树立正确的劳动价值观。本教材第1版于2021年6月出版，两年来被数百所高校选为劳动教育教材，受到广泛好评，编者团队倍受鼓舞。我们深知，广大学子对优质劳动教育的需求持续存在，对优质劳动教育教材的需求不断增加，我们有责任继续编写更高质量的教材，满足莘莘学子的需求。在本次修订中，我们改正了本教材第1版中的勘误，调整完善了章节结构，增补了若干新近案例，更加凸显案例与章节内容的关联性，内容质量得到进一步提升。与此同时，我们配套新建了每讲电子案例库逾 3 万字，以丰富的案例提升内容的可读性和趣味性，方便读者在案例中感悟原理，获得新知。需求者可加入劳动教育教学研讨群（QQ 群号 732215914）联系人民交通出版社股份有限公司编辑获取。

本次修订得到了本教材第 1 版编写团队的大力支持，中国劳动关系学院党委书记刘向兵、劳动教育学院院长李珂、劳动教育学院副院长曲霞对本次修订提出了宝贵意见，中国劳动关系学院劳动教育学院李素卿老师和陈丹老师提供了热情帮助，人民交通出版社股份有限公司策划编辑王丹为本次修订做了大量工作，在此一并表示感谢！

本教材第 2 版承载着新的期望，希望能更加贴近广大学生的学习习惯，方便广大教师开展相关教学和实践活动。当然，本教材可能仍然存在一些错漏和不足，敬请各位读者指正并反馈给编者（邮件地址：dangyin1999@163.com），我们将致以最诚挚的谢意！

编　者

2023 年 4 月

PREFACE　第1版前言

课程特点

　　劳动教育是大学生的必修课。本课程为职业与劳动，亦称劳动概论、劳动教育通论，属于劳动通识课，主要介绍与劳动、劳动者相关的组织、产业、理念、心理、安全、经济和法律等内容。

　　本课程面向大学生未来就业和职业生涯发展，旨在讲授全面的劳动知识，培养深厚的劳动情怀和优良的劳动品质，使大学生树立正确的劳动价值观，展现积极向上的劳动精神面貌，为在校期间全面发展，未来从事相关职业打下坚实的基础。

编写背景

　　2018 年全国教育大会上，习近平总书记提出，要努力构建德智体美劳全面培养的教育体系，形成更高水平的人才培养体系。2020 年 3 月 20 日，中共中央、国务院发布《关于全面加强新时代大中小学劳动教育的意见》，7 月 7 日，教育部发布《大中小学劳动教育指导纲要（试行）》。在新时代，劳动教育的重要性上升到新的高度，成为大中小学人才培养的必备环节。

　　职业院校和高等院校承担着为社会培养职业人才和专业人才的重要使命。截至 2019 年底，全国各类高等教育在学总规模 4002 万人，其中普通本、专科生分别为 1751 万人、1281 万人。今天的大学生是明天各行各业的劳动者，大学生对劳动的认知将直接影响未来的工作状态和职业发展，也将影响所在单位和行业的发展。因此，大学生在校期间有必要学习劳动通识，学校也有必要开设劳动通识课程。

　　按照《意见》和《纲要》对职业院校和高等院校劳动教育的内容要求，中国劳动关系学院劳动教育学院组建编写团队，广泛调研各类企业的用工需求和对新入职员工的综合评价，并结合历年就业质量年报，通过问卷和访谈的形式汇总毕业生和在校生对劳动教育的认识和学习需求，在此基础上组织编写相关内容。本教材既涵盖了《意见》和《纲要》要求的劳动精神、劳模精神、工匠精神、劳动组织、劳动安全和劳动法规等内容，也包含产业发展、职业心理、劳动经济和劳动关系等内容。本教材既适用于职业院校教学，也可用于普通高等学校的劳动通识课程。

内容结构

　　本教材面向大学生的未来职业，以"劳动"和"职业"为主线，主要介绍了与劳动、劳动者相关的劳动通识，共十讲内容。

（1）劳动类型与劳动组织。讲述现实社会中的各类劳动和劳动组织，以及各类劳动组织如何组织劳动，为大学生对照劳动种类、选择未来职业方向提供一个总体图景。

（2）产业发展与职业要求。讲述人类社会产业演变历程、中华人民共和国成立以来的产业发展历程和各阶段的行业人才要求，学生可以知悉行业发展与人才特点的协同性。

（3）劳模精神与职业道德。讲述不同时期的劳模代表和他们所展现的劳模精神，学生学习劳模精神，提升职业道德，有朝一日也可能成为企业、地区或国家级劳模。

（4）劳动精神与职业发展。讲述从基层、中层到高层的职业发展历程中，分别需要从事哪些劳动，以及各类劳动需要的劳动精神，学生可以比较不同工作的异同。

（5）工匠精神与职业技能。讲述外国和中国的工匠精神、提升职业技能的实践路径，学生以工匠精神为指引，掌握一技之长，可以同时实现个人价值与社会价值。

（6）劳动心理与职业适应。讲述从职业新人到职场精英的成长过程中，劳动者可能遇到的心理困惑、心理问题，以及相应的调适方法，帮助劳动者度过情绪低谷。

（7）劳动安全与职业健康。讲述劳动者工作过程中可能遇到的安全风险、安全隐患和职业健康风险，劳动者需要提前知悉，有备无患，尽力消除各类安全或健康风险。

（8）劳动价值与职业收入。讲述劳动者参加劳动的宏微观价值、个体和社会层面的劳动力供求、劳动者工资差异、失业现象和应对方法等，学生可以从多个角度认识劳动价值。

（9）劳动法规与职业保障。讲述劳动法的基本常识、与劳动者直接相关的劳动法规、劳动合同对职业的保障和劳动争议处理等内容，引导学生知法、懂法、守法、用法。

（10）劳动关系与未来职业。讲述新技术、新经济和新业态中的劳动和未来工作类型、各类业态尤其是互联网平台的劳动关系，引导学生关注当下，面向未来，从容就业。

本教材注重各讲内容的知识体系和各知识点与大学生、劳动者的相关性。各讲首先提供本讲概要，概括本讲的知识背景、与大学生或劳动者的联系及本讲核心内容。学习目标紧扣重要知识点，各讲导图揭示各模块内容的内在联系。通过导入案例、模块内案例、模块内专栏、插画等形式拓展相关知识点，每讲末尾设置互动交流和课后案例任务，指引学生回顾主要内容，强化对相关知识点的理解和运用。各讲内容由点到面，循序渐进，逐步深化，形成各主题的综合知识体系，并以实用为目标，强调学以致用。

编写分工

本教材由中国劳动关系学院劳动教育学院党印副教授担任主编，劳动教育学院李珂院长、曲霞副院长担任主审，邀请中国劳动劳动学院各院系相关领域的资深教师编写相关内容，并邀请杨秀龙（北京宴董事长、俏江南首席执行官、现代服务产业学院院长）、王昊（中国社会科学院大学硕士生导师）、御智斐（1911学堂创始人、董事长兼首席执行官）参编部分章节。

具体编写分工为：第一讲由孙昀、杨秀龙编写，第二讲由胡玉玲编写，第三讲由张好编写，第四讲由咸丽楠编写，第五讲由赵薇编写，第六讲由张雨亭编写，第七讲由王永柱编写，第八讲由党印、王昊、御智斐编写，第九讲由李娜编写，第十讲由纪雯雯、孙妍编写。其中，孙昀曾任中国人寿再保险股份有限公司高级经济师、高级副经理，咸丽楠曾在洲际和希尔顿酒店管理集团旗下的多家酒店担任销售经理及总监等职务。

教学资源

本教材为每讲内容配套提供多媒体教学课件和扩展案例，以供任课老师教学参考，需求者可加入劳动教育教学研讨群（QQ群号732215914）联系人民交通出版社股份有限公司编辑获取。

致　谢

本教材从策划到出版历时近一年，编写过程中得到了中国劳动关系学院、现代服务产业学院、中国社会科学院大学、1911学堂等单位有关领导和专家的指导和帮助，在此深表诚挚谢意！中国劳动关系学院党委书记刘向兵教授多次指导本教材的编写，并专门作序，酒店管理学院院长许艳丽教授、副院长王文慧副教授、党总支书记陈卓为本教材的撰写提供了宝贵支持，酒店管理学院翟向坤教授为劳动安全的相关内容提供了宝贵建议和支持，劳动教育学院李素卿、丁红莉等老师在教材编写过程中提供了多方面行政服务和支持，在此一并表示感谢！

虽然编写团队反复讨论全书框架和章节内容，几易其稿，反复雕琢，书中难免存在疏漏和瑕疵，恳请各位专家和读者批评指正。

编　者

2021年4月

本教材课程思政教学要点索引

劳动教育	内容	思政教学要点	教学章节	
马克思主义劳动观	劳动与人类	劳动创造人类	第一讲	劳动类型与劳动组织
		尊重劳动，尊重劳动者；劳动无贵贱，行行出状元	第二讲 第三讲	产业发展与职业要求 劳模精神与职业道德
		诚实劳动、创造性劳动	第三讲	劳模精神与职业道德
	劳动与社会	劳动与社会进步、行业变迁	第二讲 第十讲	产业发展与职业要求 劳动关系与未来职业
		劳动技能与素养	第五讲	工匠精神与职业技能
		劳动供求，劳动者收入，就业与失业	第八讲	劳动价值与职业收入
	劳动与人的自由全面发展	劳动实现人生价值与梦想	第四讲 第八讲	劳动精神与职业发展 劳动价值与职业收入
		职业技能与职业发展	第五讲	工匠精神与职业技能
		身心健康与劳动安全	第六讲 第七讲	劳动心理与职业适应 劳动安全与职业健康
中国特色社会主义劳动观（习近平关于劳动的重要论述）	劳动价值观	劳动精神	第四讲	劳动精神与职业发展
		劳模精神	第三讲	劳模精神与职业道德
		工匠精神	第五讲	工匠精神与职业技能
	劳动教育观	劳动创造幸福	第四讲	劳动精神与职业发展
		德智体美劳的教育体系	第三讲	劳模精神与职业道德
		新业态与新技能	第十讲	劳动关系与未来职业
	劳动发展观	劳动形态演进	第二讲	产业发展与职业要求
		劳动安全与职业健康	第七讲	劳动安全与职业健康
		劳动法律法规	第九讲	劳动法规与职业保障
		劳动关系协调	第十讲	劳动关系与未来职业

CONTENTS 目 录

第五讲　工匠精神与职业技能

第六讲　劳动心理与职业适应

第七讲　劳动安全与职业健康

005

目录

第十讲　劳动关系与未来职业

劳动类型与劳动组织

本讲概要

人们在生活和工作中需要从事各种各样的劳动，有的关乎生存，有的关乎发展。劳动是个人幸福的基础，是社会进步的动力。今天的大学生是明天各行各业的劳动者，面临着到哪儿工作，从事哪些劳动的人生选择。本讲在讲述劳动概念、劳动种类的基础上，介绍政府、企业、事业单位和社会组织等常见的劳动组织及其运作方式，便于学生选择适合自己的职业方向。

学习目标

1. 理解劳动对人类和人类社会的意义。
2. 列举不同分类标准下的劳动种类。
3. 列举并比较常见的劳动组织。
4. 描述各类组织是如何组织劳动的。

内容导图

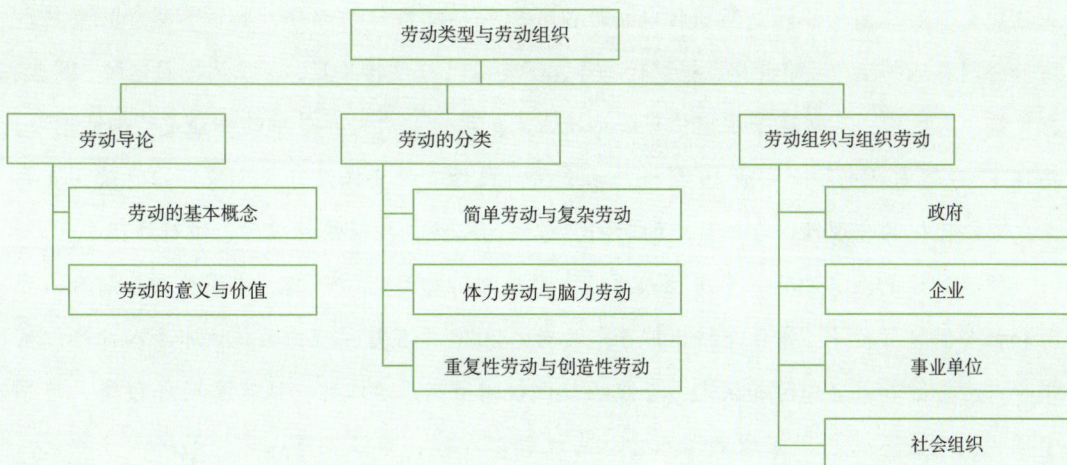

"95后"杭州快递小哥成高层次人才

2020年5月，一位名叫李庆恒的杭州"95后"快递小哥获评杭州市高层次人才（图1-1）。根据相关政策，他除了在杭州购买首套房可获100万元补贴外，还能在医疗保健、子女就学、车辆上牌等方面享受照顾。

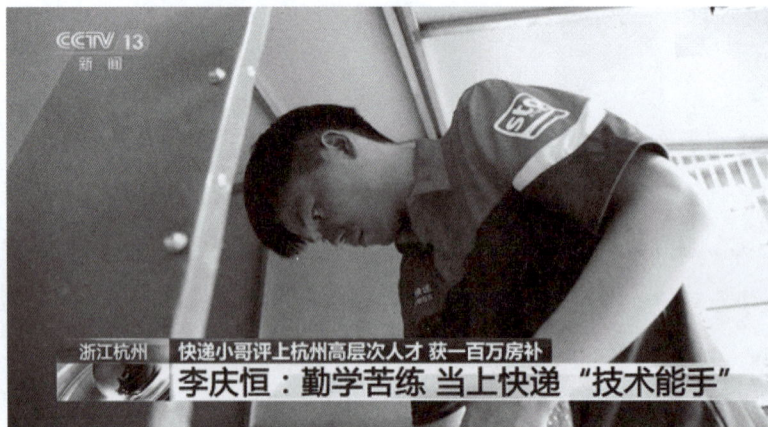

图 1-1 快递小哥李庆恒获评杭州市高层次人才

李庆恒2015年开始在杭州从事快递业工作，如今是浙江申通快递有限公司质控部组长，曾获浙江省第三届快递职业技能大赛快递员项目的第一名。

李庆恒高中辍学，此前在一家咖啡店工作，因为喜欢快递小哥风风火火的工作状态而进入快递业。从入职第一天起，他就兢兢业业，刻苦钻研，不断提升自己的业务技能。2019年8月，李庆恒被选派参加浙江省第三届快递职业技能大赛暨第二届全国邮政行业职业技能竞赛浙江省初赛。竞赛项目包括理论知识和实际操作两部分，要求参赛者既要熟悉诸如全国各地邮编、城市号码、航空代码等，还要从数百件物品里，一眼就把固体胶、U盘、打火机、人民币、乒乓球等航空禁寄物品挑出来。据说此次大赛最难的部分是"画地图"，要在12分钟内在电脑上完成19票件的派送路线设计。既要保证每一个快件的时效，又要考虑路线优化的合理性，即用最少的时间、最短的路线，确保快件准时、准确送达。

凭借过硬的业务能力，李庆恒获得该赛事快递员项目的第一名。他还被浙江省人力资源和社会保障厅授予"浙江省技术能手"称号。2020年5月，经中共杭州市委人才办、杭州市人力资源和社会保障局认定，李庆恒获评杭州市高层次人才，认定类别为D类，可享受国内外顶尖人才、国家级领军人才、省级领军人才、市级领军人才、高级人才政策。李庆恒说："因为杭州高昂的房价，以前根本不敢想在杭州定居。现在有了政府的补贴，准备在杭州买房了。"

记者从浙江省邮政管理局了解到,作为快递大省,2019年浙江省快递业务量达132亿件,占全球业务总量的11.8%;从业人员有近30万人。自2011年开展快递员职业技能鉴定以来,浙江省目前共有初、中、高级快递员56311人,其中高级快递员1113人、业务师18人。

摘编自《中国青年报》(2020年7月2日)

请思考:

1. 李庆恒所从事的工作有什么社会价值?

2. 李庆恒为什么称得上是高层次人才?

模块一 劳动导论

一、劳动的基本概念

(一)劳动

《现代汉语词典》中,劳动有三层含义:人类创造物质或精神财富的活动;专指体力劳动;进行体力劳动。《辞海》中,劳动的首要含义是"人们改变劳动对象使之适合自己需要的有目的的活动,即劳动力的支出或使用",也有"操作""体力劳动""劳驾"的含义。

劳动是人类区别于其他动物的一种普遍特质,是人类维持自我生存和自我发展的唯一手段。人类生产物质资料就是对外输出劳动量或劳动价值的过程,然而这与动物本能意义上的生产有着本质的区别。"诚然,动物也生产,它也为自己营造巢穴或住所,如蜜蜂、海狸、蚂蚁等。但是动物只生产它自己或它的幼子所直接需要的东西;动物的生产是片面的,而人的生产是全面的;动物只是在直接的肉体需要的支配下生产,而人甚至不受肉体需要的支配也进行生产,并且只有不受这种需要的影响才进行真正的生产;动物只生产自身,而人再生产整个自然界;动物的产品直接属于它的肉体,而人则自由地面对自己的产品。动物只是按照它所属的那个种的尺度和需要来构造,而人却懂得按照任何一个种的尺度来进行生产,并且懂得怎样处处都把固有的尺度运用于对象;因此,人也按照美的规律来构造。①"

人们常将劳动与工作两个概念混淆,其实二者存在区别。工作是劳动的一个层面,工

① 马克思.1844年经济学哲学手稿[M].北京:人民出版社,2018:53.

作更多的是指人类通过劳动分工而进行的、有组织的、以获得劳动报酬为目的的生产活动。因此，工作更强调以获得劳动报酬为目的，比如我们在家打扫卫生是一种劳动，但不是一种工作；保洁员在写字楼打扫卫生是一种劳动，也是一种工作。

（二）劳动力

劳动也容易与劳动力混同。《辞海》对劳动力的定义为"人的劳动能力，即人所具有的能运用于劳动过程的体力和脑力的总和。有时也指具有劳动能力的人"。从这个定义来看，劳动力有两层意思：一是指具有劳动能力的人口，比如在统计劳动力人数时，通常会考虑劳动年龄和劳动能力，只有两者同时达标才称得上是劳动力；二是指社会生产力中的能动要素，是劳动过程的体力和脑力的总和。在马克思主义学说中，劳动和劳动力是两个不同的概念，劳动要么是具体的行动，要么是抽象的行为；劳动力更多与剩余价值有关，是"肉体力和精神力的总体，存在于人的身体中，存在于活的人格中，其发动，通常会生产某种使用价值[①]"。马克思主义学说认为，雇佣劳动的特点是劳动者出卖他们自己的劳动力，这样劳动力就成为一种商品，具有价值。

（三）劳动者

劳动者是在一定的社会分工体系下，具有一定的劳动能力，处于一定的劳动岗位，遵循一定的劳动规范，有目的、相对持续地从事或向他人提供有价值物品或服务的社会人。

二、劳动的意义与价值

（一）劳动创造人本身

恩格斯在《劳动在从猿到人转变过程中的作用》一文指出，在动物转化为人的过程中，劳动起了不可或缺的作用。早期的猿为了获取食物，为了生存而劳动，在劳动过程中手逐渐变得灵巧，大脑也得到锻炼，并产生了意识和语言。"动物仅仅利用外部自然界，简单地通过自身的存在在自然界中引导起变化；而人则通过他所作出的改变来使自然界为自己的目的服务，来支配自然界。这便是人同其他动物的最终的本质的差别，而造成这一差别的又是劳动。[②]"因此，人本质上是在劳动过程中生成和发展完善的，劳动创造了人本身。

（二）劳动实现自我

劳动是人类真正的生命活动，是人本质力量的外在表现。通过劳动，人们不仅获得自身的物质需要，而且还获得精神上的满足感、成就感、快乐感。劳动不仅是一种谋生手段，

---

① 马克思.资本论：第1卷[M].上海：上海三联书店，2011：101.
② 中共中央马克思恩格斯列宁斯大林著作编译局.马克思恩格斯文集：第9卷[M].北京：人民出版社，2009：559.

还是生命的一部分，如阳光、空气一样不可或缺。劳动不是我们受罪和痛苦的根源，恰恰相反，劳动是激发我们创造力的源泉。正如高尔基所说："我们世界上最美好的东西，都是由劳动、由人的聪明的手创造出来的。"

（三）劳动促进社会进步

人可以在不断劳动的过程中探索大自然，获取新的知识和技能，并将之转化为新技术和生产力。例如鲁班发明了锯，牛顿从落下的苹果中发现了万有引力，瓦特改良了蒸汽机，屠呦呦发现了青蒿素等。马克思在《1844 年经济学哲学手稿》中就指出，创造力是人在不断劳动中形成的"本质力量"，正因为这种人类所特有的"本质力量"，才使得一个个发明创造不断改变我们的生活，人类社会才得以不断地发展、进步。

PS 附言 1-1

关于劳动的名人名言

锄禾日当午（图 1-2），汗滴禾下土。谁知盘中餐，粒粒皆辛苦。

——李绅

但愿今年的庄稼有个好收成啊！

图 1-2　锄禾日当午

我觉得人生求乐的方法，最好莫过于尊重劳动。一切乐境，都可由劳动得来，一切苦境，都可由劳动解脱。

——李大钊

劳动类型与劳动组织　第一讲

劳动是一切知识的源泉。

——陶铸

劳动是社会中每个人不可避免的义务。

——让·雅克·卢梭（法国）

劳动是财富之父，土地是财富之母。

——威廉·配第（英国）

完善的新人应该是在劳动之中和为了劳动而培养起来的。

——约翰·欧文（美国）

劳动是产生一切力量、一切道德和一切幸福的威力无比的源泉。

——拉法埃洛·乔万尼奥里（意大利）

我知道什么是劳动：劳动是世界上一切欢乐和一切美好事情的源泉。

——马克西姆·高尔基（苏联）

有总是从无开始的；是靠两只手和一个聪明的脑袋变出来的。

——松苏内吉·伊·洛雷多（西班牙）

模块二　劳动的分类

按照不同的标准，劳动有不同的分类结果。各种分类从不同角度揭示劳动的多样性，说明劳动的内在差异。

一、简单劳动与复杂劳动

从价值分析的角度，劳动可分为简单劳动与复杂劳动。简单劳动是没有太大难度、不需要专长、普通人都可以进行的劳动。复杂劳动是比简单劳动更高级、更复杂的劳动，需要花费更多的劳动时间，或需要经过专业训练才能从事的劳动，因此，它具有更高的价值。比如，搬砖通常被认为是简单劳动，编程通常被认为是复杂劳动。

二、体力劳动与脑力劳动

从呈现方式的角度，劳动可分为体力劳动与脑力劳动。体力劳动与脑力劳动的分工是人类劳动发展到一定阶段出现的。原始社会中，由于共同体内部不能提供剩余产品，有劳动能力的人都要参加体力劳动，还没有出现专门从事脑力劳动的人。随着分工的发展，社会生产力水平提高，共同体内部产生了剩余产品，就逐渐形成了"从事单纯体力劳动的群众同管理劳动、经营商业和掌管国事以及后来从事艺术和科学的少数特权分子之间的大分工[①]"。随着机器大工业的发展，从事科学技术研发和生产管理的人员从直接生产活动中分离出来，实现了脑力劳动与体力劳动的分离。

脑力劳动与体力劳动具有相互依存、相互促进、互为补充的辩证统一关系。一般的人类劳动由脑力劳动和体力劳动按照不同的比例关系组合而成。通常意义上的脑力劳动是指那些脑力劳动占主要比例的复合劳动，体力劳动是指那些体力劳动占主要比例的复合劳动。

三、重复性劳动与创造性劳动

从创造性程度的角度，劳动可分为重复性劳动与创造性劳动。重复性劳动主要是指工作流程和内容基本固定的体力劳动。比如，发传单、搬家、送外卖、工厂流水线员工的分拣工作等。

创造性劳动即创新性劳动，是指主要通过人的脑力劳动萌发出新技术、新知识或新思维，从而创造出新型社会财富或成果的劳动。创造性劳动中，每一次劳动的流程或内容均与之前不完全相同，具有一定的新元素。

人类社会的日常运转要靠重复性劳动，人类社会的进步要靠创造性劳动。比如，环卫工人、公交驾驶员、地铁驾驶员和快递小哥的日常工作以重复性劳动为主，保证了城市的干净整洁，满足了市民的公共出行和购物需求，保证了城市的正常运转。作家、科学家、艺术家、设计师的工作以创造性劳动为主，他们创作新的故事、发明新的产品、创编新的剧目、设计新的图纸，为社会带来了新的观念、事物或财富，有利于促进社会进步。

AV 影音 1-1

国之重器·总师访谈录之梁建英

播出平台	中央电视台	栏目简介
频道名称	新闻频道 CCTV-13	这是一档长篇人物专访栏目，秉持新闻性、真实性、关注度、影响力的诉求，面对面的交流，心与心的碰撞，用对话记录历史，以人物解读新闻，为变幻中国制作一份打开的人物志
栏目名称	面对面	
节目名称	国之重器·总师访谈录	
播出时间	2022 年 9 月	

梁建英，我国高铁制造装备领域唯一的女总工程师，复兴号 CR400AF 动车组总工程师。

---

① 中共中央马克思恩格斯列宁斯大林著作编译局. 反杜林论 [M]. 北京：人民出版社，2015：192.

过去十几年，中国高铁从无到有，到如今覆盖全国 94.9% 的 50 万人口以上城市，里程突破 4 万公里，成为举世瞩目、惠及大众的国家名片，梁建英是亲历者也是推动者（图 1-3）。

图 1-3　梁建英分享中国高铁背后的故事

摘编自央视网（2022 年 9 月 18 日）

模块三　劳动组织与组织劳动

组织通常是指人们为了达到特定的目标，按照一定的原则、制度、系统建立起来的共同活动集体。组织有清楚的界限、明确的目标，内部实行明确的分工，并建立起正式的成员关系结构。劳动组织是组织的一种类型，它是按照一定的劳动规范建立起来，为社会提供产品、服务的组织。劳动组织具备一般组织的要素、特征和结构，承担一定的社会功能，也受到社会环境的影响。劳动组织通常包括政府、企业、事业单位及社会组织。

一、政府

（一）政府的概念

政府是执行国家权力，进行政治统治并管理社会公共事务的机关。广义指立法、司法和行政机关的总和；狭义指国家的行政机关。

中华人民共和国全国人民代表大会是最高国家权力机关。它的常设机关是全国人民代表大会常务委员会。中华人民共和国国务院，即中央人民政府，是最高国家权力机关的执行机关，是最高国家行政机关，实行总理负责制。

省、直辖市、县、市、市辖区、乡、民族乡、镇设立人民代表大会和人民政府。自治区、自治州、自治县设立自治区、自治州、自治县的人民代表大会和人民政府。地方各级人民代表大会是地方国家权力机关。地方各级人民政府是地方各级国家权力机关的执行机关，是地方各级国家行政机关，实行省长、市长、县长、区长、乡长、镇长负责制。

（二）政府如何组织劳动

1. 保持共同的价值观

2018 年 2 月，《中共中央关于深化党和国家机构改革的决定》（中发〔2018〕11 号）印发，要求：坚持以人民为中心。全心全意为人民服务是党的根本宗旨，实现好、维护好、发展好最广大人民根本利益是党的一切工作的出发点和落脚点。必须坚持人民主体地位，坚持立党为公、执政为民，贯彻党的群众路线，健全人民当家作主制度体系，完善为民谋利、为民办事、为民解忧、保障人民权益、倾听人民心声、接受人民监督的体制机制，为人民依法管理国家事务、管理经济文化事业、管理社会事务提供更有力的保障。

2. 建立高效的组织机构

深化党和国家机构改革，要遵循坚持优化协同高效的原则。优化就是要科学合理、权责一致，协同就是要有统有分、有主有次，高效就是要履职到位、流程通畅。必须坚持问题导向，聚焦发展所需、基层所盼、民心所向，优化党和国家机构设置和职能配置，坚持一类事项原则上由一个部门统筹、一件事情原则上由一个部门负责，加强相关机构配合联动，避免政出多门、责任不明、推诿扯皮，下决心破除制约改革发展的体制机制弊端，使党和国家机构设置更加科学、职能更加优化、权责更加协同、监督监管更加有力、运行更加高效。

3. 制定规范的管理制度

公务员是指依法履行公职、纳入国家行政编制、由国家财政负担工资福利的工作人员。公务员是干部队伍的重要组成部分，是社会主义事业的中坚力量，是人民的公仆。2018年颁布的《中华人民共和国公务员法》规定：公务员应当履行下列义务：①忠于宪法，模范遵守、自觉维护宪法和法律，自觉接受中国共产党领导；②忠于国家，维护国家的安全、荣誉和利益；③忠于人民，全心全意为人民服务，接受人民监督；④忠于职守，勤勉尽责，服从和执行上级依法作出的决定和命令，按照规定的权限和程序履行职责，努力提高工作质量和效率；⑤保守国家秘密和工作秘密；⑥带头践行社会主义核心价值观，坚守法治，遵守纪律，恪守职业道德，模范遵守社会公德、家庭美德；⑦清正廉洁，公道正派；⑧法律规定的其他义务。

公务员领导职务根据宪法、有关法律和机构规格设置。领导职务层次分为：国家级正职、国家级副职、省部级正职、省部级副职、厅局级正职、厅局级副职、县处级正职、县处级副职、乡科级正职、乡科级副职。

公务员职级在厅局级以下设置。综合管理类公务员职级序列分为：一级巡视员、二级巡视员、一级调研员、二级调研员、三级调研员、四级调研员、一级主任科员、二级主任科员、三级主任科员、四级主任科员、一级科员、二级科员。

二、企业

（一）企业的概念与分类

企业是指以满足社会需求并以获取利润为目的，从事生产、流通或服务等经济活动，实行自主经营、自负盈亏，具有法人资格的经济组织。企业是个历史性概念，它是生产力发展到一定水平，随着商品经济的发展而产生的。

按生产资料所有制形式，企业可以分为全民所有制企业、集体所有制企业、私营企业、合营企业、外资企业和混合企业。

按生产要素所占比重，企业可以分为劳动密集型企业、资金密集型企业和知识密集型企业。

按股东承担责任，企业可以分为无限责任公司、有限责任公司和股份有限公司。

（二）企业如何组织劳动

企业组织劳动通常是指企业按照生产的过程或工艺流程，组织劳动者分工与协作，使之成为协调统一的整体，进行有序劳动，并正确处理劳动者之间、劳动者与劳动工具之间以及劳动者与劳动对象之间的关系，不断调整和改善劳动组织的形式，创造良好的劳动条件与环境，以发挥劳动者积极性。企业组织劳动的着力点包括以下五个方面：

1. 建立现代企业制度

现代企业制度是指适应现代社会化大生产和市场经济体制要求的一种企业制度，是以市场经济为基础，以企业法人制度为主体，以公司制度为核心，以产权清晰、权责明确、政企分开、管理科学为条件的新型企业制度。

2. 合理配置与有效利用现有生产要素

把企业现有的劳动资料、劳动对象、劳动者和生产技术等生产要素合理地组织到一起，并恰当地协调要素间的关系，使企业生产组织合理化，从而实现物尽其用、人尽其才。

3. 不断改进生产技术，优化商业模式

通过技术创新改造生产工艺、生产流程，提高生产效率；通过优化商业模式释放企业活力，提高员工的积极性，发挥员工的创造性。

亚洲首个全自动化码头

播出平台	中央电视台	栏目简介
频道名称	综合频道 CCTV-1	20集大型纪录片《征程》，由中央广播电视总台联合中央党史和文献研究院创作，记录了普通人的奋斗故事，以小故事折射大时代，是一部中国基层新实践的生动画卷
栏目名称	征程	
节目名称	数字新引擎	
播出时间	2022 年 10 月	

2013 年，中国成为世界第一货物贸易大国，以数字化赋能传统港口行业，打造世界一流智慧、绿色港口成为发展趋势。这年 10 月，青岛港开始以数字化为引擎，建造亚洲第一个全自动化码头。打造一座数字化码头，需要一点点从零摸索规律。三年半的时间，自动化码头的建设水到渠成。2022 年 6 月，青岛港全自动化码头第九次刷新装卸效率的世界纪录。

摘编自央视网（2022 年 10 月 4 日）

4. 建立激励约束机制，挖掘员工潜力

激励方式包括物质激励和非物质激励，前者包括薪资激励、福利激励、股权激励等，后者包括职业发展、带薪休假、荣誉激励等。约束机制包括公司规章制度、组织机构约束、合同约束等。

5. 建立优秀的企业文化

优秀的企业文化使员工具有共同的价值观，使员工的个人行为与企业整体战略统一起来，朝着共同的目标努力。同时，企业文化具有约束功能，能够促进员工形成内在的行为准则，进行自我约束（图1-4）。

图 1-4　麦当劳创始人雷·克罗克为纠治官僚主义锯掉经理椅背开展"走动管理"

三、事业单位

（一）事业单位的概念与分类

事业单位是指国家为了社会公益目的，由国家机关举办或者其他组织利用国有资产举办的，从事教育、科技、文化、卫生等活动的社会服务组织。事业单位是经济社会发展中提供公益服务的主要载体。

《中共中央　国务院关于分类推进事业单位改革的指导意见》（中发〔2011〕5号）指出，事业单位分类改革是指将现有事业单位按照社会功能划分为承担行政职能、从事生产经营活动和从事公益服务三个类别。对承担行政职能的，逐步将其行政职能划归行政机构或转为行政机构；对从事生产经营活动的，逐步将其转为企业；对从事公益服务的，继续将其保留在事业单位序列，强化其公益属性。

根据职责任务、服务对象和资源配置的不同，从事公益服务的事业单位又被划分为两类：承担义务教育、基础性科研、公共文化、公共卫生及基层的基本医疗服务等基本公益服务，不能或不宜由市场配置资源的，划入公益一类；承担高等教育、非营利性医疗等公益服务，可部分由市场配置资源的，划入公益二类。

（二）事业单位如何组织劳动

1. 建立健全法人治理结构

面向社会提供公益服务的事业单位，探索建立理事会、董事会、管委会等各种形式的治理结构，健全决策、执行和监督机制，提高运行效率，确保公益目标实现。

2. 深化人事制度改革

以转换用人机制和搞活用人制度为核心，以健全聘用制度和岗位管理制度为重点，建立权责清晰、分类科学、机制灵活、监管有力的事业单位人事管理制度。

3. 深化收入分配制度改革

以完善工资分配激励约束机制为核心，健全符合事业单位特点、体现岗位绩效和分级分类管理要求的工作人员收入分配制度。

4. 加强对事业单位的监督

建立事业单位绩效考评制度，考评结果作为确定预算、负责人奖惩与收入分配等的重要依据。加强审计监督和舆论监督。

四、社会组织

（一）社会组织的概念与分类

社会组织不从事营利性经营活动，包括社会团体、基金会和社会服务机构三类。

社会团体是指中国公民自愿组成，为实现会员共同意愿，按照其章程开展活动的非营利法人。国家机关以外的组织可以作为单位会员加入社会团体。例如：中国消费者协会，中国志愿服务联合会，中国高等教育学会。

基金会是指利用自然人、法人或者其他组织捐赠的财产，以提供扶贫、济困、扶老、救孤、恤病、助残、救灾、助医、助学、优抚服务，促进教育、科学、文化、卫生、体育事业发展，防治污染等公害和保护、改善生态环境，推动社会公共设施建设等公益慈善事业为目的，按照其章程开展活动的非营利法人。例如：中国妇女发展基金会，中国青年创业就业基金会、中华环境保护基金会。

社会服务机构是指自然人、法人或者其他组织为了公益目的，利用非国有资产捐助举办，按照其章程提供社会服务的非营利法人。例如：广西佳和社会工作服务中心、上海杨浦阳光社区服务管理中心、云南省镇雄蓝豹应急救援中心。

PS 附言 1-2

"互联中国"系列公益广告

2022 年 12 月 12 日，中国互联网发展基金会推出"互联中国"系列公益广告片移动支付主题《生活的交响》，回顾 10 年来移动支付技术创新对中国社会的改变与推动。

得益于良好的基础设施和政策环境，以及对科技创新的包容，自 2012 年二维码支付被广泛应用以来，中国移动支付在过去十年实现了最广覆盖：移动支付普及率为 86%，位居全球第一；支付费率不超过 0.6%，远低于国际平均水平，大量小微商户免费享受服务，成为数字中国建设的闪亮风景线。

观看《生活的交响》

从世界屋脊，到南海渔村，移动支付已遍布神州大地的每个角落。数据显示，截至 2021 年底，中国有超过 9 亿人正使用移动支付，年交易规模达 527 万亿元，移动支付深刻改变着每个人的生活。

移动支付也成为中国经济发展的新名片，让中国人在海外也能"轻松扫"。此外，通过技术分享与本地化改造，中国企业正帮助世界多国打造"本地钱包"，为当地人带去便捷、高效、安全的支付新方式。

观看《中国服务者宣言》

自 2021 年 7 月，中国互联网发展基金会创新运用网络公益众筹共创模式，从公益广

劳动类型与劳动组织 第一讲

告片角度切入，积极探索讲好中国互联网发展故事、传播互联网发展的中国经验，策划推出"互联中国"系列公益广告片，前期，已围绕移动办公、网络短视频、网约出行主题，推出了《上场》《中国服务者宣言》《出发》等三部公益广告片，在境内外媒体和社交平台的推广取得了良好的社会反响。

观看《出发》

摘编自人民网（2022年12月12日）

（二）社会组织如何组织劳动

1. 人事管理机制

社会组织的领导人素质直接关系到内部管理的成效，其中以理事长和秘书长为首的领导者和管理者是社会组织的核心。社会组织的人事管理机制主要由选拔、考核、薪酬等机制构成。

2. 财务管理机制

社会组织的资金更多地来自组织外部，如社会捐赠、政府购买服务等。因此，社会组织在运作过程中需要严格贯彻"利润非分配"原则，建立健全财务管理机制。

3. 议事决策机制

社会组织的议事决策机制以理事会决策为核心。作为民主制度的产物，社会组织在议事决策中应坚持民主化，将民主视为议事决策的基石。当然，在民主性指导下，社会组织的内部议事与决策机制还体现在科学性与专业性上，例如引入外部独立理事，合理控制理事会人员规模，建立并严格执行决策制度和程序，防止决策缺乏专业性，以使组织决策更加客观、有效。

互动交流

1. 劳动对个人和社会的意义有哪些？

2. 不同种类的劳动有何社会价值？

3. 劳动组织有哪些种类，彼此有何区别？

国航使命

中国国际航空股份有限公司(简称"国航")的前身中国国际航空公司,成立于1988年。国航是中国唯一载国旗飞行的民用航空公司,是世界最大的航空联盟——星空联盟成员,也是2008年北京奥运会和残奥会、2022年北京冬奥会和冬残奥会的官方航空客运合作伙伴,在航空客运、货运及相关服务等方面处于国内领先地位。

国航承担着中国国家领导人出国访问的专机任务,也承担许多外国元首和政府首脑在中国境内的专包机任务,这是国航独有的国家载旗航的光荣任务。国航总部设在北京,下设西南、浙江、重庆、天津、上海、湖北、新疆、广东、贵州、西藏和温州分公司。截至2021年12月31日,国航(含控股公司)共拥有以波音、空中客车为主的各型飞机746架,平均机龄8.23年;经营客运航线已达672条,通航国家及地区25个,通航城市151个;通过与星空联盟成员等航空公司的合作,将服务进一步拓展到195个国家及地区的1300个目的地。

国航拥有一支业务技术精湛、作风严谨、服务良好的飞行员和乘务员队伍。飞行队伍曾获得"国际民航组织荣誉奖章""全国安全生产先进集体""安全飞行标兵单位"等诸多荣誉,创造了堪称世界一流的安全飞行纪录。自1965年开始,在飞行难度举世公认、曾经被国际民航界视为"空中禁区"的成都至拉萨航线上创造了安全飞行57年的奇迹。空中乘务队伍具有良好的职业素质和敬业精神,致力于为旅客打造美好旅程,带给旅客独特、舒适的乘机体验。除中国籍乘务员外,日籍、韩籍、德籍、俄籍、泰籍、意籍乘务员陆续加盟,彰显了队伍的国际化水准。其中,"金凤"乘务组代表着国航空中服务的最高水平,被中央宣传部授予"时代楷模"荣誉称号。

国航的飞机拥有专业化、规范化的技术保障。2015年6月,原国航工程技术分公司与原北京飞机维修工程有限公司进行资源整合,成立北京飞机维修工程有限公司,总部设在北京,下设华北航线中心、成都分公司、西南航线中心、飞机大修产品事业部、附件/起落架大修产品事业部、发动机/APU大修产品事业部、飞机客舱产品事业部七个事业部,十七个运行和管理支持部门,重庆、杭州、天津、呼和浩特、上海、武汉、贵阳、广州、温州、大连等航线分公司及乌鲁木齐维修大队,拥有200多个国内和国际维修站点,形成了辐射国内外的维修服务网络。

国航高度重视人才的储备和培训。飞行训练大队承担国航飞行学员和新雇飞行员的培养和管理。飞行运行培训中心是国航飞行员训练基地,拥有高素质教员队伍和一流的训练设备，持续为国航培养作风优良、技术精湛、尽职尽责的专业人才。乘务培训中心是中国首家培训空中乘务员的大型多功能训练基地，是被中国民用航空局确认的首家具备培训资格的乘务训练机构，被誉为"亚洲第一舱"。乘务培训中心拥有一支具有空中服务工作经验的专、兼职教员队伍，由国航优秀的客舱乘务员组成，他们在多年的飞行和训练工作中积累了丰富的教学培训经验，持续培养业务精湛、尽职尽责的客舱服务人才，树立起了空中服务的行业标杆。

摘编自国航官网《国航简介》（2022年）

请分析：

航空公司有哪些工作岗位，分别需要什么样的员工？

第二讲

产业发展与职业要求

本讲概要

　　行业人才的数量和质量决定了产业发展状况，产业发展又反过来促进行业人才的培养质量，二者相互依存、相互促进。就业者要有正确的劳动价值观，充分掌握所从事行业的劳动技能，提升自身劳动素养，努力成为行业发展所需的人才。本讲从产业发展的角度呈现社会分工和产业发展历程，介绍 1949—1977 年、1978—2011 年和 2012 年以来的产业发展特点、各个行业劳动数量变化趋势和相关的人才素质要求。

学习目标

1. 概述原始社会、农耕社会和工业社会的产业发展历程。
2. 分析 1949—1977 年的产业发展特点和职业要求。
3. 分析 1978—2011 年的产业发展特点和职业要求。
4. 阐述 2012 年以来服务业快速发展对劳动者素质的新要求。

内容导图

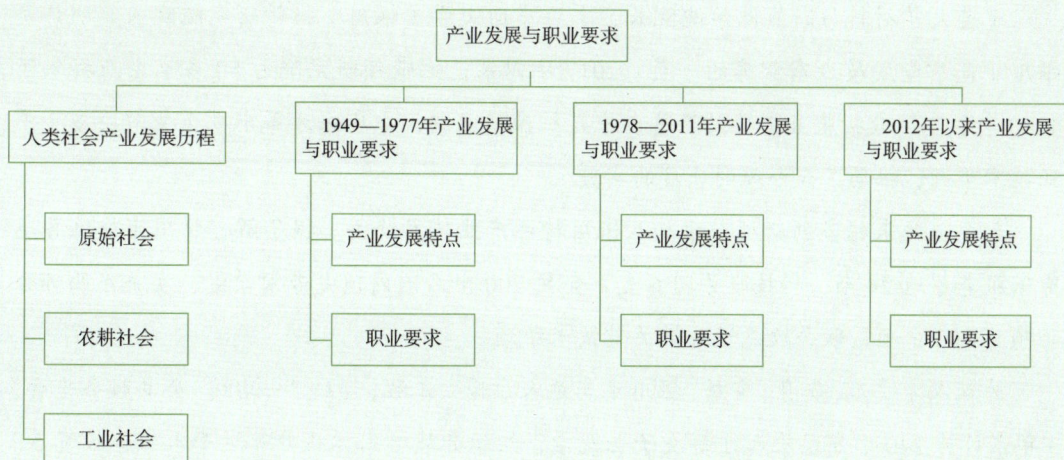

宁夏银川：人才"雁阵"牵动产业"矩阵"

银川正前所未有地重视人才。"这几年，我们从顶层设计开始破冰，陆续出台了一揽子人才政策，构建起'银川人才兴市30条'1个通则、科技创新等N项配套专则、精准支持产业发展X项定则的'1+N+X'的人才政策体系。大力实施人才引进、培养、暖心、活力四大工程，全市各类人才总量达到43.68万人，人才'雁阵'驱动高质量发展逐渐形成'矩阵'。"宁夏银川市委人才工作局局长张静说。

面对人才短板，银川求贤若渴。但事实证明，撒大网引才，一味追求"高才""洋才"，带来的是人才资源的浪费和二次流失。欠发达地区如何构筑人才引育新优势？

"我们围绕'三新'产业布局、'两都五基地'建设，量体裁衣，重点抓好高精尖缺人才的引进和优秀青年人才、实用人才的引育，积极推动人才链和产业链、创新链深度融合，最大程度释放人才'智动力'。"银川市委人才工作局有关负责人介绍。

银川市贺兰县是西北响当当的水产养殖大县，但养殖期间的水质问题长期困扰养殖企业。这两年，清华大学土木水利学院教授段云岭和团队攻克了这项难题。"我们利用微生物脱氮工艺对南美白对虾温棚养殖进行水质管理。现在一年养两茬也不用换水，只需补充蒸发水量和少量废固无害化处理用水。"段云岭说，这里温棚养殖的南美白对虾一茬亩产量达到1000多公斤，2023年计划养殖3茬。

近年来，银川市委人才工作局通过组建"高质量发展智库"等方式，先后引进高层次急需紧缺人才5000余名、人才团队200余个，组织实施各类人才合作项目300余项，借"外智"不断强"内功"。

宁夏大学材料与新能源学院院长、上海交通大学（银川）材料研究院院长夏明许是银川市高质量发展专家智库的一员。2017年以来，他带领研究院为50多家企业提供了4000余份测试分析服务，协助隆基、宁夏机械研究院、中色东方等宁夏企业解决多个产业技术难题，推动了5个纵向项目的实施。

如今，越来越多创新型人才加入银川特色产业技术攻关。据了解，银川市建立各类专家服务基地24个、科技服务团6支，会聚200余名国内顶尖专家学者，实施东西部合作项目200余项，联合攻克了一批关键技术瓶颈。

为让人才安心、安身、安居，银川市实施人才暖心工程，通过"一站式"公共服务平台，3年累计为240名高层次人才解决子女就学，组织开展专家体检疗养近千人次；投资5.5亿元打造"揽秀苑"高端人才社区，投入2.3亿元购置装修130套人才公寓、327套共有产权房，兑现购房补贴、生活补贴等 7000 多万元，各县（市）区、园区筹集人才公寓及共有产权房 2600 多套。随着人才政策效应加速释放，银川市各类人才总量从 2015 年至 2022 年增幅达 84%。

在人才"雁阵"牵引下，银川单晶硅 RCZ 拉晶、铸造砂型 3D 打印、煤基烯烃等一批关键核心技术达到世界先进水平，工业蓝宝石、半导体大硅片、智能配网设备等高新技术产品占据国内高端市场，单晶电池量产转化效率世界领先，全国首条"石墨烯 3.0 版"生产线落地转化，奶牛选育、枸杞分子研究攻克技术瓶颈。

摘编自《光明日报》（2022 年 12 月 2 日）

请思考：

人才如何引领产业发展？产业发展如何集聚人才？

模块一　人类社会产业发展历程

一、原始社会

原始社会是人类历史上出现的第一个社会形态，也是迄今为止存续时间最长的社会发展阶段。原始社会经济发展缓慢，生产力水平低下，劳动与人类的生存浑然一体，是一种自发状态。社会生产力进步的主要标志是使用石器工具，劳动的结合方式主要是简单协作，人们之间主要是按性别、年龄进行自然分工。由于只靠一个人的微薄力量无法与自然界进行斗争，因此，人们为谋取生活资源必须共同劳动，共同抵抗自然界的种种磨难，在劳动中形成平等互助的合作关系，生产资料共同占有，并且实行平均分配。

与生产资料公有制相适应，原始社会的社会组织经历了原始群、母系氏族组织、父系氏族组织等发展过程。原始社会的氏族组织是以血缘关系为基础形成的一种自然联盟，也是全体氏族成员进行民主管理的自治组织。在社会生产和管理活动中产生出来的氏族首领，一般情况下是氏族中德高望重的长者，他们与其他氏族成员一样参加劳动和分配劳动产品，没有任何特权，氏族首领的权威通常是来自他们自身的领袖气质和全体氏族成员的信任。

二、农耕社会

农耕社会的显著特点是社会成员靠农业耕作谋生，是自给自足的自然经济。在以农为本的地区之间，也会发生不同程度的交往，并且地区之间相互影响，因此，农耕社会也有手工业和商业。

在距今约一万年前，世界上开始出现农耕和畜牧的劳动。世界上先后出现了几个颇具特色的农耕中心。最早的农耕中心是西亚的美索不达米亚平原及周边区域，这里的居民最早发现并食用野生麦类，后来这一地区发展为种植小麦、大麦的农耕中心。随后是包括中国在内的东亚、东南亚地区，中国的黄河流域培育了小麦等农作物，从中国长江以南直到南亚、印度恒河一带，以栽培水稻为主。除此以外，墨西哥和秘鲁是种植玉米的中心。农耕中心形成以后，就缓慢地向易于农耕的区域逐步扩展。经过几千年后，就欧亚大陆而言，欧洲由地中海沿岸，西亚、中亚由安那托尼亚至伊朗、阿富汗，中国由黄河至长江，印度由狮泉河至恒河，都先后发展成为农耕和半农耕地带。其中，西亚和中亚居于亚欧大陆之间，形成了一个长弧形地带，史学界称之为农耕世界。

最初的农耕与畜牧不可分离。但与游牧民族相比，农耕地区生产力增长较快，这是由于农耕人口定居，产业发展相对稳定。食物生产得到保障之后，一部分劳动力从农耕生产中走出来，从事农耕以外的劳动。因此，农耕世界较快地产生了文明，较早地出现了阶级分化，同时也在更广阔的范围内建立起了有利于扩大再生产的社会经济秩序和政治秩序。

农耕经济对中国文化的发展具有非常重大的影响，使中国成为世界上最早的文明古国之一，同时也使中国形成了农业和家庭手工业相结合的自给自足的自然经济，并且在历史的长河中得以较长时间延续。

PS 附言 2-1

中华农业文明陈列

在近万年的历史进程中，中华民族的祖先面对恶劣的自然环境，从采集果实、捕鱼狩猎、茹毛饮血到刀耕火种、驯养禽畜、纺织作衣，又从粗放耕作到精耕细作，百折不挠，不断地去适应、发现、利用，最终实现了与自然的和谐统一。中国农业博物馆之中华农业文明陈列，通过复原不同农业历史时期的场景向观众展示了辉煌而又发达的中华农业文明体系，以及中国传统农业长期领先于世界其他国家、地区的辉煌历史。

中华农业文明陈列面积约 4850 平方米，展线 900 余延米，文物展品 1000 多件套，呈现了贯穿古今万余年的中国农业历史，展示出古代农业的"四大发明"、近代农业的特点和发展脉络、当代农业科技的进步。陈列由序厅（图 2-1）、农业文明的演进、犁锄镰磨的发明与传承、水利工程与水的利用、养殖业的起源与发展、纺织技术的起源与传播、西学东渐与实验农学、前进中的共和国农业共 8 个专题组成。

图 2-1　中华农业文明陈列序厅的五祖雕像

三、工业社会

工业社会是继农业社会之后出现的社会发展阶段。工业社会的发展可以分成两大阶段：前期以轻工业发展为主，后期则以重工业发展为主。总体上来说，工业社会具有以下明显的特征：科学技术高度发达，生产效率全面提高，以大机器为核心的专业化社会化大生产成为生产的主要方式，居于社会经济的主导地位，社会分工逐步精细。社会成员的流动性明显增强，个人发展的机会也越来越多，人的思想观念不断更新，竞争和创新意识加强，尊重知识、尊重人才、追求真理成为社会价值取向。以往的社会形态以血缘或地缘关系作为维系人们社会关系的主要纽带，而在工业社会里，业缘关系成为人们社会交往的重要基础。在政治体制方面，法治取代人治，社会的民主化程度逐步提高。城市化速度提高、城市规模逐步加大、城市人口增多，农业人口的比重逐步降低。从基础建设方面，通信方式和交通运输工具更加便捷、高效。

工业文明是以工业化、城市化、法治化与民主化为重要标志的一种现代社会文明状态，其主要特点表现为基础设施完备、教育普及、信息便捷等，这些特征也是推动传统农耕文明向工业文明转轨的重要因素。

与农耕社会相比，工业社会更加富有活力和创造性。工业社会下的规模化生产使社会商品数量和种类都更加丰富，但是对自然资源的消耗与污染也是不容忽视的问题。农业社会也曾有过发明和革新，但是其创新的数量、水平和影响远不及工业社会，工业社会的本质要求持续的创新和变化。

工业社会中，社会分工促进了社会生产率的提高，高度发达的生产率又促进了社会经济显著增长。创新促使社会分工处于不断的、有时甚至是迅速的变化过程中，从而为社会带来新的分工、新的产业。因此，工业社会出现了许许多多的新职业、新模式，创新的大环境下，人们可能无法终身固定在同一个工作岗位上，不管是主动的还是被动的，都必须时刻准备着从一种职业转换到另一种职业，或者从一种岗位转换到另一种岗位。因此，在一个成熟的工业社会中，劳动者须能在职业间自由流动，反之，如果在任何分工之间设置无法逾越的障碍，就会影响某个产业的发展，从而抑制整个经济的良性循环和健康发展。

模块二　1949—1977 年产业发展与职业要求

1949 年，中华人民共和国成立。从 1949 年至改革开放前，农业和工业在国民经济中占主导地位。教育系统培养了大批工农人才，为国民经济恢复和发展做出了重要贡献。

一、产业发展特点

1949—1977 年是我国国民经济恢复和工业化建设时期，从我国三次产业增加值占国内生产总值（Gross Domestic Product，下称 GDP）比重情况看（图 2-2），产业构成由"一三二"[①]结构逐步转化成"二一三"结构，逐步形成了以工业为主导、农业为基础的国民经济体系。

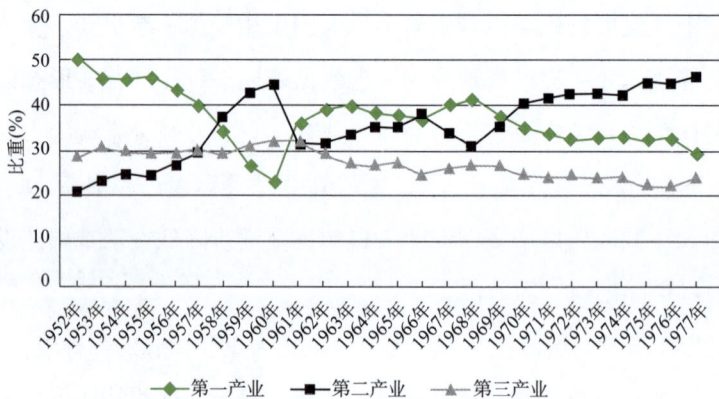

图 2-2　1952—1977 年我国三次产业增加值占 GDP 比重情况

（数据来源：国家统计局，以下同）

PS 附言 2-2

三次产业划分规定

为更好地反映我国三次产业的发展情况，根据《国民经济行业分类》（GB/T 4754—2017），2018 年 3 月，《国家统计局关于修订〈三次产业划分规定（2012）〉的通知》（国统设管函〔2018〕74 号）印发，作出以下规定。

---

①　"一三二"是指第一产业、第三产业、第二产业，按照其在国民经济中的比重大小依次排列。以下类似表述与此同理。

第一产业是指农、林、牧、渔业（不含农、林、牧、渔专业及辅助性活动）。

第二产业是指采矿业（不含开采专业及辅助性活动），制造业（不含金属制品、机械和设备修理业），电力、热力、燃气及水生产和供应业，建筑业。

第三产业即服务业，是指除第一产业、第二产业以外的其他行业。第三产业包括：批发和零售业，交通运输、装卸搬运和仓储业和邮政业，住宿和餐饮业，信息传输、软件和信息技术服务业，金融业，房地产业，租赁和商务服务业，科学研究和技术服务业，水利、环境和公共设施管理业，居民服务、修理和其他服务业，教育，卫生和社会工作，文化、体育和娱乐业，公共管理、社会保障和社会组织，国际组织，以及农、林、牧、渔业中的农、林、牧、渔专业及辅助性活动，开采专业及辅助性活动，制造业中的金属制品、机械和设备修理业。

从我国三次产业就业人员占就业人员比重情况看（图 2-3），中华人民共和国成立之初，以农业为生的人口占绝大多数，1952 年第一产业就业人员比重高达 83.5%。随着工业化建设扬帆起航，劳动力出现由农业向工业转换的趋势。

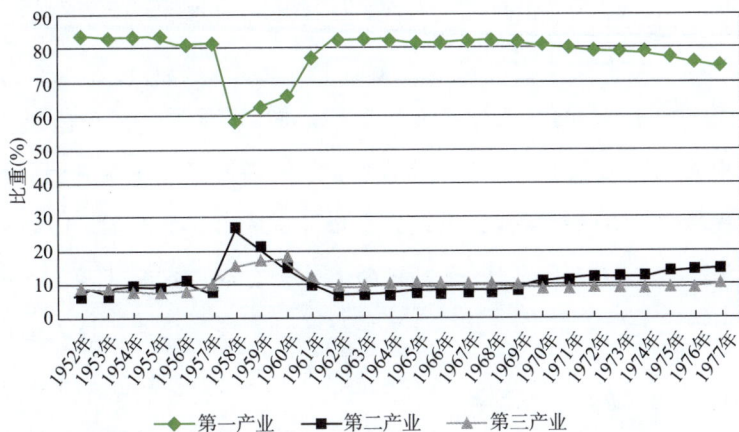

图 2-3　1952—1977 年我国三次产业就业人员占就业人员比重情况

二、职业要求

中华人民共和国成立之初的 20 多年是依托农业、奋力发展工业的时期，面对工业化基础极其薄弱、工农业生产人才短缺、劳动意识淡化的现实，如何为社会提供数量充足、拥有正确劳动价值观和工农业生产技能的劳动者成为这一时期的紧要问题。

（一）职业道德要求

爱劳动是国民公德，在新的历史时期，国民树立正确的劳动态度十分重要，国民要以劳动作为一种道德或一种权利，把劳动视为无上的光荣，只有把劳动的道德、权利、义务三者结合起来，才能巩固劳动纪律[①]。为此，国家出台了一系列政策文件，对于引导公民形成正确的劳动观、树立当时社会的劳动风气起到重要作用。

由于历史原因，中华人民共和国成立初期，很多人的头脑中还存在着"劳心者治人，劳力者治于人"的思想，与此同时，1949—1977年这一时期的工农业建设任务异常艰巨，需要全国人民齐心协力地劳动和工作。因此，引导全社会树立正确的劳动观念，强化劳动态度和劳动纪律教育，及时纠正轻视劳动的思想痼疾是大势所趋。引导社会成员树立正确的劳动价值观，提升劳动能力，关乎国家的建设发展，特别是在百废待兴、急需大量工农业生产领域的劳动者和技术人才之时，劳动价值观的培养异常关键。

AV 影音 2-1

根脉·大庆精神

播出平台	中央电视台	栏目简介
频道名称	中文国际频道 CCTV-4	这是一档国史栏目，以"为国家留史，为民族留记，为人物立传"为宗旨，融合珍贵的历史资料，记录讲述党的奋斗史、创业史、中国特色社会主义探索史、改革开放进程史
栏目名称	国家记忆	
节目名称	根脉·大庆精神	
播出时间	2022 年 12 月	

中国幅员辽阔，地形、自然条件复杂，孕育着丰富的资源，然而在20世纪初，曾有西方学者说，中国地下几乎不可能有石油存在，因此得出了"中国贫油"的结论。新中国成立后，百废待兴，石油短缺成为制约国民经济发展的重要因素。1960年，一场轰轰烈烈的石油大会战在东北荒原上打响。会战中，为了压住井喷、保住油井，铁人王进喜奋不顾身地跳进了齐腰深的泥浆池，用身体搅拌泥浆，1205钻井队的队员们也纷纷跳了进去（图2-4）。经过三个多小时的搏斗，井喷终于被制服。"宁肯少活20年，拼命也要拿下大油田！"在辽阔的松辽平原上久久回荡。

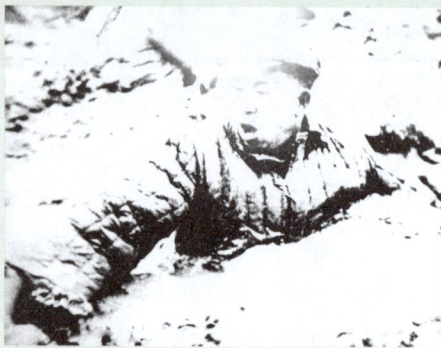
图 2-4 铁人王进喜用身体搅拌泥浆

摘编自央视网（2022 年 12 月 22 日）

（二）职业技能要求

1950 年，我国明确提出教育要为工农服务、为生产建设服务，一方面学生需要熟练掌握生产科学常识，同时还要通过技术教育学习掌握生产基本技能，中小学生要学会使用

---

① 徐特立.论国民公德 [J]// 何东昌.中华人民共和国重要教育文献（1949—1997 年）.海口：海南出版社，1998：37.

生产中的简单工具，大学生要做到将理论学习与生产实际相结合。结合当下生产建设和长期计划的要求，有计划有步骤地在高校组织长短期培训，对接生产建设所需人才[①]。

1954年9月，周恩来总理在第一届全国人民代表大会第一次会议上的政府工作报告中指出，高等教育的专业设置和课程建设应该服务于产业发展；鉴于大多数中小学毕业生在工农业领域就业，掌握劳动技能对产业发展也意义重大。

（三）职业知识要求

基于三次产业对于就业人员的需求，特别是农业技术人员和工业技术人员的需求量特别大，这一时期我国在全日制中学设置了"生产知识"课，在全日制小学设置了"生产常识"课，以便通过中小学教育提高农村学生文化水平，培养技术后备力量，并满足大多数中小学生毕业后到社会主义农业建设和工业建设中就业的需求。

职业知识来自课本，也来自实践。社会需要有实践能力的劳动者，为满足这一人才需求，学校充分结合学生的年龄特点，采取丰富多样的形式开展课外活动。例如，当时北京市组织大中学生暑假参加苏联展览馆挖湖工程的义务劳动，实践证明，适当组织学生参加义务劳动不仅有助于国家建设，对学生也是一次生动的劳动教育，可以提高同学的思想觉悟[②]。同时，中小学生开展义务植树活动，可以使少年儿童学会使用简单工具，应用已经学得的知识，在劳动实践中获得初步的种植技术，巩固和拓展课堂知识，培养热爱劳动的习惯和对园艺的兴趣[③]。

模块三　1978—2011年产业发展与职业要求

1978年，党的十一届三中全会召开，在改革开放的进程中，产业发展进入新的阶段，产业工人队伍逐渐壮大。

一、产业发展特点

从1978—2011年我国三次产业增加值占GDP比重情况上看（图2-5），我国产业构成由"二一三"结构转化成"二三一"结构，第二产业内部结构进一步完善，工业门类更加健全，现代工业体系逐步建立起来。伴随着现代服务业的发展，第三产业比重进入持续

[①] 钱俊瑞.当前教育建设的方针[J]// 何东昌.中华人民共和国重要教育文献（1949—1997年）.海口：海南出版社，1998:24.

[②] 青年团北京市委组织大中学生参加义务劳动的报告[R]// 何东昌.中华人民共和国重要教育文献（1949—1997年）.海口：海南出版社，1998:37.

[③] 教育部 青年团中央关于在全国中、小学生中开展种植活动的通知[Z]// 何东昌.中华人民共和国重要教育文献（1949—1997年）.海口：海南出版社，1998:445.

增长阶段。我国逐步形成以农业为基础、高新技术产业为先导、基础工业和制造业为支撑、服务业全面发展的产业格局。

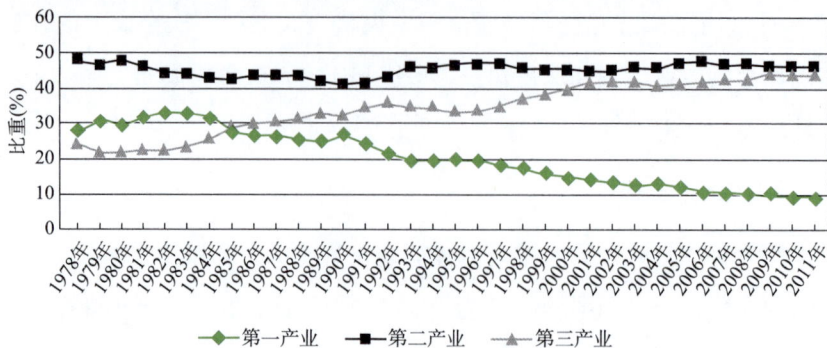

图 2-5　1978—2011 年我国三次产业增加值占 GDP 比重情况

在此期间，我国三次产业就业人员占就业人员比重情况发生很大变化（图 2-6）。1978 年第一产业就业人员比重高达 70.5%。2011 年，第一产业就业人员比重降至 34.8%。第三产业吸纳的就业人员于 1994 年超过第二产业，于 2011 年超过第一产业，此后服务业成为就业人员比重最高的产业。

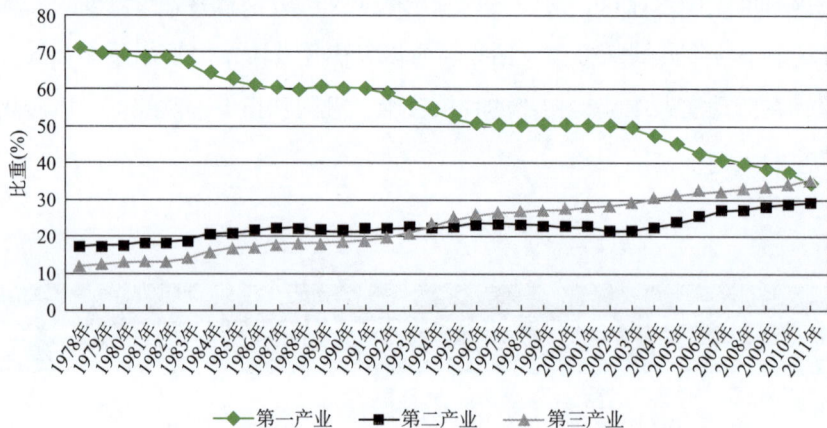

图 2-6　1978—2011 年我国三次产业就业人员占就业人员比重情况[1]

二、职业要求

在 1978—2011 年期间，我国三次产业快速发展，劳动者整体素质逐渐提升。

（一）职业素养与技能要求

职业素养和技能的培养从中小学阶段就要打下坚实的基础。对于小学生来说，可以通过各科教学、常规训练、班队活动、课外活动和家庭教育等多种途径培养其爱劳动的好习惯。劳动技术教育是中学教育不可缺少的组成部分，目的在于培养学生的劳动观点、劳动

---

[1]　就业人员数据依据：1990—2000 年的数据根据劳动力调查、全国人口普查推算，2001 年及以后的数据根据第六次全国人口普查修订数。

习惯和热爱劳动人民的思想感情，养成遵守纪律、关心集体、珍惜劳动成果的优良品质，学生需要初步掌握一些生产劳动技能和通用的职业技能。

由于这一时期工业在国民经济中居于主导地位，高等学校学生参加的生产劳动主要是工业劳动，此外还有农业劳动和公益劳动。针对工科和农科的学生，学校与校外工矿企业、农场、农村组成教学科研生产联合体，建立校外实践和劳动基地的方式，组织学生参加生产劳动；针对文科学生，学校加强与工厂和公社的联系，组织学校参加生产劳动。所有高校学生都需要参加以市政建设、校园建设、植树造林为主要内容的公益劳动，把学生参加劳动和革命传统教育结合起来。

（二）职业知识要求

与产业发展政策相适应，我国加强培养具有高度科学文化水平的劳动者，努力造就宏大的工人阶级知识分子队伍。教育工作的任务是进一步提高劳动者素质，培养大批有用人才，建立适应社会主义市场经济体制和政治、科技体制需要的教育体制，更好地为社会主义现代化建设服务。在培养社会主义建设所需要的合格人才方面，我国强调教育必须与生产劳动相结合，重视新的社会条件对劳动者的职业知识的新要求，在升学与就业的引导下，学生全面学习通用知识和与职业相关的专业知识。学校在教育方法上不断改革创新，各级各类学校对学生参加什么样的劳动、花多少时间、怎样同教学密切结合，都要有恰当的安排。

AV 影音 2-2

夜空中最亮的星——王选

播出平台	中央电视台	栏目简介
频道名称	科教频道 CCTV-10	这是一档以科技史为主题的科普栏目，聚焦重大发明、重要事件、重要科学家，以深入浅出、娓娓道来的方式，讲述科学故事，启迪科学智慧，弘扬科学精神
栏目名称	解码科技史	
主人公	王选	
播出时间	2022 年 1 月	

2008 年，我国发现的一颗编号为 4913 号的小行星，被国际小行星命名委员会赋予了一个新的名字——"王选星"。节目从这一视角切入，介绍了王选曲折传奇的科研人生（图 2-7）。

20 世纪 70 年代，让汉字自由出入计算机曾一度被认为是"难以完成的任务"。王选团队攻坚克难，研制成功"汉字信息处理与激光照排技术"，成功破解了这一难题，让我国印刷业从"铅与火"的时代迈入"光与电"的新纪元，为信息时代汉字和中华文化的

图 2-7 "当代毕昇"王选

传承与发展创造了条件。

王选团队研制激光照排的过程，正值我国改革开放、国民经济从计划经济向社会主义市场经济过渡和转变的时期。他在当时科研条件十分简陋、外国厂商大举进军中国市场、许多人自信不足、崇尚引进的困难挑战下，紧跟我国科技体制改革的时代脚步，带领团队攻坚克难，坚持"科技顶天、市场立地"，实现了汉字信息处理和激光照排系统的产业化应用，成为自主创新和用高新技术改造传统行业的典范。

摘编自央视网（2022年1月18日）

（三）社会实践能力要求

社会实践能力的培养着眼于使劳动者未来在各行各业的工作岗位上将理论应用于实践、指导实践，真正实现劳动创造价值。

1995年，我国颁布《中华人民共和国教育法》，明确了教育要同社会实践相结合。1999年，《中共中央　国务院关于深化教育改革　全面推进素质教育的决定》（中发〔1999〕9号）印发，增加了"艰苦奋斗的精神"和"热爱劳动的习惯"等有关劳动教育的内容，要求"学校教育不仅要抓好智育，更要重视德育，还要加强体育、美育、劳动技术教育和社会实践，使诸方面教育相互渗透、协调发展，促进学生的全面发展和健康成长"，强调社会实践活动是提升劳动者技能的方式之一，同时也明确了在社会实践活动中对未来劳动者进行教育的重要意义。学生参与社会实践的方式有所不同，但目的都是提高学生对未来就业岗位的适应性。

模块四　2012年以来产业发展与职业要求

2012年，党的十八大召开，我国进入新的发展阶段。在新时代，服务业占国民经济的比重不断上升，成为主导产业。服务业人才成为教育的培养重点，服务业发展对专业化人才的培养提出了多重要求。

一、产业发展特点

2012年，我国三次产业增加值占GDP比重依次为9.1%、45.4%、45.5%，第三产业比重首次超过第二产业，成为拉动国民经济的第一推动力。到2021年，服务业在国民经济中已经稳居主导地位（图2-8）。

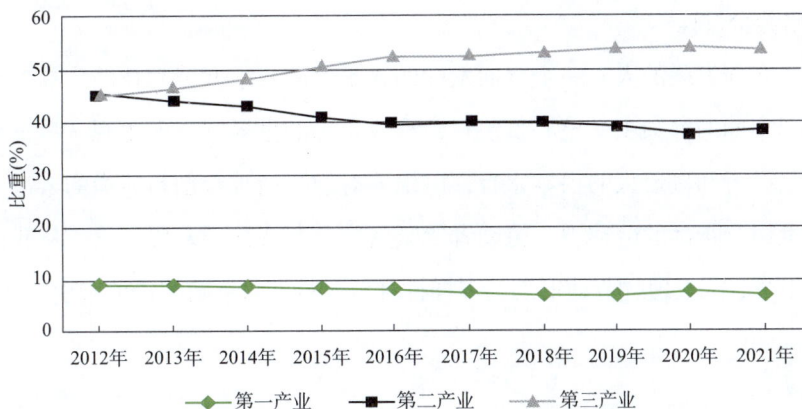

图 2-8 2012—2021 年我国三次产业增加值占 GDP 比重情况

2012—2021 年，我国三次产业就业人员占就业人员比重情况发生显著变化（图 2-9）。2012 年，我国第一、第二和第三产业就业人员比重分别为 33.6%、30.3% 和 36.1%。2021 年，第三产业就业人员比重达 48.0%，成为吸纳就业人员的主要产业。

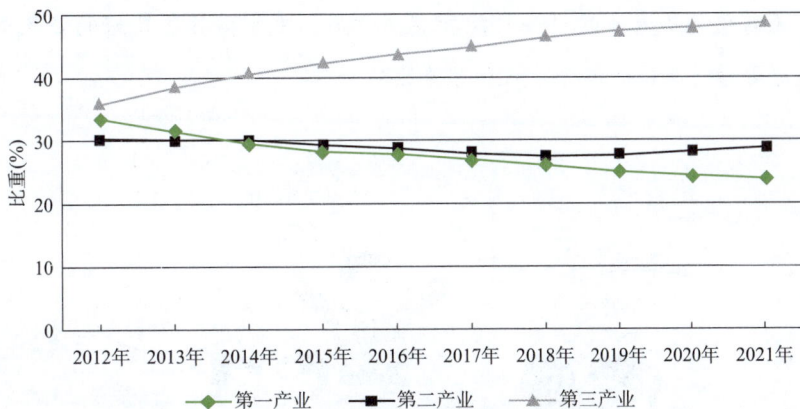

图 2-9 2012—2021 年我国三次产业就业人员占就业人员比重情况

二、职业要求

（一）正确的劳动价值观

新时代产业结构以现代服务业为主导，信息技术的快速发展推动三次产业的升级改造，新业态、新模式的出现使劳动形态发生显著变化。技术发展和产业变革对新时代劳动者提出新的要求，教育也更加面向创新型社会所需人才的培养。

2018 年 9 月，全国教育大会在北京召开，习近平总书记提出要"培养德智体美劳全面发展的社会主义建设者和接班人"。2020 年 3 月，《中共中央 国务院关于全面加强新时代大中小学劳动教育的意见》（中发〔2020〕7 号）印发，指出"劳动教育是中国特色社会主义教育制度的重要内容，直接决定社会主义建设者和接班人的劳动精神面貌、劳动价值取向和劳动技能水平""坚持立德树人，坚持培育和践行社会主义核心价值观，把劳动教育纳入人才培养全过程"。

社会需要全面发展的人，一个全面发展的人不仅需要掌握劳动技能、具备劳动素养，还应该树立起牢固的社会主义核心价值观，形成正确的世界观、人生观。教育领域立足培养社会主义建设者和接班人的根本宗旨，以培养有担当精神和创新能力的未来劳动者为目标，培养学生树立正确的劳动观。劳动者要紧密结合经济社会发展变化，从我国当前产业发展的现状出发，深入理解劳动形态的多样性和复杂性，以正确的价值观引领学习和工作。

EG 案例 2-1

在服务业人才培养中融入劳动价值观教育

随着服务业在国民经济中的比重不断提高，服务业对专业化人才的需求不断增加（图 2-10）。高等教育承担着为社会培养专业化人才的重要使命，在新的时代背景下，需要为服务业培养更多更优秀的专业化人才。服务业人才不仅要具备基本的道德水平和专业知识，还需要具备专业的服务技能和职业素质，更需要具备良好的服务意识和服务精神，这些都要通过高校的综合育人体系来实现。

图 2-10 服务业对专业人才需求增加

酒店属于服务业，服务是酒店的无形产品，服务也是酒店从业者的主要劳动内容。酒店业人才培养中，关于服务意识、服务技能和服务精神的培养是必不可少的，与其相关的劳动教育是本专业的一大特点。2012 年以来，中国劳动关系学院酒店管理专业立足于劳动思想教育、劳动技能培育和劳动实践锻炼三方面，将劳动教育融入人才培养的全过程。劳动思想教育包括所有教师全过程劳育、专业理论课程劳育、酒店参观交流、实践导师和劳模讲堂。劳动技能培育包括专业实训课程、酒店实训中心仿真运营、专业竞赛和教学成果展示会。劳动实践锻炼包括体验式教学、工学结合和毕业实习、公益劳动和志愿服务、创新创业项目。

一项针对该专业毕业生的抽样调查显示，每年有将近一半的学生毕业后在酒店业工作，1/4 的学生从事除酒店外的大住宿业、餐饮业或旅游业；毕业后三年内从事大住宿业、餐饮业或旅游业的学生超过一半，在一线城市从事以上行业的学生最多，二三线城市次之。毕业后升职的学生中，大多是三年内晋升为部门主管，五年内晋升为部门副经理，也有一些学生经过十年左右的时间，晋升为单体酒店的高管或酒店集团的高管。以上育人结果表明，劳动思想教育、劳动技能培育和劳动实践锻炼的综合劳育体系具有成效，成为人才培养质量的支撑和保障。

摘编自《劳动教育评论》（2020 年 3 期）

（二）对知识型人才的要求

知识、信息和技术在经济发展中具有不可替代的重要作用。随着信息化、数字化与产业发展的深度融合，产业发展对劳动者的知识和技能要求越来越高，新时代劳动者应努力成为知识型人才。

知识型劳动不同于简单的体力劳动，也不同于重复性的脑力劳动，知识型劳动需要劳动者将脑力劳动和体力劳动有机结合。2015 年 5 月，国务院印发《中国制造 2025》（国发〔2015〕28 号），提出政府要加大落后产能淘汰力度，推动传统产业升级改造，加大科研投入力度，突破工业机器人、新能源汽车、现代农业装备等领域发展瓶颈，培育战略性新兴产业。传统产业的升级改造和新兴产业的快速发展颠覆了传统意义上的劳动形态，信息化和数字化成为劳动过程的基本特征，掌握和运用信息技术成为劳动者的必备技能。劳动者拥有越多的生产劳动知识和技能，就越有机会参与到社会生产中，反之将被社会生产所淘汰。

（三）对创新型人才的要求

在人类历史的发展过程中，劳动者总是不断突破固有的思维方式、摈弃落后的物质生产方式，在一次又一次的社会进步中推动历史向前发展。新技术、新业态、新模式的出现丰富了创造性劳动内涵，也对劳动者提出了更高的要求，当今社会对创新型人才的需求比以往任何时期都更为迫切。

2021 年 10 月，习近平在中共中央政治局第三十四次集体学习时强调，近年来，互联网、大数据、云计算、人工智能、区块链等技术加速创新，日益融入经济社会发展各领域全过程，数字经济发展速度之快、辐射范围之广、影响程度之深前所未有，正在成为重组全球要素资源、重塑全球经济结构、改变全球竞争格局的关键力量。

2022 年 11 月，在 2022 中国电子商务大会，商务部发布的《中国电子商务报告（2021）》指出，电子商务是数字经济中发展规模最大、增长速度最快、覆盖范围最广、创业创新最为活跃的重要组成部分。2021 年，我国电子商务坚持创新驱动，不断加快数字产业化和产业数字化步伐。全国电子商务交易额达 42.3 万亿元，同比增长 19.6%；网上零售额达 13.1 万亿元，同比增长 14.1%；实物商品网上零售额 10.8 万亿元，占社会消费品零售总额比重达 24.5%；跨境电商进出口额达 1.92 万亿元，5 年增长近 10 倍；电子商务相关产业吸纳及带动就业超过 6700 万人；我国已连续 9 年保持全球最大网络零售市场地位。

在物流行业，借助互联网技术实现智慧物流，大大降低了运营成本，提高了运营效率。在制造业领域，与互联网的深度融合使原材料供应商、生产制造商与消费者之间信息沟通渠道更加顺畅，以消费者需求为导向的生产模式使产销成本得以控制。在农业生产领域，云计算、物联网技术的应用实现了农业生产各个环节的精准管理、远程控制、产销对接等，推动了智慧农业的快速发展。

创造型劳动正在各行各业中发挥出前所未有的作用，未来互联网还将渗透到更多更广阔的领域，更多的产业创新模式也将出现，激发出更多的创造型劳动形态，带动产业经济领域的深度变革，对未来劳动者的创新性要求会越来越高。

（四）对复合型人才的要求

新时代以来，三次产业相互融合的趋势更加明显。现代农业的发展促进了农业产业链的延伸，多元化农村产业主体的融合推动了城镇化发展，传统的农业生产者在从事农业劳作的同时，还参与到加工生产和销售环节的收益分配中。与此同时，制造业、服务业以及互联网行业的界限也在逐步淡化，制造业企业不仅面临着传统市场上的竞争者，还需要应对更加复杂的新竞争者。例如，一些互联网企业采取多元化经营策略进入到制造行业中，或者依靠其强大的互联网基础优势进入服务领域；而传统的制造商和服务供应商也会投资信息化产品，向智能服务领域迈进。

新商业模式的出现使行业之间的界限越来越模糊，这会成为一种经济新常态，不同行业领域通过创新的方式相互影响，使劳动形态更加复杂化、多元化。因此，社会对劳动者素质的要求也具有复合型特点，就业人员需要从具备单一产业劳动素质向具有复合型劳动素质逐渐转换，要想胜任一个岗位，往往需要多学科、多领域的知识，这就要求劳动者能用开放的态度和终身学习的理念不断提升自己的职业能力。

1. 阐述产业发展的历史过程。

2. 在 1949—1977 年期间，我国为什么倡导爱劳动的国民公德？

3. 1978—2011 年期间的职业人才要求有哪些？

4. 为什么新时代对知识型人才的需求更为迫切？

案例任务

《2022 年雄安新区急需紧缺人才目录》发布

2023 年 1 月 5 日，由人力资源和社会保障部人力资源流动管理司、河北省人力资源和社会保障厅、河北雄安新区管理委员会共同举办的发布会在雄安新区召开，发布了《2022 年雄安新区急需紧缺人才目录》（下称《目录》）。

《目录》是人力资源和社会保障部支持雄安新区建设发展的重点人才项目，由河北省人力资源和社会保障厅会同河北雄安新区管理委员会共同编制完成。此项工作已连续开展 4 年，对引导各类人才向雄安新区有序集聚、助力雄安新区招才引智将发挥积极作用。

《目录》编入和发布了 2022 年雄安新区 578 家用人单位、2507 个工作岗位、15560 条急需紧缺人才需求信息，同比分别增长 59%、48% 和 44%，人才需求总量连续 4 年保持快速增长。数据分析显示，雄安新区当前阶段人才需求排名前 5 位的行业，分别为服务、建筑、互联网、消费、非营利机构；排名前 5 位的岗位，分别为文化教育类、金融经济类、贸易销售类、互联网类、公共服务类；排名前 5 位的专业，分别为教育学类、管理学类、财会金融类、建筑类和不限专业。总体上契合雄安新区当前发展阶段对人才的需求状况。

《目录》还围绕雄安新区规划确立的新一代信息技术、现代生命科学和生物技术、新材料、高端现代服务业、绿色生态农业 5 大高端高新产业，编制了《产业人才目录》，预测和提炼出未来所需的 128 个核心岗位，包括电子通信类、生物化学类、经济管理类、规划建筑类、材料环保类、农学类等专业岗位，前瞻性更强。

"从编制过程来看，此次人才目录主要有 3 方面创新提升。"河北省人力资源和社会保障厅副厅长王子余介绍，在编制方法上，聚焦雄安新区产才融合发展战略，首次编制了产业人才的需求目录；在职业分类上，根据最新版国家职业分类大典，首次引入 11 个绿色职业岗位和 37 个数字职业岗位；在靶向引才上，对雄安新区急需紧缺人才分布情况进行梳理，首次绘制了优秀高校毕业生寻访地图。

从当前雄安新区对急需紧缺人才的需求来看，主要呈现 4 个特点：高端高新产业对高质量人才、专业人才需求持续增长，新一代信息技术、现代生命科学、新材料、高端现代服务、绿色生态农业等高端高新产业人才需求总量增幅均超过4.3%；建筑装饰行业人才需求量大，共发布需求岗位211个，需求总量3585人，占比23%，其中"非常急需紧缺"和"比较急需紧缺"程度岗位占比84.4%，符合雄安新区大规模开发建设的实际情况；公共服务领域人才需求长期占据高位，雄安新区128家医疗、教育机构发布需求岗位469个、需求人才2227人，占比14.31%，需求总量连续4年保持在10%以上；技能人才需求呈现快速增长态势，技工类岗位人才需求达3493人，占比22.45%，同比增长近10个百分点。

摘编自《河北日报》（2023年1月6日）

请分析：

河北雄安新区急需紧缺人才需求反映出新时代人才需求的哪些特点？

第三讲

劳模精神与职业道德

本讲概要

　　劳模是优秀劳动者的代表，劳模精神对新时代中国特色社会主义建设具有重要的意义。职业道德在规范劳动者职业行为、提高劳动效率、提升劳动者职业素质等方面有举足轻重的作用。如何结合劳模精神，提升自己的职业道德，对当代大学生和劳动者的职业发展意义重大。本讲从劳模的社会贡献及不同时期劳模评选标准等方面认识劳模，介绍劳模精神的时代价值和具体内涵；结合职业道德的主要范畴和行为准则，讲述劳模精神与职业道德的内在联系；最后分析劳动者如何弘扬劳模精神，提升职业道德。

学习目标

　　1. 阐述劳模精神的时代价值。

　　2. 描述劳模精神的内涵。

　　3. 列举职业道德的主要范畴和行为规范。

　　4. 总结弘扬劳模精神和提升职业道德修养的路径。

内容导图

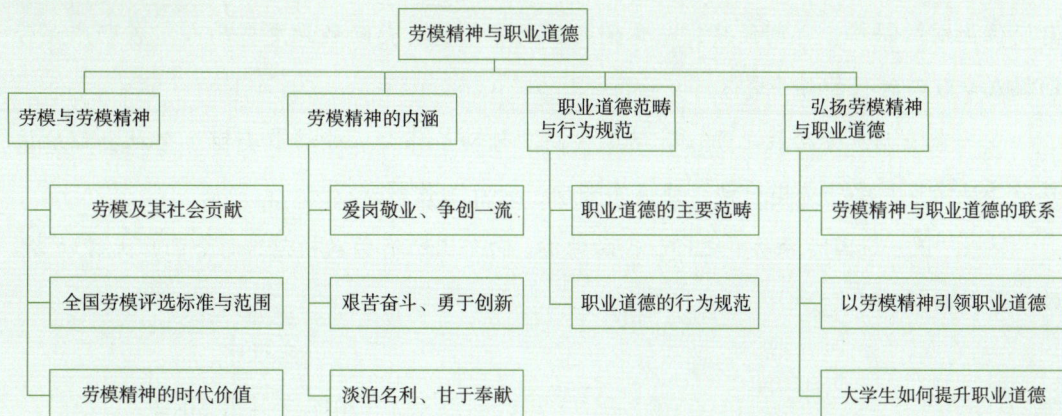

导入案例

编者按： 让劳动模范有更多机会接受高等教育，是党和国家对劳模群体的关怀和厚爱。1992年，中国劳动关系学院创办劳模本科班，学员主要是全国劳动模范、全国"五一劳动奖章"获得者和全国先进工作者。2018年，该校劳模本科班的全体学员给习近平总书记写信，汇报了学习习近平新时代中国特色社会主义思想的体会，表达了当好主人翁、建功新时代的决心。图3-1是中国劳动关系学院的学生们在阅读《人民日报》刊发的习近平给中国劳动关系学院劳模本科班学员的回信。

图3-1 学生们阅读习近平给中国劳动关系学院劳模本科班学员回信

习近平给中国劳动关系学院劳模本科班学员的回信

中国劳动关系学院劳模本科班的同志们：

你们好！"五一"国际劳动节前夕，收到你们的来信，我感到十分高兴。你们为党和国家事业发展作出了突出贡献，被评为劳动模范，如今又在读书深造，这是对大家辛勤劳动、无私奉献的褒奖，也是党和国家对劳动者的关怀。

社会主义是干出来的，新时代也是干出来的。希望你们珍惜荣誉、努力学习，在各自岗位上继续拼搏、再创佳绩，用你们的干劲、闯劲、钻劲鼓舞更多的人，激励广大劳动群众争做新时代的奋斗者。

我一直强调，劳动最光荣、劳动最崇高、劳动最伟大、劳动最美丽。全社会都应该尊敬劳动模范、弘扬劳模精神，让诚实劳动、勤勉工作蔚然成风。

值此"五一"国际劳动节之际，我向你们、向全国所有劳动模范、向全国广大劳动者，致以节日的问候。

习近平

2018年4月30日

摘自《人民日报》（2018年5月1日）

请思考：

1.劳动模范可以在哪些方面激励广大劳动者？

2.普通劳动者如何弘扬劳模精神？

模块一　劳模与劳模精神

一、劳模及其社会贡献

（一）劳模的定义

劳模，即劳动模范。劳模有两种定义，第一种是在社会主义建设事业中成绩卓著的劳动者，经职工民主评选，有关部门审核和政府审批后被授予的荣誉称号；第二种是我们党在新民主主义革命、社会主义建设和改革开放不同历史阶段，为调动和激发工人阶级的先进性、创造性、历史主动精神，通过发现并开展选树先进典型活动而造就的优秀人物[①]。劳，表示劳动，这是劳模的基本前提。模，体现了一种示范和楷模的价值导向，一种可近、可亲、可信、可学的榜样作用。劳模是对生产建设中先进人物的一种崇高称号，以表彰劳动中有显著成绩或重大贡献，可以作为榜样的人。

劳模分为全国劳模、省部级劳模、市级劳模和县级劳模等，一些企业也评选企业劳模。

（二）劳模的社会贡献

在国家建设发展中，劳模是各行各业的杰出代表，在他们身上体现着社会对某一类劳动方式、劳动精神的最高评价。劳模是先进生产力、先进生产关系和先进文化的优秀代表。同时，劳模及其群体也是巩固国家政权的社会支柱、党和政府联系人民群众的桥梁与纽带。劳模以聪明才智和奉献精神为国家经济建设默默无闻地作贡献，以创造性劳动推动着社会进步，以崇高思想和先进事迹为全国人民树立了学习的榜样。

习近平总书记在一系列重要讲话中多次提及劳模，并用较多篇幅论述劳模的历史贡献和劳模精神的宝贵价值。2013 年以来，他先后指出，"劳动模范是民族的精英、人民的楷模""一代又一代的劳动模范和先进工作者、先进人物，是我国劳动人民的杰出代表，是祖国和人民的骄傲""劳动模范和先进工作者是坚持中国道路、弘扬中国精神、凝聚中

① 杨冬梅、赵健杰.劳模学概论［M］.北京：人民出版社.2020：13.

037

劳模精神与职业道德

第

二

讲

国力量的楷模""劳动模范是劳动群众的杰出代表，是最美的劳动者"，充分肯定广大劳动模范和先进工作者。2020年11月24日，习近平总书记在全国劳动模范和先进工作者表彰大会上强调，"劳动模范是民族的精英、人民的楷模，是共和国的功臣。我国是人民当家作主的社会主义国家，党和国家始终坚持全心全意依靠工人阶级方针，始终高度重视工人阶级和广大劳动群众在党和国家事业发展中的重要地位，始终高度重视发挥劳动模范和先进工作者的重要作用。"这些重要论述充分体现出中共中央对劳模成绩的高度认可，对劳模的殷殷关怀。

二、全国劳模评选标准与范围

全国劳模评选可回溯至1950年，截至2022年先后召开了16次全国劳模大会。每次全国劳模的评选标准与范围存在差异。

（一）中华人民共和国成立初期

1950—1960年，我国先后召开了4次全国劳模大会，会议名称不尽相同。这个时期百废待兴，为恢复发展国民经济，进行社会主义建设，全国劳模评选标准沿用了革命战争时期的经验做法，围绕社会主义劳动竞赛和生产运动，强调超额完成任务、推广先进经验、大搞技术革新、提出合理化建议等在经济生产方面的贡献，加班加点、努力工作是主要标准。

从评选范围上看，1959年全国劳模大会评选范围以工业、交通运输、基本建设、财贸等领域为主，1960年全国劳模大会以教育和文化、卫生、体育、新闻等领域为主。这一时期的劳模主要来源于基层，一线产业工人是主流，不仅凸显了工人阶级作为领导阶级的政治地位，又与国家恢复生产、发展工业、提高劳动生产力水平的需求紧密呼应。

这一时期全国劳模代表人物有女工英雄李凤莲、高炉卫士孟泰、万婴之母林巧稚、纺织旗帜赵梦桃、人民代表申纪兰、一抓准张秉贵、挑粪工人时传祥和铁人王进喜等。他们身上体现了无私奉献艰苦奋斗的"老黄牛"精神。

（二）改革开放初期

1977—1979年，我国先后召开了5次全国劳模大会，掀起全国劳模表彰的高潮。频率这样密集的主要原因是，20世纪60年代中期至70年代中期，国家的经济及社会发展遭受了很大的冲击，亟须发挥劳模的模范带头作用，引导广大劳动者投入到社会主义现代化建设中。

改革开放的号角吹响后，1979年，中共中央、国务院第一次对"劳模"和"先进"

进行了理论概括——他们"必须是先进生产力的优秀代表，能体现社会发展的方向。判断一个职工是不是模范，要看其在推动生产力方面是不是起了显著的作用，对社会主义事业是不是做出了较大贡献"。具体的评选指标有多项，第一项就是"对超额完成全国先进定额和计划指标有重大贡献者"。

1978年，邓小平同志在全国科学大会上提出"科学技术是生产力""知识分子是工人阶级的一部分"引起巨大轰动。科学的春天来了，知识分子也进入了全国劳模行列，极大地鼓舞了广大知识分子和脑力劳动者的工作热情。

这一时期全国劳模代表人物有：物理化学家唐敖庆、应用光学家王大珩、天文学家王绶琯、卫星之父孙家栋、数学家陈景润和农学家袁隆平等。他们身上体现了淡泊名利、献身科学的崇高精神。以他们姓名命名的小行星闪耀夜空，指引我们在"实现四个现代化"的道路上奋勇前行。

（三）劳模评选常态化时期

从1979年到1988年，受各种因素影响，没有召开全国劳模大会。1989年4月，《国务院关于召开全国劳动模范和先进工作者表彰大会的通知》（国发〔1989〕35号）印发，要求"全国劳动模范和先进工作者必须热爱祖国、坚持四项基本原则，拥护改革开放方针"。这条评选标准延续至今。

1989年9月，全国劳动模范和全国先进工作者表彰大会召开。1995年至今，每五年召开一次，劳模评选进入常态化时期。2000年的评选标准为"在本职工作岗位上勇于开拓创新，为经济建设和社会发展做出突出贡献，有较为广泛的群众基础"。2005年的评选范围首次允许私营企业主、进城务工人员和下岗再就业人员参选。2010年全国劳模的评选条件增加到十条，再次明确外国人、港澳台人员及持有外国绿卡的人员都不能参加评选。随着改革的深化和劳动竞赛形式的不断创新，涌现了一大批具有时代特色的知识型、专家型、复合型的劳模和先进人物，专业技术人员占比不断提高，劳模群体涵盖的范围也更加广泛。

这一时期全国劳模代表人物有：排障能手孔祥瑞、金牌工人许振超，铁路小巨人巨晓林，航空手艺人胡双钱，抓斗大王包起帆，马班邮路王顺友和马背医生吴登云等。他们身上体现了爱岗敬业、勇于创新的崇高精神。

时代在变化，劳模评选工作也不断深入推进，呈现出评选方式更加科学、评选标准更加合理、评选范围更加广泛以及评选规模日趋稳定的良好趋势。同时，劳模精神也不是单一的、静止的，而是随着人们劳动活动、工作实践的深化和拓展不断丰富发展、与时俱进的。

三、劳模精神的时代价值

在不同的历史阶段，劳模始终是彰显革命精神、民族精神和时代精神的一面旗帜，始终是推动社会进步的带头羊，始终是催人奋进的时代领跑者，劳模精神具有丰富的时代价值。

（一）国家层面

劳模精神为实现中华民族伟大复兴的中国梦注入强大的精神动力。中国梦是强国之梦，是实现国家富强之梦。推动事业发展、实现美好蓝图，要依靠全体劳动人民的智慧和创造。"空谈误国，实干兴邦"，只有脚踏实地地劳动，真抓实干、埋头苦干才能实现个人发展和社会发展，从而实现国家发展。劳模精神是引领中华民族发展的先进的、科学的、文明的思想道德和价值取向，代表的是优秀的价值观、道德观，展示的是中华民族顽强拼搏、自强不息的崇高品格，体现的是中华民族与时俱进、开拓创新的精神风貌。

（二）社会层面

劳模精神有利于营造崇尚劳动的浓厚氛围和精益求精的敬业风气。榜样蕴藏无穷力量，精神激发奋斗意志。劳模的最大价值在于给广大群众精神上的感染和鼓舞，影响和带动周围的人。劳模精神凝结着中华民族的优秀品德，闪烁着时代发展的光芒，为社会发展凝聚积极向上的氛围。大力弘扬劳模精神，有利于进一步激发人们心中蕴藏的劳动热情，提升工作积极性；有利于引导人们树立尊重劳动、学习劳模、争当劳模的思想意识；有利于营造社会良好的劳动氛围，促进社会公平正义的发展。劳模精神已经逐渐得到全体劳动人民的认同，各行各业都掀起了学劳模、做劳模的新风尚。

（三）个人层面

劳模精神可以感染并引领广大劳动者勤奋做事、勤勉为人、勤劳致富，培育并践行社会主义核心价值观，有利于培养德智体美劳全面发展的社会主义建设者和接班人。2018年9月10日，在全国教育大会上，习近平总书记再次指出："要在学生中弘扬劳动精神，教育引导学生崇尚劳动、尊重劳动，懂得劳动最光荣、劳动最崇高、劳动最伟大、劳动最美丽的道理，长大后能够辛勤劳动、诚实劳动、创造性劳动。"中国特色社会主义伟大事业需要依靠一代又一代中国人辛勤劳动、接续奋斗来实现。加强劳动教育，培育青少年深厚的劳动情怀，对于实现中华民族伟大复兴的中国梦至关重要。

刷新世界纪录的港口装卸工

播出平台	中央电视台	栏目简介
频道名称	科教频道 CCTV-10	该栏目讲述新时代为幸福生活而奋斗的奋斗者的故事，节目从细节故事入手，以小见大，立体讲述主人公的传奇故事，塑造以"奋斗的人生最幸福"为核心的时代精神
栏目名称	人物·故事	
主人公	许振超	
播出时间	2022 年 9 月	

　　山东港口青岛港前湾集装箱码头公司的许振超，从一名码头工人做起，悉心钻研，苦练技术，还带领团队先后 9 次刷新了集装箱装卸的纪录（图 3-2）。那么，许振超是如何通过耕耘奋斗取得这份耀眼的成绩单的？

　　30 多年来，许振超干一行、爱一行、精一行，在工作中练就了"一钩准""一钩净""无声响操作"等绝活，带出了"王啸飞燕""显新穿针""刘洋神绳"等一大批具有社会影响的工作品牌。"振超效率"名扬四海，"10 小时保班"服务品牌享誉世界航运市场。

图 3-2　中国当代产业工人的杰出代表许振超

　　许振超是一位学习型、创新型、充分掌握现代技能的新时期优秀产业工人。他爱岗敬业，不仅自己大胆进行技术创新，练就了高强的本领，还带出了一支"技术精、作风硬、效率高"的优秀团队，创造出世界一流的工作效率，在平凡的岗位上作出了不平凡的贡献。

摘编自央视网（2022 年 9 月 22 日）

模块二　劳模精神的内涵

　　2020 年 11 月 24 日，习近平总书记在全国劳动模范和先进工作者表彰大会上的讲话中指出，要大力弘扬"爱岗敬业、争创一流，艰苦奋斗、勇于创新，淡泊名利、甘于奉献"的劳模精神。24 字劳模精神是对劳模们崇高精神的全面概括，也是引领各行业劳动人民共同奋斗的精神指引。

一、爱岗敬业、争创一流

爱岗敬业是爱岗与敬业的总称。爱岗，就是热爱自己的工作岗位，热爱本职工作。工作岗位没有高低贵贱之分，也没有价值大小之别。敬业，就是以高度负责的态度对待自己的工作，忠于职守，把职业当事业。爱岗和敬业互为前提，相辅相成。爱岗是敬业的基石，敬业是爱岗的升华。

争创一流是一种积极奋发的精神风貌，是一种凝心聚力的目标追求，可以内化为每个人的工作动力之源。劳模们积极参加技术革新、技术协作、发明创造活动，充分焕发创新潜能和创造活力，创造一流的工艺、一流的质量、一流的管理、一流的服务，推动我国社会生产力水平不断跃升。

"爱岗敬业、争创一流"是劳模的奋斗目标，是劳模精神的本质特征。全国劳模李素丽把"全心全意为人民服务"作为座右铭，真诚、热情地为乘客服务，被誉为"老人的拐杖，盲人的眼睛，外地人的向导，病人的护士，群众的贴心人"。全国劳模李斌自主设计了刀具，改进工装夹具，先后开发新产品55项、工艺攻关201项、加工工艺编程1500多条，直接创造经济效益830多万元。

二、艰苦奋斗、勇于创新

艰苦奋斗是一种精神追求、工作作风和生活态度，也是共产党的优良传统。劳模的艰苦奋斗精神是综合性、全方位的"精神链"，渗透、贯穿于劳模精神的各个方面。在建设新时代中国特色社会主义的今天，艰苦奋斗精神不仅没有过时，而且应该进一步发扬光大。劳动者需要继续发扬艰苦奋斗精神，始终保持昂扬向上、奋发进取的精神状态。

勇于创新的精神是各行各业创新精神的总结，是一个民族进步的灵魂，是事业发展的不竭动力。在很多人看来，技术创新是专家、技术人员的专利。其实，普通职工经过反复研究同样可以创造出令人瞩目的新技术。一线工人将科学家的实验成果、工程师设计的图纸变成现实的产品，也是个再创造的过程。

"艰苦奋斗、勇于创新"是劳模的精神风貌和品质体现。全国劳模马军武和妻子在极端艰苦的环境下，以哨所为家，23年风雨无阻地在20多公里长的边境线上从事巡边、护林、护牧、守水任务，从未发生一起违反边防政策的事件。全国劳模孔祥瑞坚持学习、坚持实践、坚持创新，从一名只有初中文凭的码头工人，成长为一名享誉全国的"蓝领专家"。他主持开展的技术创新项目200余项，创造效益过亿元，多个项目获得国家实用新型专利。

三、淡泊名利、甘于奉献

淡泊名利是以超脱世俗、豁达客观的态度看待一切。劳模具有淡泊以明志、宁静以致远的优秀品格，把为理想奋斗当作人生快乐的源泉，用高尚的理想和情操充实自己的精神世界，努力实现人生价值。许多劳模几年、十几年，甚至几十年如一日，在平凡的工作岗位上默默耕耘，并且能做到清心寡欲、淡泊名利、脚踏实地地实现人生理想和生命价值，成为广大职工和全社会尊敬的先进劳动者。

甘于奉献是指为了维护社会集体利益或他人利益，个人能够自觉地让渡、舍弃自身利益的一种高尚品格，是中华民族世世代代自强不息的精髓。奉献是一种高尚的情操，无论时代发生怎样的变化，奉献永远是鼓舞和激励人们奋发向上的巨大力量。

"淡泊名利、甘于奉献"是劳模精神中凝结的恒久不变的核心价值和内在动力，体现了他们不求索取、不为名利的精神品质。申纪兰曾于1952年、1978年、1989年三次被评为全国劳动模范。1954年她提出男女同工同酬的权利，后于1954年写入《中华人民共和国宪法》。当选山西省妇联主任时，她郑重地向组织提出："我永远是一个普通农民，不领工资，不转户口，不定级别，不配专车。"申纪兰生活拮据，每年除了国家的一点补助和村里的几百元补贴外，她的收入主要依靠1亩4分责任田，其他贴补她一概不要。她对此有一个朴素的解释："党员干部的本色是啥？是劳动，是奉献，是服务。"

AV 影音 3-2

"川藏第一险"上的雪域信使

播出平台	中央电视台	栏目简介
频道名称	新闻频道 CCTV-13	这是一档长篇人物专访栏目，秉持新闻性、真实性、关注度、影响力的诉求，面对面的交流，心与心的碰撞，用对话记录历史，以人物解读新闻，为变幻中国制作一份打开的人物志
栏目名称	面对面	
主人公	其美多吉	
播出时间	2022年10月	

从四川成都通往西藏拉萨的川藏邮路是全国平均海拔最高的一级干线汽车邮路，被称为"雪线邮路"。而甘孜县至德格县邮路又是"雪线邮路"上海拔最高、路况最险的路段，这里途经"川藏第一险"——海拔6168米的雀儿山。33年来，其美多吉每个月不少于20次往返于这条邮路，累计行驶140多万公里，相当于绕地球赤道35圈（图3-3）。

2017年9月，历时5年建设、全长7公里的雀儿山隧道通车，让穿越"川藏第一险"的时间从原来的2个小时缩短到10分钟，甘孜县到德格

图3-3 雪域信使其美多吉

县只用跑3个多小时。邮车穿行过的邮路已成为当地发展的"致富路"。

摘编自央视网（2022年10月30日）

模块三 职业道德范畴与行为规范

职业道德是从业者在职业活动中应该遵循的符合自身职业特点的职业行为规范，是人们通过学习与实践养成的优良职业品质。职业道德行为规范是根据职业特点确定的，它是指导和评价人们职业行为善恶的准则。

一、职业道德的主要范畴

职业道德与职业义务、职业权力、职业责任、职业纪律、职业良心、职业荣誉、职业幸福和职业理想等紧密相关，这些都是职业道德在职业活动不同方面、不同层次的反映和折射。

（一）职业义务

职业义务是指从业人员在职业活动中对他人、对社会应尽的责任和不要报酬的奉献。它是一定社会、一定阶层、一定职业对从业人员在职业活动中提出的道德要求，又是从业人员对他人、对社会应该承担的道德责任。比如，"救死扶伤，实行革命的人道主义"既是医疗职业对医生提出的职业道德要求，又是医生对病人应承担的道德责任。

职业义务具有利他性，也就是从业人员在履行职业义务时，实际上做出了有利于他人、有利于社会的行为，这种行为的客观效果是对他人有利，而不是对自己有利，甚至有时还要做出某种程度上的自我牺牲。比如驾驶员在履行安全行驶的义务时，就要全神贯注而不去观赏沿途的风光；交警在履行站岗执勤的义务时，就要经受严冬酷暑的考验；教师在尽教书育人的义务时，就要像蜡烛照亮别人，"燃烧"自己。职业义务具有无偿性，是指从业人员在履行职业义务时，不把谋求个人权利和回报与履行职业义务相联系或相对应。比如国家安全工作人员要履行保守国家机密的义务，共产党员要履行执行党的决定、服从组织分配的义务。

（二）职业权力

职业权力是指从业人员在自己的职业范围内或职业活动中拥有的支配人、财、物的力量。职业权力不只属于有领导权的人，所有从业人员，哪怕是最基层、最普通的人员，都有相应的职业权力。例如，交通警察在交通岗位上，有指挥来往车辆行驶与否的权力，有对违反交通规则的驾驶员进行罚款、没收驾照、予以相应处罚等权力。每个从业人员都有相应的职业权力，其核心是如何使自己手中的职业权力为广大人民群众服务。

一些行业腐败和不正之风恰恰就和滥用职业权力有关。"冷、硬、拖、抵、推"的工作态度，"门难进、口难开、脸难看、事难办、理难辩"的衙门作风，干哪行吃哪行带来的"吃、喝、卡、拿、要"的工作行为，"电老虎""税老虎""路霸""水霸"等负面现象都是滥用职业权力导致的行业不正之风。在职业权力的执行中，从业人员要严于律己，不该得的不得、不该拿的不拿，绝不能以权谋私、损公肥私、化公为私，敢于抵制滥用职业权力的不正之风。

（三）职业责任

职业责任是指从事某种职业的个人对他人、集体和社会所应承担的责任。职业责任是社会义务、使命、任务的具体体现。由于职业分工不同，行业特点不同，职业的作用不同，从业人员承担的职业责任也就有所不同。职业责任一般用岗位职责、业务规范、规章制度、任务目标或行为公约等形式来表现。例如，工人的职业责任主要是坚守生产岗位，维护生产秩序，学习科学文化，钻研业务技术，文明生产，保质保量完成生产任务，创造更多的物质财富。

各行各业的职业责任各不相同，但忠于职守，尽心尽力，保质保量，按时完成党和国家、行业、单位交给自己的各项任务，安心本职工作，以主人翁的态度对待本职工作等，都是共同的职业责任要求。

AV 影音 3-3

将平凡做到了极致就是非凡

播出平台	中央电视台	栏目简介
频道名称	综合频道 CCTV-1	这是中国首档青年电视公开课，邀请"中国青年心中的榜样"作为演讲嘉宾，分享他们对于生活和生命的感悟，给予中国青年现实的讨论和心灵的滋养
栏目名称	开讲啦	
主讲人	刘传健	
播出时间	2019 年 3 月	

2018 年 5 月 14 日，重庆飞往拉萨的川航 3U8633 航班正在 9800 米的高空正常巡航，突然，驾驶舱右侧的挡风玻璃爆裂，脱落，驾驶舱瞬间失压，气温也骤降到了零下40℃。在生死关头，航班机长刘传健非常冷静地控制方向杆，果断应对，34 分钟后平安将飞机降落，确保了飞机上 119 名旅客的生命安全。这是一次堪称史诗级的备降！

摘编自央视网（2019 年 3 月 24 日）

（四）职业纪律

职业纪律是在特定的职业范围内从事某种职业的人们要共同遵守的行为准则。人们常说，党有党纪，国有国法，家有家规，厂有厂律。为了维护正常的生活和工作秩序，确保安全生产，确保产品质量，各行业、各单位、各岗位都要制定自己的行为规则，这些行为规则对本行业、本单位、本岗位的从业人员来说都是职业纪律。这种由不同组织制定的规章制度，就是人们通常所说的纪律。比如，在银行工作的职员，必须为存款人的姓名、地址、金额、密码保密。

不同职业的职业纪律有共同性，比如个人服从组织，下级服从上级；上班不迟到、不早退、不旷工；要照章办事等。同时职业纪律也有特殊性，比如一些工作内容涉密，不该问的不问，不能打听的不打听等。这些职业纪律都是维护国家、集体、个人利益的行为准则，要求有关从业人员在职业活动中必须遵守，具有强制性。制定纪律的目的是维护集体和人民的共同利益，确保大家正常的工作秩序和生产秩序。

（五）职业良心

职业良心是指从业人员在职业活动中对工作的负责精神、对他人的同情感、对社会的责任感、对自己职业行为的是非感和对错误行为的羞耻感。

职业良心与职业义务相辅相成，互相促进。职业义务是他人和社会对从业人员提出的客观要求和愿望，为了满足人们的这些要求和愿望，必然要借助于职业良心这一内在驱动力，通过尽到职业义务来实现。因此，职业义务迫使人们要讲良心；而职业良心又使职业义务的履行得到切实保证。这样，人们在职业良心促使下履行职业义务，在履行职业义务的过程中培养他人和社会期待的职业良心，以实现职业义务与职业良心互相促进的良性循环。在工作中，做到事前"扪心自问"，事中"良心发现"，事后"问心无愧"，既是讲职业良心应有的要求，也是培养职业良心有效的手段。

（六）职业荣誉

职业荣誉是社会对职业行为的社会价值所作出的肯定性评价，也是从业人员对自己的职业行为所具有的社会价值的自我意识和自我体验。换句话说，职业荣誉就是从业人员的职业行为得到社会的公认、肯定和褒奖以及从业人员对自己的职业行为的肯定和欣赏。

在职业生涯中，劳动者需要树立正确的职业荣辱观，在职业活动中明辨是非，分清善恶美丑，判断和选择正确的职业行为。劳动者争取职业荣誉的动机要纯洁、纯正、不能太功利，不以金钱的多少和地位的高低来评价贡献的多少。同时，获得职业荣誉的手段要正当，不能对荣誉斤斤计较，也不能靠毁坏他人的声誉来抬高自己的身价和地位，更不能欺上瞒下、弄虚作假骗取荣誉。最后，对待职业荣誉的态度要谦虚，要把它作为新的起点，以更加谦虚的态度、更加努力的工作来回报单位和社会的认可和表彰。

（七）职业幸福

职业幸福是指从业人员经过辛勤奋斗后实现职业理想而获得的精神满足和愉悦。比如保质保量完成生产任务后就会产生一种心情愉快的感觉；通过钻研努力，解决了某一项技术难题，得到领导和同事高度评价，就会产生一种精神上的满足感；攻克难关做出某项创新和发明，就会产生一种自豪感。所有这些，都是职业幸福的具体体现。

每一种职业、每位从业人员都有自己的职业幸福。环卫工人起早摸黑地保洁劳动使人们生活在整洁卫生的城市，他会为此感到幸福；交通警察春夏秋冬不分昼夜、不畏严寒地在现场指挥，保证了群众出行安全，他也会为此感到幸福。

（八）职业理想

职业理想是指人们对未来职业和所要取得何种成就，对社会作出哪些贡献的向往和追求。一个理想的职业不仅是人们谋生的手段，而且能更好地发挥人的聪明才智，在实现为人民服务、奉献社会的同时，实现个人的人生价值。

树立正确的职业理想，才能明确个人奋斗的正确方向，坚定为中国特色社会主义事业奋斗的信念，增强为追求事业成功而战胜困难的力量，最终实现人生价值。

二、职业道德的行为规范

职业道德的行为规范包括爱岗敬业、奉献社会、诚实守信、办事公道、服务群众等五个方面[①]，前两个方面与劳模精神高度契合，这里介绍后三个方面。

（一）诚实守信

诚实守信是做人的基本准则，也是社会道德和职业道德的基本规范。诚实就是表里如一，说老实话，办老实事，做老实人。守信就是信守诺言，讲信誉，重信用，忠实履行自己承担的义务。

（二）办事公道

办事公道是指人们在办事情、处理问题时，要站在公正的立场上，对当事双方公平合理、不偏不倚，不论对谁都是按照一个标准办事。办事公道要求从业者在职业活动中坚持工作原则，做到办事公开、公平、公正，做到办事合法、合情、合理，并充分体现追求公正，维护公共利益的精神。

---

① 张伟.职业道德与法律 [M]. 2 版.北京：高等教育出版社，2020：42.

（三）服务群众

服务群众就是为人民群众服务。服务群众不仅是对领导干部的要求，也是对每一位普通从业者的要求；服务群众不仅是对服务性行业的要求，也是对各行各业的共同要求。一切依靠人民群众，一切服务于人民群众，是我们党的群众路线的重要内容。

EG 案例 3-1

编者按： 2022 年 6 月在中央电视台综合频道（CCTV-1）播出的电视剧《大山的女儿》豆瓣评分高达 9.3 分，被网友评为 2022 年国产电视剧口碑第一名。

唱响新时代的青春之歌——评电视剧《大山的女儿》

文 / 中央文史研究馆馆员　仲呈祥

观看电视剧《大山的女儿》，不禁热泪盈眶、思绪澎湃。伴随着荧屏上"时代楷模"黄文秀平凡而又非凡的人生历程的艺术再现，感受着这位"大山的女儿"精神不断升华的轨迹，我为荧屏成功塑造了黄文秀这一艺术典型、唱响新时代青春之歌点赞。

这部关于精准扶贫和新农村建设的影视作品，具有精神高度、文化内涵和艺术价值。如剧名所示，《大山的女儿》浓墨重彩地为"时代楷模"、广西百色市乐业县百坭村原驻村第一书记黄文秀树碑立传。如果说作家杨沫的长篇小说《青春之歌》培育和引领了一代又一代青年投身革命事业，那么，《大山的女儿》坚持现实主义精神与浪漫主义情怀相结合，以精彩的故事、生动的细节、鲜活的语言，塑造既有理想又脚踏实地、既有精神高度又有文化内涵的新时代青年黄文秀形象，再次唱响了青春之歌。

荧屏上，黄文秀的艺术形象真实可信、可亲可学，既具思想深度又具感染力度和人性温度。全剧对黄文秀一生的表现详略得当、重点突出。从黄文秀出生到求学，主要凸显党和人民、社会和家庭对她的培养。她从北京师范大学毕业，放弃留京，主动申请回家乡，到艰苦的农村当驻村第一书记。此后，她真抓实干，在工作实践中不断深化认识、提升精神境界。剧中，她翻山越岭走访住在山上的残疾人黄美沙与韦平雨一家，目睹了他们的困难，帮助他们联系落户和医保事宜，维护了他们的自尊，使他们看到了希望。上级组织为让黄文秀安心照顾患癌的父亲，提出将她调回市里工作，但她仍坚守在一线，要与乡亲们一起让百坭村永不返贫、共同致富。其家国情怀、忠孝情结，感人至深。荧屏上的黄文秀形象，知行合一、立体丰满。她从乡亲们那里汲取智慧和营养，也向乡亲们传播新时代的新思想和新理念。

电视剧对于黄文秀驻村第一书记形象的塑造，桩桩由"事"入手，件件着意于"魂"。

她不仅帮助乡亲们从经济上脱贫，更可贵的是引领大家从根本上转变思想观念，从精神上脱贫。村两委班子连同几位扶贫干部，都在她的影响下思想得到了可喜的升华。从龚福洋到黄元军、从双应姐到班小班，再到以龚连升为代表的中小学生，也都在黄文秀的言传身教下转变成长。饰演黄文秀的青年演员杨蓉，表演朴实自然、感人至深。经由杨蓉的动人演绎，榜样的形象、楷模的形象，绽放出光彩。

一个时代有一个时代的英雄，一个时代有一个时代的青春之歌。"大山的女儿"黄文秀，她的青春之歌是如此壮美动人，让人铭记在心。

摘编自《人民日报》（2022 年 7 月 28 日）

模块四　弘扬劳模精神与职业道德

劳模精神源于广大劳动者的从业经历，不仅与外在的职业有关，也与内在的道德有关。劳模精神与职业道德有共通性，弘扬劳模精神可以引领职业道德，良好的职业道德对弘扬劳模精神也有促进作用。大学生需要充分认识两者关系，同步弘扬劳模精神和职业道德。

一、劳模精神与职业道德的联系

（一）劳模精神囊括了职业道德的基本内容

"爱岗敬业、争创一流、艰苦奋斗、勇于创新、淡泊名利、甘于奉献"的 24 字劳模精神内涵与职业道德基本准则的"爱岗敬业、奉献社会、诚实守信、办事公道、服务群众"的内容高度契合。广大劳模不仅业务水平精湛，也具有高尚的职业道德。

（二）劳模精神为职业道德的培养提供方向和目标

劳模精神和职业道德均以社会劳动过程为依托。在职业道德教育中融入劳模精神，可以起到鼓舞人心、振奋精神的作用，给劳动者以积极引导。劳模是各条战线上的劳动能手，不同企业、行业、产业中的劳模所体现的劳模精神具有不同的品格，对各行各业的职业道德养成都提供了明确的培养方向和目标。

（三）劳模精神促进职业道德修养的养成

学习职业道德理论知识是提升职业道德品质的基础，但职业道德认知并不等于职业道德的养成，必须将职业道德与工作岗位实践相结合。劳模在工作岗位上表现出的艰苦创业精神、忘我的劳动热情、强烈的奉献精神、锲而不舍的开拓意识，很好地体现了职业实际中的道德规范。因此，全社会需要弘扬劳模精神、以劳模高尚人格和动人事例来教育和感染劳动者，使劳动者能够明白职业道德修养的重要性。

二、以劳模精神引领职业道德

（一）摆正心态，人人皆可学劳模

劳模绝不平凡，并非人人皆能为劳模，但平凡人完全可以学习劳模精神。劳模的典型事迹，普通职工也能做到，只要我们愿意去做，只要有心、用心、恒心，从今天做起，做好本职工作，以平常心把每一件事情都做到尽心尽力，就是践行了劳模精神。

（二）以劳模为目标，找到差距，找准自身定位

与劳模的先进事迹相比，大多数普通劳动者确实存在一定甚至很大的差距。学习劳模精神，就要以劳模为榜样，主动找出差距，学习领会劳模先进事迹的精神实质，学习劳模的优秀品质。只要认真领会，认真践行，普通劳动者也会取得不平凡的成绩，逐渐成长为行业内的佼佼者。

（三）激发职业热情，在本职工作中作出贡献

对每一个普通职工来说，学习劳模精神并不需要有惊天动地的业绩，更多的是享受向劳模先进学习的过程，发现劳动的乐趣，激发对职业的热情，并最终在实际工作生活中取得进步，作出贡献。学习劳模精神绝不是盲目照抄照搬。不能因为某劳模是钢铁公司的炉前工，就改行当炉前工；不能因为某劳模是企业家，从此就想下海经商。我们要细细体会劳模精神的实质，只要尽心尽力做好每一件事情，只要有水滴石穿的坚忍精神，终将放射出耀眼的光彩。

三、大学生如何提升职业道德

提升职业道德修养，提高职业道德水平，不仅是建设和谐社会、实现中国梦的基本要求，也是形成职业个体和群体美好形象、促进行业兴旺发达的内在要求。

（一）学习理论，以模范人物为榜样

只有学习和掌握了科学理论，才能坚持职业道德修养的正确方向。新时代的劳模为我们加强社会主义职业道德修养树立了榜样。大学毕业生要虚心了解职业模范的典型事迹，不但要向这些模范人物学习，还要向身边的老师、同学、工厂的师傅学习，学习他们的长处，克服自己的缺点，把职业道德境界提升到一个新的高度。

（二）自觉提高职业道德修养

在职业道德修养上，自觉是非常重要的。人一旦有了自觉性，就能处处留心，时时提醒自己，严格要求自己，提升自己的职业道德水平。良好的习惯一经形成就是终身受用的资本；反之，不良的习惯则会成为一生的羁绊，阻碍自己的发展（图3-4）。一个整天喜欢蒙头大睡，在宿舍沉迷游戏的人，不可能在梦中成就他的事业。

图3-4　阻碍自己发展的常常是自己

大学生的自我管理和约束能力相对较低，但具有很强的可塑性和可引导性，若能从自己内心培植职业道德的土壤，建立长效自我约束机制，就会在工作中爱岗敬业、谦逊礼让、严于律己、宽以待人；在感情上，以为社会多做贡献为荣，以自己的劳动成果能为社会和他人带来幸福为乐，从而更好地在自我教育中提升职业道德水平。

（三）积极参加社会实践活动

参加社会实践是提高职业道德修养的根本途径。人的道德品质不是与生俱来的，是在长期的社会实践中逐步形成和发展的。实践是人们养成道德品质的源泉，也是进行职业道德修养的目的和归宿。大学生在学习职业道德理论的基础上，只有不断融入社会，把自己的学习和社会实践活动联系起来，才能更深刻地认识自身的价值所在，正确审视自己的不足，并在社会实践中锻炼自己，陶冶自己，完善自己，最终提升职业道德水平。

互动交流

1. 各个时期的劳模有哪些共同点？
2. 劳模精神的内涵是什么？
3. 大学生应如何弘扬劳模精神？
4. 联系自身实际，如何提升职业道德？

案例任务

"马班邮路"上的传奇

1984年，19岁的王顺友接过父亲的班，当上了四川省凉山彝族自治州木里藏族自治县邮政局的邮递员，从此过上了与马为伴的日子。在21世纪以前，木里县大部分的乡镇都不通公路和电话。以马驮人送为手段的邮路是当地乡政府和百姓与外界保持联系的唯一途径。全县除县城外，15条邮路全部是"马班邮路"，而且绝大部分在海拔4000米以上的高山上。王顺友负责的是从木里县城至白碉乡、三桷桠乡、倮波乡、卡拉乡的邮路，一个月里，他有28天奔走在路上，往返584公里。

先翻越海拔5000米、一年中有一半时间被冰雪覆盖的察尔瓦梁子，再走进海拔1000米、最热时气温高达40摄氏度的雅砻江河谷，途中穿越大大小小的原始森林和山峰沟梁……季节的变换浓缩在每一趟28天的路途中。有时候，甚至在一天里也能经历从严冬到酷暑。

冬天一身雪，夏天一身泥，饿了吞几口糌粑面，渴了喝几口山泉水或啃几口冰块，晚上蜷缩在山洞里、大树下或草丛中与马相伴而眠，如果赶上下雨，就得裹着雨衣在雨水中躺一夜。冰雹、暴雪、大雨、泥石流，不期而遇的自然灾害让这条无人相伴的道路变得危机四伏。

1988年7月，在去倮波乡路上，他滑着溜索横渡雅砻江，眼看就要滑溜到对岸时，挂在索道上的绳子突然断开，他从两米多高的空中重重地摔了下去。幸好这一摔只是摔在了沙滩上，人没事，邮包却掉入了江里。不懂水性的他心急如焚，从地上抓起一根树枝跳进江中，拼命地找邮包。当他费尽全力把邮包捞起来时，人已累得趴在沙滩上久久无法动弹。

1995年的秋天，在雅砻江边一个叫"九十九道拐"的地方，一只山鸡突然飞了出来，受惊的马狠狠地踢了王顺友的肚子一脚。尽管当时钻心的痛让他直不起腰，但他坚持把所有邮件送完。回到县城医院检查时才知道大肠已被踢破，死神再一次擦肩而过。

1998年8月，木里县遭遇泥石流，进入白碉乡的路、桥全被冲毁，白碉乡成为"孤岛"。按规定，王顺友可以不跑这趟邮班，但当他在邮件中发现两封大学录取通知书时，骑上了马，急急忙忙地出发了。到达目的地时，15公斤的邮件干干净净、完好无损，而污水、泥土和鲜血却沾了他一身。看到手捧通知书的王顺友，学生和家长眼泪止不住地流。

"乡亲们需要我，我也离不开他们。"王顺友总这么说。王顺友以深沉和质朴，把生命中壮丽的青春无私无求无怨无悔地奉献给邮政事业，在平凡中铸造不平凡，在普通中彰显着崇高，他是爱岗敬业的楷模。他被授予"优秀共产党员"称号，还被评为全国劳动模范和全国道德模范。

摘编自《人民日报》（2016年6月22日）

请分析：

1. 王顺友身上体现的哪种劳模精神让你印象深刻？

2. 从王顺友身上，你可以从哪些方面学习劳模精神？

劳模精神与职业道德 第三讲

第四讲

劳动精神与职业发展

本讲概要

　　劳动精神表现为"崇尚劳动、热爱劳动、辛勤劳动、诚实劳动"，既包含人们对劳动的理解和态度，也包括个体在职业生涯中体现出的种种心理素质和精神追求。本讲首先讲述人生幸福、职业与劳动精神三者之间的关系，并指出新时代下需要哪些新的劳动精神。劳动精神是要落实在职业生涯中的。本讲以职业发展为线索，分析了执行性、管理性、决策性工作及相对独立的职业需要哪些相应的劳动精神。一个人活在社会中，他的底气、动力和能力都与劳动精神有关。作为一名新时代中国特色社会主义劳动者，劳动精神在很大程度上决定着我们的职业和幸福。

学习目标

　　1. 想象你未来的幸福生活画面，思考实现的条件和路径。
　　2. 对照自己已有的职业观念，理解劳动精神的内涵。
　　3. 为自己写一份职业生涯规划，列出不同阶段所需的劳动精神。

内容导图

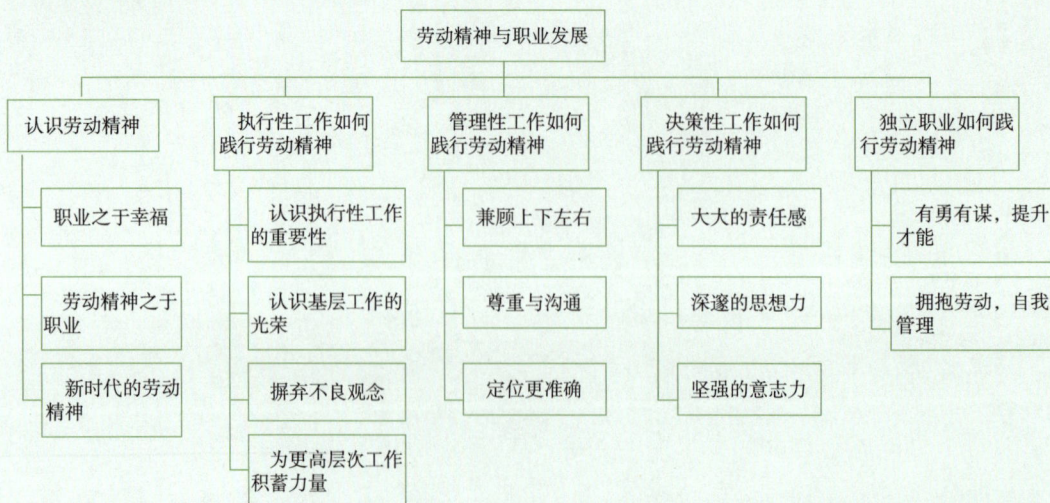

地铁检修中的劳动精神

尹星是青岛地铁集团有限公司运营分公司运营二中心车辆部一名工程车检修工,荣获"2020年全国劳动模范"称号。

尹星虽年近不惑,但学业务理论钻劲十足;言语不多,但在疑难故障面前眼睛发亮。多年来,他主导实施技术创新项目20多项,获得国家实用新型专利10项,发表技术论文35篇。为实现"科技保安全"目标,他主导完成的科技创新项目《运行监控系统在青岛地铁工程车的应用研究》在深圳地铁全线网内47辆车上得到了广泛应用,推广应用效益1070万元,实现了将"机器人+机器视觉+信息化"手段融入轨道交通列车检修作业中,是国内外首次在城市轨道交通车辆日常检修领域应用人工智能机器人技术的项目,每年可节省人工成本3000万元以上。

在这背后,是尹星多年来扎根一线、大胆实践、心无旁骛致力轨道技术研究的成果。他19岁技校毕业后,在工程车检修工作岗位上一干就是26年,参与完成的科技创新项目填补了国内城市轨道交通行业轨道车安全防护设备的空白。他用脚步丈量轨道,用双手为青岛地铁安全运行保驾护航。他力求每一件事情都做到最完美,在每一次检修作业当中,他总是把螺丝拧到最好,不会放过任何一个细节。根据安全运行的要求,工程车每月都进行检修,一台车检修下来,需要三四个人通力合作3天。而每次检修完毕,尹星必须要对整车1000多个螺丝再检查一遍。对尹星而言,干一行、爱一行、精一行是技术工人的职业准则。这使他从一名普通检修工成长为地铁技工行业中的佼佼者,在坚持自己梦想的道路上不断前进。

尹星的付出和努力得到了人们的认可,他先后荣获山东省劳动模范、齐鲁首席技师、山东省创新能手、山东省富民兴鲁劳动奖章、青岛市创新能手、青岛市首席技师、青岛大工匠、青岛地铁集团优秀共产党员等称号。他充分发挥高技能人才引领作用,组织开展各类劳动竞赛和技术比武活动5次、技能培训200余次。这些培训3000多人次受训,授课培训时间达到500多课时。多年来,他带领培养多人成为技师和工程师。其中,1人既具有钳工技师职业资格又具有电工技师职业资格,成为"双师人才";1人荣获青岛市首席技师和青岛市劳动模范等称号他的团队成员共获得市级荣誉奖励10余项,为城市轨道交通事业的发展提供了坚实的人才保障,为青岛地铁的"畅达幸福"服务品牌增光添彩。

摘编自青岛新闻网(2020年11月25日)

055

劳动精神与职业发展 第四讲

请思考：

1.尹星在多年的工作中，哪些行为体现了劳动精神？

2.劳动精神对尹星的日常工作有哪些促进作用？

模块一　认识劳动精神

一、职业之于幸福

（一）幸福与职业有关

《十日谈》作者薄伽丘说过："经过费力才得到的东西，要比不费力就得到的东西更能令人喜爱。一目了然的真理不费力就可以懂，懂了也只是感到暂时的愉快，但是很快就被遗忘了。"英国思想家大卫·休谟说过："正是劳动本身构成了你追求的幸福的主要因素，任何不是靠辛勤努力而获得的享受，很快就会变得枯燥无聊，索然无味。"通过劳动过程获得的结果，我们才能欣然领受并由衷欢喜，反之，"十指不沾泥，鳞鳞居大厦"式的不劳而获，是不会有多少深度的快乐可言的。送给那些只想不劳而获的同学一句罗曼·罗兰的名言："生活中最沉重的负担，不是工作，而是无聊。"

（二）职业的过程与职业的结果

职业的过程或劳动的过程本身就是幸福的另一个名字。职业过程本身就是帮助我们拓展认知、升华生命的过程。比如演员的工作，天然就可能认识很多人、去到很多地方，这就是一种天然的学习、历练；比如学者的工作，天然就会带领人去见识人类思想的神妙深邃；再比如从政或从商，都会让我们见识到人性或瑰丽、或疯狂、或波澜壮阔、或执着痴迷的风景，人生况味自在其中。不同的职业给人带来不同的成长和阅历，所以说，拥抱职业就是拥抱幸福。

职业与人生意义、人生幸福直接相关，而职业或工作的本质就是劳动。一个人的功绩、地位、贡献，都与其劳动的量和质直接相关。一个人付出的劳动越多、价值越大，就越容易得到社会的认可，人生就越有意义。

（三）个体的职业与群体的职业

个体的职业与群体的职业密不可分，也与全社会劳动者的职业密不可分。

从个体来讲，正如恩格斯所言："生产劳动给每一个人提供全面发展和表现自己全部

（即体力的和脑力的）能力的机会，这样，劳动就不再是奴役人的手段，而成了解放人的手段，因此，劳动就从一种负担变成一种快乐[1]。"每个人尽可能按照自己的自由意志去劳动并能因此获得生存的丰足、生活的丰富、生命的升华，那就是最美好不过的事情。

一些人的劳动没有与自己的天分或人生的使命结合起来，所以，多多少少是错位的、不够幸福的。但反过来讲，个体对于自我认识得越充分，对人生意义的信念越清晰、正向，就越可能在职业道路上走出自己的风采，也越容易获得很多人都无法体验到的深度幸福。正如马克思在他中学毕业论文《青年在选择职业时的考虑》中所写："如果我们选择了最能为人类福利而劳动的职业，那么，重担就不能把我们压倒，因为这是为大家作出的牺牲；那时我们所感到的就不是可怜的、有限的、自私的乐趣，我们的幸福将属于千百万人，我们的事业将默默地、但是永恒发挥作用地存在下去，面对我们的骨灰，高尚的人们将洒下热泪。"

从群体来讲，劳动就是人类有意识地、自觉地改变环境和世界的活动，是人类社会赖以生存和发展的前提。劳动不仅创造了世界，创造了历史，创造了人本身，还是改变世界的根本力量。随着社会发展，分工越来越多元和精细，很多新职业是我们以前根本无法想象的，比如剥虾师、地铁助推员、球鞋鉴定师等。这说明群体的劳动让我们的生活变得丰富多彩了，也催生了新的需求和供给。

AV 影音 4-1

"90后"的职业幸福

播出平台	中央电视台	栏目简介
频道名称	少儿频道 CCTV-14	为庆祝中国共产党成立100周年，少儿频道于2021年播出了这档特别节目。节目由鞠萍姐姐讲述30位大国工匠的故事，激发广大青少年爱党爱国爱社会主义的巨大热情
栏目名称	《大国工匠》故事	
主人公	陈行行	
播出时间	2021年4月	

陈行行出生于1990年，是一个从山东省济宁市微山湖畔小乡村走出来的农家孩子，毕业于山东技师学院机械工程系。如今，他已经成为中国工程物理研究院机械制造工艺研究所加工中心的特聘高级技师，是一位一专多能的技术技能复合型人才。

国防力量是维护国家主权、震慑他国的利器，而陈行行是操作着价格高昂、性能精良的数控加工设备的新一代技能人。青涩年华化多彩绽放，精益求精铸就青春信仰，在大国重器的加工平台上，陈行行用极致书写"精密"人生。

摘编自央视网（2021年4月28日）

---

[1] 恩格斯. 反杜林论 [M]. 北京：人民出版社，2018：317.

二、劳动精神之于职业

2013 年 4 月 28 日，习近平总书记同全国劳模代表座谈并发表重要讲话指出："必须牢固树立劳动最光荣、劳动最崇高、劳动最伟大、劳动最美丽的观念，让全体人民进一步焕发劳动热情、释放创造潜能，通过劳动创造更加美好的生活。" 2015 年 4 月 28 日，习近平总书记在庆祝 "五一" 国际劳动节暨表彰全国劳动模范和先进工作者大会上讲道："我们的根扎在劳动人民之中。在我们社会主义国家，一切劳动，无论是体力劳动还是脑力劳动，都值得尊重和鼓励；一切创造，无论是个人创造还是集体创造，也都值得尊重和鼓励。全社会都要贯彻尊重劳动、尊重知识、尊重人才、尊重创造的重大方针，全社会都要以辛勤劳动为荣、以好逸恶劳为耻，任何时候任何人都不能看不起普通劳动者，都不能贪图不劳而获的生活。" "一切劳动者，只要肯学肯干肯钻研，练就一身真本领，掌握一手好技术，就能立足岗位成长成才，就都能在劳动中发现广阔的天地，在劳动中体现价值、展现风采、感受快乐。" 2016 年 4 月 26 日，习近平总书记在知识分子、劳动模范、青年代表座谈会上表示："人类是劳动创造的，社会是劳动创造的。劳动没有高低贵贱之分，任何一份职业都很光荣。"

纵观人类历史，人类所有梦想的实现、人世间所有的重大成就都跟秉持劳动精神的劳动有关，所以，我们从事一份职业，应该辛勤地、诚实地、创造性地去做。

三、新时代的劳动精神

2020 年 11 月 24 日，习近平总书记在全国劳动模范和先进工作者表彰大会上的讲话中指出，要大力弘扬 "崇尚劳动、热爱劳动、辛勤劳动、诚实劳动" 的劳动精神。党的二十大报告进一步指出，要 "在全社会弘扬劳动精神、奋斗精神、奉献精神、创造精神、勤俭节约精神，培育时代新风新貌。"

（一）崇尚劳动

习近平总书记指出："劳动创造了中华民族，造就了中华民族的辉煌历史，也必将创造出中华民族的光明未来。"[①] 一言以蔽之，劳动创造了人类社会的一切文明，也创造了中华民族的过去、现在、未来。所有的社会进步都是劳动的结果，不是空想和机巧的结果，崇尚劳动既是对社会历史的科学认识，也是人文精神的强烈体现。

（二）热爱劳动

劳动对于一个奴隶来说，是痛苦的；但对于一个自由发展的人来说，是幸福的。当人的自由潜能被挖掘、激发、培养、展现出来的时候，他一定会热爱这种潜能在社会上对应

---

① 习近平．习近平谈治国理政 [M]．北京：外文出版社，2014：46.

的劳动。有艺术家曾说,爱得越多就知道得越多。一个人对自己的劳动越热爱,他能学到和体会到的就更多、更丰富。热爱劳动是符合人性的,同时也是需要不断付出主观能动性的。

(三)辛勤劳动

辛勤劳动表现为勤奋工作,只争朝夕,不辞劳苦,长期坚持。勤劳是中华民族的传统美德,我们自古流传精卫填海、愚公移山的劳动精神,赞美"谁知盘中餐,粒粒皆辛苦"珍惜劳动成果精神。孔子的"力行近乎仁",陆游的"纸上得来终觉浅,绝知此事要躬行",王阳明的"知行合一",《弟子规》的"不力行,但学文,长浮华,成何人",讲的都是努力、实践、探索的精神。改革开放四十多年来,中国取得了巨大的成就,这是全体中国人民共同奋斗、勤奋劳动的结果。在新时代,我国面临大量发展任务,依然需要全体人民的辛勤劳动。

(四)诚实劳动

诚实是指言行跟内心思想一致,不虚假。诚实劳动体现在四个方面:第一,按客观规律办事,不作弊,不耍小聪明;第二,按规章制度办事,不搞歪门邪道;第三,将自己的劳动成果公之于众,自觉接受群众监督;第四,用诚实劳动创造财富并取得合理报酬。诚实劳动是人们应该普遍遵循的准则,也是中华民族传统美德的重要组成部分。

AV 影音 4-2

建功新时代

播出平台	中央电视台	栏目简介
频道名称	新闻频道 CCTV-13	这是一档以深度报道为主、以舆论监督见长的电视新闻评论性栏目,坚持"用事实说话"的方针,反映和推动解决了大量社会进步与发展过程中存在的问题
栏目名称	焦点访谈	
关键词	建功新时代	
播出时间	2022 年 5 月	

光荣属于劳动者,幸福属于劳动者。不管是在工厂车间、田间地头还是服务行业,我们都是劳动者,也都是追梦人,都在平凡岗位上努力奋斗,用劳动创造幸福生活。劳动最光荣、劳动最崇高、劳动最伟大、劳动最美丽。个人向上,国家向前,劳动是一切幸福的源泉。大厦是靠一块块砖垒起来的,每一个好日子都是靠勤勉工作挣出来的,每一个梦想也是要靠踏实劳动才能够实现的。"干一行爱一行,钻一行精一行",我们要用热爱和勤奋,让自己成为更高素质的劳动者,努力成为做好工作的行家里手,在劳动中收获进步、收获成果,也收获快乐。

摘编自央视网(2022 年 5 月 2 日)

模块二　执行性工作如何践行劳动精神

工作岗位通常可以划分为基层工作、中层工作和高层工作。事实上，这种划分是相对的，市长在县长面前是上级，在省长面前就是下级了。在不同的组织角色下，工作的性质也会有相应的改变。如果我们将执行性工作对应基层工作、将管理性工作对应中层工作、将决策性工作对应高层工作，那么，其实每个被组织机构雇佣的劳动者几乎都要面对不同程度、不同比重的执行性工作、管理性工作和决策性工作。

一、认识执行性工作的重要性

古语云："千里之行，始于足下""不积跬步，无以至千里"。再大的理想、再宏大的计划，都要从最基本的执行性工作开始，反过来，在一个个实际、具体、琐碎的小任务的执行过程中，才能不断生出更符合现实、更科学合理的计划和理想。执行性工作关乎工作的实际成效，需要践行劳动精神。

对于大学生来说，既要在职业生涯的曲折进步中明确自己面对的工作性质，从而有更好的表现，又要在每个岗位上灵活地看待和扮演好自己的角色，而不是标签化、脸谱化地看待。比如，"基层就是螺丝钉不用调动自己的主观能动性，高层就可以随心所欲不用受任何委屈"等思想是不正确的。

大学生刚毕业时，一般从事基层的执行性工作。请同学们问一问自己：你能保持多久不看手机？又能持续专注学习多久？你的人生目标是什么？你的短期目标又是什么？有把握实现么？实现方式能让你周围的亲朋好友信服认同吗？好高骛远、眼高手低、自我估值与社会认知严重不符，这都是大学生非常容易出现的问题。真的进入社会工作时，刚毕业的大学生更需要调整对劳动的认识，树立符合人性和社会需要的劳动精神。

二、认识基层工作的光荣

《道德经》有云："贵以贱为本，高以下为基。"高星级酒店金碧辉煌或唯美宜人的环境带给客人的尊贵，难道背后不都是酒店基层员工挥洒汗水而成的？一线城市一望无际的万丈高楼、明亮闪耀的万家灯火，难道不都是没日没夜奋斗的中国新工人建设出来的？所以，何为高贵、何为低贱呢？不过是脑中一个执念而已。"劳动最光荣、劳动最崇高、劳动最伟大、劳动最美丽"，我们确实要去维护劳动者的权益、提高劳动者的待遇，但同时更需要树立正确劳动观念，培育积极的劳动精神。虽然基层有时费力不讨好，但仍然需要把工作不折不扣地做好。

积极地讲，如李大钊所言："我觉得人生求乐的方法，最好莫过于尊重劳动。一切乐境，都可由劳动得来，一切苦境，都可由劳动解脱。"投入劳动，尤其是自己有兴趣的劳动，确实能让人乐而忘忧。

很多时候，基层工作容易让人迷失、迷茫、倦怠，于是产生一大堆抱怨。这个时候，不妨想想如果自己是中层、高层的领导，会如何继续接下来的工作，还会这样抱怨下去么？抱怨下去能使得自己晋升么？所以与其抱怨不公、不满、不平，不如把时间花在提升自己、提高本事上，并且假想你将成为你想成为的人，尽可能带着这种意识去工作。这种从基层蓄势待发准备成长为中流砥柱的样子，也是劳动美丽的体现。

三、摒弃不良观念

（一）价值观过度功利

许多人看到主播李佳琦丰厚的收入以后就开始盲目模仿，忽略了他背后付出的大量劳动。比如他每天长时间的工作、不间断地熬夜，因为要反复涂抹擦拭口红导致嘴唇干裂出血，常年处于过劳的状态。

还有早年流传的"宁可在宝马车里哭，也不愿在自行车上笑"的段子，为了使自己在人前显得光亮，一些人宁愿做很多违背内心真善美的事情，可主宰他（她）们行为的动机是什么呢？通常是为了虚荣和物质上的一些享受而已。又是什么造成他（她）们这样的追求呢？通常是由于理想信念缺乏、价值观混乱、精神上空心化，导致没有安全感、归属感；由于没有精神上的深度幸福体验，造成自尊水平低、物欲强；由于对很多正能量的东西信念感弱，导致过度的功利主义，唯功利马首是瞻，原则、底线和温情丧失，从而产生一连串影响。

因此，我们的大学生务必要多学多干，广开见识，多寻体验，探索出适合自己人格和能力的目标，并努力践行实现之。大发明家爱迪生曾说："世间没有一种具有真正价值的东西，可以不经过艰苦辛勤劳动而能够得到。"何况是我们普通人呢？不骄不躁，辛勤诚实，这些生活中的美好品质，应该作为我们每个人的行为理念。

（二）认知上存在误区

一些同学家境优越，一毕业就想当老总、当领导。现在我们来想象一下：你现在就是你喜欢的一个机构的负责人了，接下来有五个部门的经理来向你汇报工作，你知道如何回应可以既让企业效率提高，又让部门之间的利益平衡协调吗？第二天，有三员大将突然集体辞职，同时市场波动，股价下跌，你的身价突然缩水 90%，你准备怎么面对？

有些时候，我们想要的并不是光荣和梦想，而不过是名利和虚妄。我们以为那样就是美好生活，却根本不知道生活内在的复杂性与微妙性是多么难以琢磨和操作。我们连对生活的敬畏心都没有，就以一个孩子的实质去冒充大人的样子，那显然会遭到生活的教训。连大作家王朔都说："生活面前，我们永远都是孩子。"何况我们这些涉世未深、努力未到位的小青年呢？

还有一些同学家境艰难，从小多灾多难，刚上大学已经经历了很多生活的沉重打击，有些自卑，不知道如何去开拓、建立自己的人际关系。

马云曾在一次演讲中谈到，他愿意用他所有的财富换取一个青春！年轻人的未来充满无限可能，但如果不建立脚踏实地、积极向上的思想认知，未来也可能是一片灰暗。所以不论你身处何种困境，只要我们正视困难和挑战、勇敢面对，就有希望。

认知决定格局，格局决定结局。不断审视自己的认知，按《论语》中的教导"吾日三省吾身"，是青年人成才的必然路径。

四、为更高层次工作积蓄力量

找寻一份合适的工作，不应该毕业的时候才动手。职业规划很重要，大学生需要尽早进行规划和准备。

（一）做好职业生涯规划

职业生涯规划越早越好，要一直去思索和调整，直到达到明晰、现实、心安的结果为止。怎么找、怎么规划？符合自己的志趣和能力特点最重要。我们要倾听自己内心的声音，看看哪个工作最能调动我们的激情，或者值得我们去构思未来五年、十年的梦想。这就需要诚实面对自己的内心和水平，广泛地了解社会各行各业，理性地思考自己的前途和未来。

同时，人生之路往往一环扣一环，除非你总是有勇气和能量重启。第一份工作会对职业生涯产生路径依赖。一个年轻人对社会的认知和信念往往从第一份工作来，如果第一份工作太不适合自己，风险就很大。比如第一份工作可能会让你很痛苦，这个痛苦会影响到你身心健康；比如，你可能对社会、人性的认知走向负面，这种负能量可能会拦截和遮蔽掉你本可以发挥出的潜能；再比如，你比较保守，虽然自己不喜欢这份工作，却又不知如何跳槽，继续下去，直到中年，那就可能和初心一路南辕北辙，再回头为时已晚。有句老话叫"男怕入错行"，今天，男女平等，女也怕入错行。这里讲的"第一份工作"，未必是那么狭义地讨论你第一份工作，应该广义地指毕业以后的两三年中，你应该谨慎选择自己的职业，因为你后面的人生很可能就以这两三年的选择为起点和基础。

（二）练好基本功

有的毕业生进入一个单位以后，突然发现现实和理想差距很大，灰心丧气，羡慕别人。但这种你改变不了什么又离不开的时候，正是磨炼自己心态和基本功的时候。拿不到宝刀宝剑，那就全力站你的桩、练你的马步，不要太计较琐碎得失，这会为你未来打下坚实的基础。历练来自多方面，工作本身的、人际的、意志力的、心性的等。如果没有历练，那么当机会真正来敲门的时候，你可能又把握不住机会。

（三）挖掘内在潜力

近年似乎流行"斜杠青年"，但细看这个群体，大多都身处基层，本职的工作无法满足自己的物质需要与精神自由，逐渐在本职工作之外发挥自己的特长。第二职业源于"爱好"，但发展好了，就会变成"爱"，那就是转型的时候。可是转型成功的人又总是占比小的那一拨人，你可能只能"斜杠"过过瘾、稍微贴补家用。从业余到职业这段路，往往比看起来的要长得多。

总体而言，一方面，我们要多元地发展自己的能力，深入挖掘自己的各方面潜能，有机会也不妨趁着年轻广泛尝试；另一方面，要善于把时间、精力管理起来，凡不构成正向累积的事情，要想想是不是可以放弃，然后把火力都放在最能带给自己发展的事情上。所以，技不压身的意思应该是，尽可能地发展自己的综合素质，但是在做事的时候要有取舍，而且最好把多才多能落实在自己选择的主业中，构成正向累积。青年时间宝贵而短暂，要管理好每一天，才能越走越远。

（四）知行合一

不论是生理状态还是心理状态，血气方刚又阅历不足的大学生在行为选择上，往往会出现鲁莽冲动、随波逐流、好高骛远、说得多做得少。这涉及经典的知行命题，古圣先贤已有诸多经典论述。

孔子曰："知及之，仁不能守之，虽得之，必失之。"就是说，虽然知道了，但心意、行动不到位，脑子里得到的东西也会丧失。

朱熹说："知行常相须，如目无足不行，足无目不见。论先后，知为先；论轻重，行为重。"知如眼，行如脚，眼先行，但脚步更重要。

王阳明道："知者行之始，行者知之成。圣学只一个工夫，知行不可分作两回事。""行之明觉精察处便是知，知之真切笃实处便是行。若行而不能明觉精察便是冥行，所以必须说个知。知而不能真切笃实，便是妄想，所以必须说个行。"知行严格讲是一体的，是辩证统一的，真正的知以行来证明，真正的行才意味着真正的知。

谁是人才？怎么定？如何留？

播出平台	中央电视台	栏目简介
频道名称	新闻频道 CCTV-13	这是一档访谈类栏目，选取当天最新、最热、最快的新闻话题，还原新闻全貌、解读事件真相，力求以精度、纯度和锐度为新闻导向，呈现最质朴的新闻
栏目名称	新闻 1+1	
关键词	人才政策	
播出时间	2020 年 7 月	

近几年，各地吸引人才的政策层出不穷，城市之间也掀起了一轮又一轮的"人才争夺战"。2020 年，两座城市——杭州和上海，因为李庆恒和李佳琦的引进而备受关注。

城市与人才的共同成长、互相成就

中共杭州市委人才工作领导小组办公室常务副主任陈键：看到媒体关注李庆恒被评为高层次人才，其实稍稍有点意外，因为在我看来这是一件很平常、自然而然的事情。快递小哥李庆恒中学毕业以后到杭州来从事快递行业，通过自身努力，成长为一名省级技术能手，因而被认定为杭州的高层次人才。这也说明了，一个人才不管从事什么职业、不管在什么岗位，只要通过自身努力，在整个环境的帮助下，他都能够成长为一个为社会做出贡献的人才，也理应得到这座城市足够的礼遇。这也是我们这几年来在努力打造的，希望能够形成一个人人渴望成才、人人努力成才、人人皆可成才、人人也能尽展其才的良好局面。我想快递小哥李庆恒就是一个生动的例子，说明了一座城市和人才的最好关系就是共同成长、互相成就。

人才政策需跟随时代变化

上海社会科学院副院长王振：上海需要李佳琦这样的人才，因为他从事的直播主持岗位本来就是人才岗位，而且现在这个行当，不光在上海，在全国各地都很火热，大家都在着力地培育壮大，我们需要这么一个直播主持人才。另外李佳琦对上海肯定是有贡献的，而且现在社会是认同他的。实际上在人才的评价标准当中，不光有学历、学位支撑，更重要的是要对社会有贡献，还有一个最直观的就是社会认同。我觉得他就是我们上海很需要的人才，所以他拿到上海的户口我觉得一点也不意外。时代在进步，技术在进步，会不断地出现一些新的产业、新的业态、新的商业模式。当然还有一个最重要的，社会新旧动能总是在不断地转化，旧动能慢慢弱化，新动能不断壮大，这个过程当中，人才要为社会经济发展服务、提供支撑。所以人才政策，包括"引才目录"也好，政策的倾斜重点也好，上海和其他地方都在与时俱进。

摘编自央视网（2020 年 7 月 1 日）

模块三　管理性工作如何践行劳动精神

在管理性工作岗位上的人，就不能只考虑自己的专业工作内容了，还需要环顾四周，顾及上下左右乃至周边一切关系和资源，同时还要逐渐对自己有更准确的定位，才能在未来有更大的发展。

一、兼顾上下左右

工作了一段时间，累积了足够的经验和能力、人脉和资源，你可能会在一个单位或组织中成长为中层领导，从事一些管理性工作。而此时你可能也建立了家庭，上有老下有小，职业生涯也不敢有大的变动，你成了一只"骆驼"！

骆驼只能顶着炎炎烈日在沙漠上行走，脚下是滚烫的沙子，太阳就像领导，沙子就像下属，两相煎熬，漫漫黄沙一望无际，你只能默默前行。如果你的工作非常稳定还好，然而在大部分企业里，你一定会受到巨大的挑战——新人辈出、业务知识迭代加快、竞争压力加大，遇到职业发展瓶颈。骆驼在夜里匍匐休息的时候，看着天边的流星，可能会许个愿：求解脱！

孜孜不倦、任劳任怨、勇于担当、令人信赖，这对于中层干部来说，不是晋升的充分条件，而只是标配的必要条件。除了在业务方面"苟日新，日日新，又日新"以外，中层干部需要比基层有更坚强的劳动精神（图 4-1）。

为了大家，加油啊！

图 4-1　中层干部需要骆驼精神

劳动精神与职业发展

第

四

讲

二、尊重与沟通

从人情角度讲，我们每天跟亲密的人厮守的时间也比不上跟一些同事相处的时间，我们对自己深爱事物付出的时间也比不上处理手里工作的时间。善待同事，善待工作，其实就是对自己生命最大的善待。

所以中层干部要学会尊重和沟通。苏霍姆林斯基在《写给儿子的信》中写道："任何时候都不要忘记，你生活在人们中间。任何时候都要记住，同你一起劳动的人，他们都有自己各自的忧虑、牵挂、思想和感受，各自的喜怒哀乐。要学会尊重每一个同你一起生活和劳动的人，看来，这是人最大的技能。"从自己做起，尊重劳动，尊重那些尊重劳动的人，让尊重劳动蔚然成风，不仅能成就自己，更能成就一个团队。

为了更好地沟通，闲暇时可以多学学文学、哲学、心理学等领域的知识，丰富自身的知识结构和人文素养，不断提高自己的情商。否则，正如我们在生活中观察到的大量现象一样，很多中层干部辛勤劳碌，到头来落得领导不信任、下属不喜欢，谈及此人，皆是怨声载道，那岂不很委屈？子曰：反求诸己。著名媒体人王小峰在文章《粉丝的三十种可能》里写过一段话："中国有一个自古以来形成的'优良糟粕'，喜欢替别人操心，喜欢劝人向善，总能在别人身上寻求到一丝能活下去的希望。一旦他关注的人在言行上超出他智力所能企及的伦理道德范围时，他们热爱所谓'传统'的一面就体现出来了。他们真的很善良，和颜悦色，话语温暖，如涓涓细流，沁人心田。能改变一个人一向是中国人传统价值观念里不可忽略的成就感，但他们为什么不用这样的方式去完善自己呢？"这段话不光对粉丝有反省价值，对于所有人都有反省价值，就是说我们有很多善良的出发点、希望他人优秀的动机，但是别人未必会接受。这时就需要换位思考，进行更真诚、更智慧的沟通。

三、定位更准确

这个行业、这个工作，真的适合我吗？下一步要怎么走？这个问题对中层干部有更重要的意义，因为再往前到高层领导的时候，问这个问题就已经太晚了。

中层干部要明确自身的定位，经典的讲法是，走业务还是走行政，或者走创造型还是走交换型？前者是专家方向，后者以资源调配为主。

这个时候需要认清自己的能力和需求，并且要时刻提高自己的本领，"生处能熟"还要"熟处能生"。

最重要的是要调节好心态，保持必要的信心。信心能带领我们从黑暗走向光明。应对自如、潇洒前进，要相信自己；创伤累累、匍匐前进，要相信自己；困顿颠簸、原地盘旋，要相信自己；机缘未到、前后夹攻，要相信自己。上司、下属、子女、父母，都离不开自己。黄沙烈日，骆驼只能与自己的影子为伴、默默前行，有时，信心就是一切。

武昌站"580"服务台值班站长的一天

4月10日，是2021年全国铁路二季度调图的日子，武昌火车站候车大厅学雷锋服务示范点"580"服务台前，值班站长于安琪开始忙碌起来。

从"温习工作礼仪、检查仪容仪表、参与早点名会"到"查询重点预约工单、回复旅客网上求助"，于安琪将计划任务依先后顺序逐条记在本子上，还特意标记新的列车时刻图。

"健康码是出行的重要凭证，需要出示的时候您就按刚才的方法操作一遍。"9时，一名去无锡的湖北老人第一次出远门，不会使用智能手机。于安琪为老人申请了健康码，并耐心讲解了铁路乘车使用方法。随后，引导老人刷脸进站、帮扶如厕，周到的服务，让老人倍感温馨。

9时35分，于安琪又收到"一名盲人旅客需要接站服务"的信息。做好了准备，于安琪向列车停靠站台走去。

"因为列车调图，您所乘坐的车次由一楼1检改到了二楼8检，请乘电梯上楼候车。""改签，从这个出口出去，往右前行50米到售票厅即可。""您好，请稍等，我正在帮您查询车次。"客流高峰时期，旅客问题一个接一个，于安琪没有片刻休息，一一熟练回答。

于安琪的工作日志上，前10页密密麻麻记满了全国各个车站服务台的电话号码。"服务旅客时经常会需要。"于安琪说。

14时30分，于安琪巡视时，发现一位旅客没有赶上去荆门的火车，十分着急。于安琪走上前去："师傅您别急，今天铁路调图，车站新增了K8106去荆门的车，您出门右转至售票厅改签就可以了。"说完，于安琪带着旅客去办理改签，并将其带到重点旅客候车区候车。

每次铁路调图前，于安琪总是把武昌站的变化列车、换乘车次和时刻背得滚瓜烂熟，平时利用休班时间了解交通旅游信息，对公交、地铁接驳线路对答如流，被大家誉为"活地图""义务导游""电子时刻表"。

摘编自《湖北日报》（2021年4月14日）

模块四　决策性工作如何践行劳动精神

年轻人容易好高骛远，被高层领导"指点江山"的光鲜所吸引，却不一定能理解或体会决策性工作所需的综合素质之高与承受压力之大。决策性工作所对应的劳动精神需要在实践中不断磨砺，不断提升。

一、大大的责任感

中层干部更上一层楼，终于有了更多的主动性，看到了更大的局面。骆驼一下子跃入广阔的天空或大海，变成自由翱翔的飞鹰或自由游弋的鲸鱼。别人祝贺，自己期许，更大的蛋糕俨然出现，是这样吗？

是，也不是。

更大的自由空间意味着更大的责任和压力，阳光灿烂是你的，狂风暴雨也是你的（图4-2）。你要带着集体前进，没有停歇，飞鹰就要频繁飞翔，鲸鱼不能经常搁浅。你要做出一个又一个决策，其中一个决策失误，就有可能带来一连串不良后果，有时失策会造成无法挽回的巨大损失。

> 权力越大，责任越重。我必须保持清醒，做出正确的决策。

图4-2　更大的空间意味着更大的责任

有个公式比较形象地说明这一点：

责任 ＝（公司的营业额 ＋ 公司的商誉）× 公司的人数 ×（享受的权力、待遇、光彩的百分比）/ 公司职位排名[①]

[①] 郝明义. 工作 DNA [M]. 海口：海南出版社，2007：194.

所以，在权力和财富的诱惑面前，你准备好承担这么大的责任了吗？

看多了因一己私欲将自己搞到身败名裂的领导落马的新闻，也听说了很多永远进取、永远付出、理想坚定的领导的故事，其实你会发现，领导也只是一个社会角色而已，而这个角色最需要的恰恰就是强烈意识到自己的角色特点并有魄力地承担起责任。

二、深邃的思想力

到高层的位置，光埋头苦干、辛勤诚实是不够的，可以带领众人前行的，必是深邃高远的思想。到达高层，已经不太需要再为事务性的工作纠结，但有一件自由而充满挑战的事摆在眼前：如何确定长中短期的目标，又如何带领团队一步步接近目标。

深邃的思想力既是对国际、国内、社会、经济、政治、文化等领域有丰富的认知和独特的思考，又是本单位的发展战略从实际出发且顺应时代潮流的前提。但很多思想需要很长时间才能体现出价值，这就要求领导的思想确实符合事物发展的规律。说到底，是考验领导的价值观是否能尽可能地符合人道、天道。这时候的思想力，绝不是聪明绝顶、技压众人的概念，而是一种将理性、感性、悟性都融会贯通的智慧。

三、坚强的意志力

稻盛和夫在《思维方式》中写过："逆境是上天的赏赐，目的是让我变得更出色更强大。"很多出色的人都会这样对待逆境和挫折，一个人真正的精神品质也都是在糟糕的处境下才能体现出来，古今中外，概莫能外。如果我们真的渴望成功，那我们必须拥抱失败，迎难而上，奋起而行，那才是我们成功的开始。所谓领导就是在别人都不相信成功的可能性的时候，他会相信；在别人都不能坚持的时候，他会坚持。没有人能随随便便成功，越往高层走，需要的精神品质越强。

总而言之，高层领导需要德才兼备的内功、高度的自律、高瞻远瞩的远见、"宰相肚里能撑船"的胸怀、铁肩担道义的责任感，绝非一般人可以胜任。不过要想在未来成为高层，那就需要从基层开始就非常有意识地往应然的方向培养，否则应然永远是应然，无法变成实然。

模块五　独立职业如何践行劳动精神

有志青年的内心可能有从事自由职业、独立职业的冲动，不过须知悉此类职业可能会遇到螺丝钉般的重复劳动、不得施展的委屈、复杂波澜的人事关系……如果想从事自由职业，更需要全面践行劳动精神。

一、有勇有谋，提升才能

所谓独立职业或自由职业，是相对而言的，主要是指不依赖于系统或单位的支持，主要凭借自己的能力获得一方天地。这类职业在今天的社会越来越多，比如直播网红、脱口秀演员、淘宝店主、独立音乐人、独立设计师、独立策划人、独立记者、独立导演、咖啡店老板等五彩缤纷的独立创业者。通俗讲，虽然也有很多需要与别人一起合作、一起工作的事情，但归根结底是为自己打工，依靠自己的本事开创出一条自己的道路。

敢于选择这条道路的人，必须具备很多优秀的品质。很多年轻人喜欢说自己想从事自由职业，但没意识到自由职业往往比普通职业需要面对更复杂、更严苛的环境。

风险偏好与人格特质有关，这没有对错与好坏。而"明知山有虎，偏向虎山行"地超越自己，不满的现实就奋力一搏，这涉及从事独立职业的要求之一：理智的勇气！

同时，既然不依赖于集体的、系统的平台，那就需要具有足够的才华和综合能力了。因为，所有内容输出、分销、品牌宣传、后勤、财务和安保等，都需要自己一个人操心。收益自然是自己一个人的，但反过来讲风险也是必然的。这就需要综合谋划，系统地实施。

正因为如此，青年人初出茅庐，在不忘初心的同时，需稳扎稳打、慢慢积累、提升基本能力和专业化才能。"不经一番寒彻骨，怎得梅花扑鼻香"，才能非一日之功，勇气更是！

二、拥抱劳动，自我管理

苏联科学家斯米尔诺夫说过："天才不能使人不必工作，不能代替劳动，要成为天才，必须长时间地学习和高度紧张地工作，人越有天才，他面临的任务也就越复杂、越重要。"巴尔扎克也说："持续不断地劳动是人生的铁律，也是艺术的铁律。"我们普通人取得一点成绩需要付出很多努力，天才也不外乎如此，而且他们恰恰是最勤奋、付出最多的人。连大思想家尼采这样百年不遇的天才都说："天才所做的无非是学着奠基、建筑，时时寻找着原料，时时琢磨着加工"。被誉为"篮球之神"的迈克尔·乔丹也说过："我很自信是因为全联盟没有比我更努力的球员了。"

劳作是一方面，生活管理、情绪管理、心理关怀是另一方面。员工过劳导致生命健康严重受损的新闻已经屡见不鲜。劳动者需要充分认识自己的潜力，进行良好的自我管理，做到劳逸结合，以健康的身体投入长期的工作。与此同时，不同职业有不同的属性和要求，也有不同的风险和代价，管理好自己的心理健康和保护好自己的身体健康一样重要。独立职业者尤其需要及时调整心态，保持强大的心理素质和乐观向上的精神。

1. 如果让你和欧阳娜娜、王思聪或其他你喜欢的明星、网红互换生活，你愿意吗？为什么？

2. 搜索你喜欢的行业精英的奋斗史，找出你最欣赏和最愿意学习的地方。

3. 思考自己最想从事的职业，找出自己最擅长的地方和最不足的地方。

4. 你周围的朋友如何评价你的劳动精神？跟你想的一样吗？差异的原因是什么？

5. 在你即将实习的岗位上，你准备如何完成这段从学生到职业人的过渡？

案例任务

李子柒的劳作生活

和许多同龄人比，幸运并不是一直眷顾着李子柒。父母离异，父亲早逝，她打小就和爷爷一起做木工，陪婆婆一起做饭，下地干活。小学五年级时，爷爷去世，婆婆抚养她到 14 岁，生活难以为继。她孤身一人去城市打工，端过盘子，做过 DJ，睡过桥洞，一包方便面掰成两半吃。

生活让李子柒练就了能吃苦的本事。她的手比较粗糙，看得出来是长期劳作的结果。她的手也很灵巧，随手拿起桌上的餐巾，七叠八叠，一个漂亮的折花就成了。"这个是'文竹'，这个是'黛尾'……都是在餐厅打工时学的。除了折花，还要给客人报菜名，介绍每道菜的原料、制作方法以及味型。"

李子柒的短视频全程都是在干活。她会剪窗花、写对联、绣花染布、酿造烘焙、造纸刻字……新打下的稻谷，水分大，一袋至少七八十斤，她能背背上，爬坡上坎。才砍下的毛竹，五六米长，三四根一捆，她扛在肩上就走。

网友很好奇她怎么能掌握那么多生活技能。李子柒回答说："大家眼中的生活技能，只是我的求生本能。以前是为了生存，现在是生活。"她坦言自己并非什么都会，比如木工、刺绣、书画等，都是提前学的，即使是厨艺，在她自己看来也不完美，"比如我包饺子，从来就包不好那个褶，不止一次被嫌弃包得丑。"

摄影也是李子柒自己去钻研的。她手机里保存着 3 年前自学摄影的笔记：WB 键是白平衡，P 档是自动档，光圈越大背景就越虚化……那时候，她每天到论坛上去看去学。最初拍视频时，就简单写写有哪些流程，要拍些什么场景就完了，两三行字，其余的都在脑子里。白天拍，晚上剪，经常一干就是通宵。

在拍《水稻的一生》时，她从播种到收获，耙田、抛秧、插秧、守水、巡水，全程亲力亲为。拍水稻的一生、辣椒的一生、黄豆的一生，拍大米怎么来、酱油怎么酿，李子柒在视频里对农作物的生长追根溯源，从头到尾讲得清清楚楚。画面里，她忙里忙外，播种犁地、插秧打谷、劈柴生火、飞针走线，张罗一家人的生计，动作娴熟麻利。画面外，她要构思视频架构，思考拍摄内容，处理后期剪辑。

李子柒的努力获得了认可，新浪微博粉丝 2185 万、抖音粉丝 3485 万、B 站粉丝 310.2 万、Youtube 开通两年多订阅人数超过 800 万……

摘编自《人民日报（海外版）》（2020 年 1 月 20 日）

请分析：

在李子柒的劳作生活中，劳动精神体现在哪些方面？

5

第五讲

工匠精神与职业技能

本讲概要

　　从"中国制造"向"中国智造"的转变需要千千万万名大国工匠，更需要全社会的劳动者以大国工匠为榜样，弘扬工匠精神，提升职业技能。职业技能作为劳动者应具备的基本素质，对劳动者个人和国家都具有重要意义。本讲首先讲述工匠的历史演变，对比德国、瑞士、美国、日本和中国的工匠精神，然后讲述职业技能对普通劳动者、国家的微观和宏观价值，最后讲述在职场新人成长为大国工匠过程中，国家、社会和企业的角色及劳动者本人的实践路径。

学习目标

　　1. 理解中外工匠精神的基本内涵。

　　2. 明确职业技能与劳动者及国家发展的关系。

　　3. 列举劳动者提升职业技能的主要路径。

内容导图

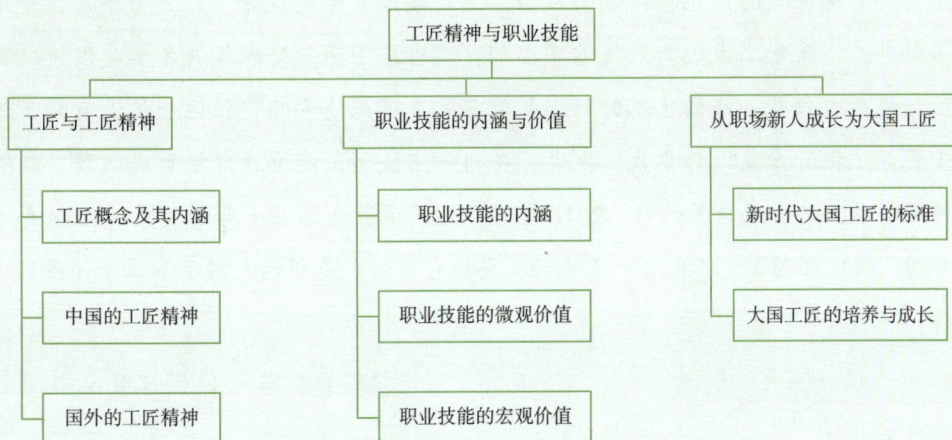

以手作尺——气井"急诊医生"邓远平

中石化西南石油局采气首席技师邓远平很多年来练就了一个"绝活"：通过眼看、手摸就能掌握各种采气设备零件的具体尺寸，拇指是1厘米、1拳头是10厘米、"一拃"则是20厘米。邓远平是一名"油二代"，他从3岁就跟着父亲——一名地质勘探工作者——到野外勘察，老一辈石油工人奉献精神很早就在他心中扎根。因此1987年，当他从技校石油钻井专业毕业后，就成为一名钻井工人。19岁的他，初心明确："我这辈子既然干了这一行就要把它干好，最好能成为技师。"

因此，但凡跟他职业相关的技术，他都积极踊跃地学习，这为他日后成为采气工，处理井内事故，打下了坚实的基础。2012年，邓远平受派参与新场气田某气井发生的采油树刺漏险情任务处理，由于用肉眼没有办法观察险情，他就利用自己的技术和经验，站在齐小腿深的水中，愣是靠着手摸出了阀门的型号、扣型，从而制订抢险方案，实施抢险，仅用了5分钟便排除了险情，确保了井口安全。

对"以手作尺"的绝活，邓远平谦虚地表示："这也不是什么很难的事情。"他说自己用尺寸量过自己的手指，然后在平时工作中用心去感受每个零件的尺寸，去分析、去记忆。正是靠着不断累积的经验，他成为有名的"采气专家"。云南某采气厂在开井过程中出现了二级节流失效、压力不可控制的情况，在"抢救"无效的情况下，临危受命的邓远平在赶赴现场途中，通过电话了解情况后，便初步明确了事故原因，还在车上的他就很快制订了处理方案，有效地缩短了抢险时间。

邓远平说，"工匠就是把手里的活儿做到极致"。工匠就是立足岗位，务实工作，追求完美："把手里的活儿、该做的东西，做到极致、做到最好"。三十年来，邓元平从一名钻井工、采气工成长为采气首席技师，"对症下药"处理气井各类突发情况百余起。虽然经历过命悬一线的生死时刻，也曾三天三夜无法安睡，但他始终没有停下为川西数千气井"把脉诊断"的步伐。他说，身为一名技师，能够在现场解决问题，能够为同行传道解惑，是他最自豪的事。2016年，邓远平荣获全国五一劳动奖章，2018年1月获评首届"四川工匠"。"既然干了这行就要把它干好"是邓远平用了半辈子诠释的"工匠精神"。

摘编自新华网（2018年3月26日）

请思考：

邓远平的职业技能和工匠精神对企业发展的意义体现在哪些方面？

模块一　工匠与工匠精神

一、工匠概念及其内涵

在《现代汉语词典》中，工匠指的是"手艺工人"。在中国历史上，工匠最早出现于周代。《逸周书·文传解》中记载："山林以遂其材，工匠以为其器。"意思是说"山林长成树木，工匠们就可以利用它们制作成器物。"从古代文献中可以看出，在周代，工匠形成一个独立的社会群体，当时的工匠更多的是指木匠群体。

随着历史的发展，工匠一词的含义也逐渐变化。到了汉代，工的意思是"巧饰也。像人有规矩"（《说文解字》）。段玉裁将其解释为"凡善其事曰工"，即善于从事某种事业的人，都可称为工。匠是"木工也"（《说文解字》），即"工者，巧饰也。百工皆称工、称匠（图 5-1）。独举木工者，其字从斤也。以木工之称引申为凡工之称也"。从事手工业者，都可以被称为匠，而它又是从木匠之意延伸出来的，可见此时工匠的含义已经从木匠扩大到整个手工业从业者了。

图 5-1　河北蔚县关帝庙中清乾隆时期
《百工图·精选木料》

在当代，工匠的内涵更加广泛，"恪尽职业操守，崇尚精益求精"的广大劳动者都可以算得上中国工匠。因此，工匠是一个动态发展的群体名词，它在历史的发展过程中形成了独有的时代特点和精神追求。

二、中国的工匠精神

许多研究者指出中国古代工匠精神中的某些特质：比如"实用理性下的创新精神""艺术审美下的求精精神""经验主义下的科学精神"以及对和谐、平等、敬业、法治等价值的追求。也有学者指出"在中国长达几千年的历史长河中，无论是官匠还是民匠，都体现了别无二致的工匠精神：①精益求精的专业精神。②勇于创新的探索精神。③由'技'至'道'的劳动精神。④诚实守信的职业精神。"在大历史的视野中，工匠精神的内涵早已蕴藏在中华优秀传统文化的基因当中，随着当代社会的变化，它再次绽放出独特的魅力。

2016 年，时任国务院总理李克强在政府工作报告中指出，"鼓励企业开展个性化定制、柔性化生产，培育精益求精的工匠精神，增品种、提品质、创品牌。"这是第一次在官方正式文件中使用工匠精神。随后，全社会开始关注工匠精神。

2017年，工匠精神再次出现在政府工作报告中，具体表述为："全面提升质量水平。广泛开展质量提升行动，加强全面质量管理，夯实质量技术基础，强化质量监督，健全优胜劣汰质量竞争机制。质量之魂，存于匠心。要大力弘扬工匠精神，厚植工匠文化，恪尽职业操守，崇尚精益求精，完善激励机制，培育众多'中国工匠'，打造更多享誉世界的'中国品牌'，推动中国经济发展进入质量时代。"同年，习近平总书记在党的十九大报告中进一步指出"建设知识型、技能型、创新型劳动者大军，弘扬劳模精神和工匠精神，营造劳动光荣的社会风尚和精益求精的敬业风气。"党和国家领导人的这些论述，从不同角度阐明了工匠精神在中华民族伟大复兴事业中所发挥的重要作用。

2020年，习近平总书记在全国劳动模范和先进工作者表彰大会上的讲话中进一步明确工匠精神是"执着专注、精益求精、一丝不苟、追求卓越"。工匠精神的传承和发展必须立足于国情。对于当代中国，工匠精神具备以下四个特点：

1. 爱岗敬业，执着专注

长久以来，技艺高超的工匠大师，其共同特点就是都十分热爱自己的工作岗位。只有热爱，才能执着地专注于所从事的工作和事业。例如文物修复师王津，就是一位在冷门领域中坚守自己的岗位，忠于自己的职守的工匠。他数十年如一日，坚持不懈，将一件件文物重新修复，将这份历史遗产传承下去。这种精神就是爱岗敬业、执着专注的写照。

图5-2　不论多么危险，桥梁检测工程师深入
　　　　一线兢兢业业

2. 勇于创新，精益求精

随着科学技术的日新月异，广大劳动者也需要掌握最新技术，能够攻克一个又一个的技术难关。工匠精神就要求劳动者具备这样的素质与能力。劳动者在工作中精益求精，仔细打磨自己的工作，以没有最好、只有更好的态度，在日常的工作中不断地超越自我，挑战自我，勇于探索未知领域，实现技术的突破（图5-2）。

3. 态度严谨，一丝不苟

工匠精神的一个表现是要求劳动者在工作中严肃认真地对待自己的工作，把每一件小事做好，不放过任何细节。工匠精神不仅体现在发明创新中，还体现在平凡的日常工作中。即使是劳动者从事的职业工作可能没有多高的技术含量，但是能够保持严谨认真、一丝不苟的态度，也是一种工匠精神的体现。

4.爱国爱企，追求卓越

工匠精神为劳动者指明了奋斗的目标与方向。工匠们热爱祖国，热爱企业和岗位，以高度的责任感做好本职工作，并且志存高远，追求卓越，努力为企业发展、行业发展和国家强盛贡献力量。在利益和诱惑面前，以大局为重，以祖国和人民的利益为重。

三、国外的工匠精神

随着近代工业文明的发展，"工匠精神"在欧美、日本等一些国家开始流传开来。西方国家在制造业领域的口碑值得赞叹，这与其推崇的工匠精神密不可分。

（一）德国的工匠精神

德国工匠精神的特色之一是专注。在德国，绝大多数企业在创建之初就专注于某一领域，精耕细作，他们秉持的理念就是专注至极。在专注产品的生产过程中，他们又制定了严格的标准。德国人对生产出的产品都会进行严格的检测，不允许有不合格的产品进入市场。为了制造出符合标准的产品，德国人又在设计方面投入更多精力，逐渐形成了专注、严格、精细的德国工匠精神（图5-3）。

我绝不会为了短期利润而放弃未来。

SIEMENS

图 5-3　德国西门子公司的价值观

（二）瑞士的工匠精神

与德国接壤的瑞士，也是以工匠精神闻名的一个国家，特别是瑞士表业，更是享誉全球。瑞士在产品制造上特别讲求质量至上，以期能够延长产品的使用寿命。因此，瑞士企业对产品质量要求严格，在产品制造过程中十分注重精细化操作。瑞士手表之所以享誉全球就是因为它内部的零部件生产得非常精密。瑞士人的工匠精神还体现在他们对事物思考之缜密，例如瑞士军刀。瑞士企业还有一个非常显著的特征就是特别讲究传承性，瑞士有许多百年老店传承至今，究其原因就是他们对手工技艺传承的重视，有许多技艺是机器无法替代的，需要师徒、父子、家族的不断继承和发扬。

（三）美国的工匠精神

相比较严谨的欧洲人，美国人的工匠精神则具有自由的色彩。美国是一个移民国家，没有沉重的历史传承，因此更讲究思想自由，认为工匠是"自由思想的炼金术士"。第二次工业革命以来，美国诞生了许多著名的发明家，例如"发明大王"爱迪生、"电报之父"莫尔斯、莱特兄弟等。他们发明这些事物都是建立在思想自由之上，他们对未知领域充满了好奇，并积极探索，由此衍生出的创新精神是美国工匠精神中的第二个特征。当他们产生了一种独特的想法之后，便会努力去付诸实践，将其转化为现实。创新面临着对未知领域的探究使命，因此美国工匠精神当中又包含着一种探险精神。例如富兰克林为了了解电的奥秘，进行了危险的风筝实验；莱特兄弟的发明过程也充满危险。美国的工匠为了实现自己的理想，都以探险的精神克服困难。与此同时，在探险的过程中还会相伴着种种困难，因此美国工匠精神当中又包含着不屈不挠的执着精神。例如爱迪生发明电灯的过程。所以，美国工匠精神的鲜明特色可以概括为自由、创新、冒险、执着。

（四）日本的工匠精神

与西方相比，东方文明有着自己独特的文化特点。日本工匠精神的很大特点就是家族的传承，这与瑞士的家族传承还不尽相同。日本的家族传承更多带有一种"家文化"的特点，比较重视等级传承。此外，日本企业在管理上形成了非常严格的研修制度，工匠要从学徒开始做起，要经历若干阶段的考核，考核合格后才能算得上是一名工匠。在整个研修过程中，老师傅会将每个家族秉持的核心理念传递给徒弟。在传承中，固定的生产活动得以形成，经过若干代的传承，他们对于商品的生产近乎严苛，例如小野家在60年的时间里坚持只做寿司。因此，日本的工匠精神表现出家族传承、等级传承、学徒研修、精益求精等特点。

模块二　职业技能的内涵与价值

劳动者在成为一名卓越工匠的道路上，职业技能的提升是必不可少的。职业技能的水平在一定程度上决定着劳动者的职业成就。职业技能对劳动者个人和国家发展均有重要的意义和价值。

一、职业技能的内涵

（一）技能的概念

技能常被认为是"掌握和运用专门技术的能力"。无论从哪种角度理解技能，它们都有一些共同之处。首先，技能是需要经过训练才能够获得的一种能力，而不是一种生而具有的本能；其次，技能需要建立在一定的知识或经验之上，而不是凭空获得；再次，技能是为了实现一定的目的或完成某项活动，而不是机械的、无目的的运动；最后，技能存在提升的路径与空间，而不是固化的、不变的。

（二）职业技能及层级划分

按照职业对劳动者能力的不同要求，职业技能从低层级到高层级又可以分为基本技能、专业技能、特定技能。

1. 基本技能

基本技能是职业技能层级中最基础的能力，它是指从业人员应当具备的共同技能。劳动者具备的基本技能包括但不限于智力水平、体力水平、语言表达能力、基本认知能力等等。虽然在某些工作当中对上述能力的具体要求不同，但劳动者应当具备这类基本技能却是共识。例如，劳动者具备识字能力是当代社会对从业者最普遍、最基础的一项技能要求。

2. 专业技能

基本技能之上，是与职业相对应的专业技能。专业技能是指劳动者从事某一职业所具备的劳动技能。与基本技能相比，专业技能具有更明确的指向性，它往往由职业特点所决定。专业技能的发展与社会化分工的发展密不可分。不同职业的性质差别直接决定了该职业对劳动者的技能要求也不相同，甚至在行业内部，不同的岗位对于专业技能的需求也不相同。例如建筑行业和服务行业对职业技能的要求就不相同；又如交通运输行业的大型客车和货车驾驶员，不同岗位对驾驶员的要求不尽相同，在职业资格管理方面有不同的规定。这些表明，不同职业对于专业技能的要求存在不同，这是在基本技能上的进一步细化。

3. 特定技能

在职业技能层级划分中，处于最顶层的是特定技能。特定技能有两种：一种是在行业领域中掌握特定技能，对本行业存在的特殊情况进行处理；另一种是由于职业的特殊性，要求劳动者所具备的特殊技能。

虽然大多数行业中，劳动者具备基本技能或专业技能即可满足本行业的基本需求，但是由于行业的发展，在生产中会出现一些无法解决的问题，这就需要劳动者通过学习和实践掌握更好的特定技能，以满足行业特殊情况的需要。同样以交通运输行业驾驶员岗位为例，驾驶车辆是驾驶员职业的基本技能；其中大型客车和货车驾驶员的工作具有专业性，需要专业技能；但当一名驾驶员需要驾驶剧毒、易燃、易爆等运输车辆时，由于这些车辆比较特定，所以就需要驾驶员具有应急处置等特定技能。

在社会化分工中，存在一些特殊的行业，他们从事的工作具有极强的专业性，因此对劳动者技能的要求非常高，这种情况下就需要劳动者具备特定技能。劳动者需要经过专门的特殊培训，才能掌握此项工作的特定技能。这种情况普遍存在于特定行业中，例如消防员，他们不仅需要具备基本技能和专业技能，还需要进行严格的消防技能培训，而他们所培养的消防技能，并非日常大众的消防知识和技能，而是专门用于消防的能力需求，必须经过专业培训。这就是特定行业中应具备的特定技能。

职业技能的不同层级有机地构成了一个整体系统。这三个层级依次递升，构成了一名劳动者不断成长的技能之路。

二、职业技能的微观价值

（一）基本技能是从事职业工作的基本前提

劳动创造幸福生活，但是在任何历史社会条件下，人们无法仅凭借使用劳动力即可获得生存，即使是在古代小农社会中，农民或许不认字，但是他也在实践中逐渐积累了基本的自然气候知识，以满足农业生产的需要。古代工匠们即使没有接受过文化教育，但基于长期以来的劳动经验，能总结出朴素的科学原理。而在现代社会条件下，没有仅凭原始本能便可生存的可能。当代社会对于劳动者基本技能的需求越发严格，不具备基础职业技能的人，无法适应社会分工的需要，无法成为一名合格的劳动者，连生存都存在困难。因此，从最基本的生存角度而言，劳动者应当具备职业技能。

（二）专业技能是实现职业发展的必备基础

第一，劳动者要学习、掌握超越基本技能的专业技能，由此进入到更加专业的行业中，将比单纯需要基本技能的行业创造更多的劳动附加值。例如在国有企业改革中，许多没有专业技能的劳动者成为首先被淘汰的对象，而大批量的专业技术人才得到了保留，并且在待遇上普遍得到了提升。第二，劳动者要尽可能地掌握较多的专业职业技能，以满足社会化分工和科技现代化带来的影响，从容应对职业变动带来的影响。从劳动者的角度来说，当其掌握更多的专业技能时，他们有更多的主动权来提升自身的劳动条件和劳动待遇，面对行业间的人员流动，多技术人才有更大的优势。相反，具备单一专业技能的劳动者会面临行业变动带来的失业风险。

例如，2018 年某高速公路决定关停部分收费站人工服务，一部分收费员将下岗。其中有收费员表示："我今年 36 岁了，我的青春都交给收费了，我现在啥也不会，也没人喜欢我们，我也学不了什么东西了。"这种现象反映了当劳动者只具备单一专业职业技能时可能面临的风险。因此，对劳动者而言，多专业的职业技能提升是应对失业风险及提升个人劳动待遇的有效途径。

（三）特定技能是实现人生价值的必要条件

从特定技能的角度而言，它是实现劳动者个人价值和人生理想的重要条件。对于劳动者而言，上升到特定职业技能层次，意味着他已经发展成为社会专业人才的高度，无论是从特定职业的角度出发，还是从普通职业的特定需求出发，他们都是社会不可或缺的一分子。他们关注的也不仅仅是物质生活的改善，同时也更关注个人价值和人生理想的实现。根据马斯洛需求层次理论，当劳动者实现了最基本的"生理需要""安全需要""归属和爱的需要"后，他会追求更高层次的"尊重的需要"和"自我实现的需要"（图5-4）。劳动者在职业活动中，需努力提升自己的特定技能，以实现自我价值。

图5-4 马斯洛需求层次理论

总之，提升职业技能对于广大劳动者而言无疑具有重要的意义。通过职业技能的提升，广大劳动者将能够提升自身的科学文化水平，从事更广泛、更专业的职业，从而实现物质生活的改善和精神文明的提升。

三、职业技能的宏观价值

职业技能的提升不仅对于劳动者个人具有重要意义，对国家战略的实施以及中华民族伟大复兴也具有重要意义。2015年5月8日，国务院印发《中国制造2025》（国发〔2015〕28号），提出了"中国制造"与人才发展的紧密关系，指出"坚持把人才作为建设制造强国的根本，建立健全科学合理的选人、用人、育人机制，加快培养制造业发展急需的专业技术人才、经营管理人才、技能人才。营造大众创业、万众创新的氛围，建设一支素质优良、结构合理的制造业人才队伍，走人才引领的发展道路"。

我国技能人才的缺口比较大。根据新华网、搜狐网发布的数据，截至 2015 年，我国技能劳动者总量为 1.57 亿人，占就业人员的 20%，其中高技能人才 4136.5 万人，占技能劳动者的比例仅为 26.3%，占全体就业人员 5%。2019 年 5 月 18 日，国务院办公厅印发《职业技能提升行动方案（2019—2021 年）》（国办发〔2019〕24 号），提出"到 2021 年底技能劳动者占就业人员总量的比例达到 25% 以上，高技能人才占技能劳动者的比例达到 30% 以上。"当前我国技能人才的实际发展现状与我国快速发展的经济存在步调不一致的情况，因此推动我国技能人才的培养对我国经济的持续增长，特别是推动"中国制造"战略的实施有着重要的意义。

（一）劳动力素质是经济增长的重要基础

在过去很长的一段时间内，低素质、低技术的廉价劳动力一直是我国劳动力大军中的主力，他们为我国经济的高速发展做出过突出贡献。但由此带来的弊端也十分显著，我国经济长期技术含量低，只能以出口加工为主，"世界工厂"名声的背后是劳动力技能、素质的全面落后。我国的高新技术产业的发展，缺乏足够的技能型人才的支撑。因此，为了实现新时期我国经济发展目标以及经济结构的转型，实现"中国智造""中国创造"，必须全面提升技能型劳动者的数量，扩大劳动力基础。在我国经济由高速增长转入高质量发展的背景下，对人才的要求也发生了转变。

21 世纪以来，党和国家先后制定了《国家中长期人才发展规划纲要（2010—2020 年）》（中发〔2010〕6 号）、《新时期产业工人队伍建设改革方案》（中发〔2017〕14 号）等人才发展文件，其目的都是要建立科学合理、规模宏大、素质优良的劳动力大军，为我国科教兴国、人才强国战略提供源源不断的劳动力量。

（二）高技能人才是科技攻关的重要力量

提升技能人才特别是高技能人才的数量，对于我国实施重大科技攻关，推动高科技领域发展具有重要意义。《中国制造 2025》（国发〔2015〕28 号）指出，"中国制造"的核心目标是"把我国建设成为引领世界制造业发展的制造强国"，这包括"提高国家制造业创新能力、推进信息化与工业化深度融合、强化工业基础能力、加强质量品牌建设、全面推行绿色制造、大力推动重点领域突破发展、深入推进制造业结构调整、积极发展服务型制造和生产性服务业、提高制造业国际化发展水平"九大战略任务和重点。这就特别需要人才的保障，这里的人才专门指向高技能人才。高技能人才队伍在改革创新、攻坚克难中有重要的作用。未来中国制造的绝大多数任务都将围绕高科技领域展开。在这一领域当中，需要大量的具有特定技能的人才参与其中，这种特定技能指的是在某一行业领域中，经过钻研学习达到的一个极为高超的程度。只有扩大高技能人才队伍，国家在制造业领域的创新发展、品牌建设、重点突破和结构调整才有可能实现。

（三）参与全球化竞争需要充分的人才储备

"中国制造"的提出是为了适应全球产业竞争的新局面。我国在参与全球化竞争中，需要有足够充足的人才储备。国际竞争归根结底是人才的竞争。相比而言，我国的技能型人才储备一直处于落后的状态，特别是技能型人才占就业人数比例相对偏低。近年来，随着中美贸易摩擦的不断升级，美国对中国实行技术限制，例如限制对华芯片出口。在未来发展中，为了不被霸权所挟制，技术上不被"卡脖子"，实施"中国制造"战略有着深远意义。

焊花点亮绚丽人生

播出平台	中央电视台	栏目简介
频道名称	科教频道 CCTV-10	该栏目讲述新时代为幸福生活而奋斗的奋斗者的故事，节目从细节故事入手，以小见大，立体讲述主人公的传奇故事，塑造以"奋斗的人生最幸福"为核心的时代精神
栏目名称	人物·故事	
主人公	孙景南	
播出时间	2022 年 5 月	

铝合金焊接是一项高强度、高难度且要求非常细致的工作。孙景南是一位从事铝合金车体焊接的女技师（图 5-5）。1990 年，本是油漆专业毕业的孙景南选择了做一名焊接技师，当时，苦、脏、累的艰苦工作环境，让她每隔一段时间脸上就会脱掉一层皮，身上也常常留下伤痕。那么，究竟是什么原因让孙景南选择了焊接这个行业？

孙景南说："一个人强不算强，所有人强了，才能代表企业、行业乃至整个国家水平的提升。"孙景南将职业理想与中国轨道交通的发展紧紧"焊"在一起，成就个人价值的同时也丰富了"中国制造"的内涵。

图 5-5 "东方女焊神"孙景南

摘编自央视网（2022 年 5 月 27 日）

模块三　从职场新人成长为大国工匠

　　个人的成长不仅关系到自身的发展，还与国家发展紧密相关。因此，职场新人应当树立目标，努力使自己成长为一名有技术、有担当、有信念的"大国工匠"，为中国的社会主义建设贡献自己的一份力量。

一、新时代大国工匠的标准

　　2015年，中央电视台"五一国际劳动节"特别节目介绍了17位杰出劳动者，并将他们称为"大国工匠"。自此之后，"大国工匠"成为一个热门词汇。2017年11月23日，时任国务院总理李克强在会见第44届世界技能大赛中国代表团全体团员时，提到"要努力做大国工匠，把在世界技能大赛上取得的历史性突破融入日常工作中，带动各行业职业技能水平实现历史性突破。"可见，"大国工匠"已经成为党和国家对于广大劳动者的一种期待。

　　"大国工匠"中的大国，可以从两个层面来看：一方面它指的是中华民族广大的劳动者和建设者；另一方面，又指以实现中华民族伟大复兴为奋斗目标的劳动者和建设者。大国工匠为这个国家的富强繁荣贡献自己的力量，有着广阔的家国情怀，在个体身上体现出大国胸襟。

　　因此，能够秉持"工匠精神"，在社会主义建设事业中实现人生价值，以实现中华民族伟大复兴为己任的劳动者，都可以称为"大国工匠"。新时代"大国工匠"的基本标准有三方面。

（一）家国情怀和奉献精神

　　"大国工匠"需要具有家国情怀，热爱祖国，乐于为新时代中国特色社会主义现代化建设事业努力奉献。在《大国工匠》节目中，我们可以看到以高凤林、胡双钱为代表的大国工匠都具有浓厚的爱国情怀，他们在面对外国企业高薪聘请时，没有忘记自己为国奉献的信念，坚持自己的工作岗位，希望为国家重点建设工程奉献自己的力量。正是因为他们有这样的信念，我国的航天航空工程才有重大的突破。由此可见，爱国主义、家国情怀是大国工匠首先应当具备的条件。

（二）高超的技艺

　　高超的技艺是成为一名"大国工匠"的核心条件。中国船舶重工集团公司的顾秋亮负责为深海探测器"蛟龙号"安装观察窗，看似简单的一项工作却需要高超的安装工艺。由于"蛟龙号"（图5-6）要潜入海平面下几千米，甚至上万米的深海中，观察窗面临着海底极大的压强，观察窗与船体必须严丝合缝，才能避免渗透破裂，这需要观察窗玻璃与金属窗座之间的缝隙控制在0.2丝（厚度计量单位，0.2丝约为一根头发直径的1/50）以内。可见，要想成为大国工匠，必须具备极其过硬的职业技能，甚至是顶尖的专业技能。

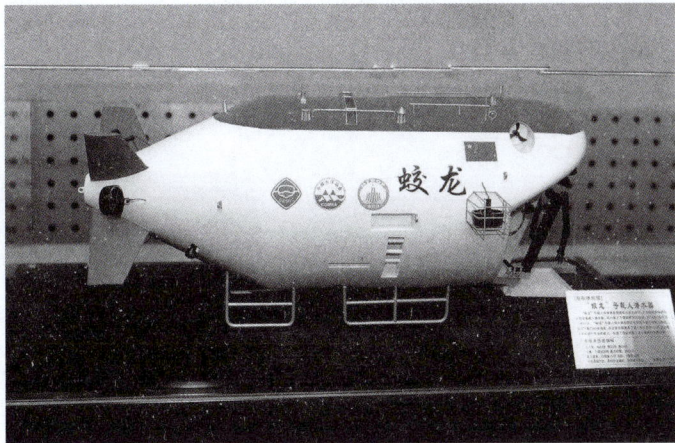

图5-6 "蛟龙号"载人潜水器

（三）爱岗敬业、刻苦钻研的意志品质

一名工匠在其职业生涯中可能要面对难以计数的、枯燥的、重复的劳动，这就需要劳动者坚守自己的岗位，坚定心中的信念，几十年如一日地钻研自己的职业技能，从中总结提升技能的路径。中铁二局第二工程有限公司隧道爆破高级技师彭祥华自参加工作以来，坚持在一线工作，不断努力学习，自学成才，从一名普通木工成长为可实施精确到毫秒级的隧道开挖爆破专家。这些成绩得益于他始终热爱自己的工作，在工作中不断学习成长，遇到难题积极克服。通过彭祥华的事迹我们可以看出，要想成为"大国工匠"，需要立足于自己的本职工作，爱岗敬业、刻苦钻研，不断提升自己的职业技能水平。

二、大国工匠的培养与成长

要想成为一名"大国工匠"，必须努力提升自身的职业技能。为了这一目标，国家、社会和企业应当共同努力，劳动者个人也应志存高远，刻苦钻研，向榜样学习，不断超越自我。

（一）国家层面

2020年11月24日，习近平总书记在全国劳动模范和先进工作者表彰大会上的讲话中指出，"劳模精神、劳动精神、工匠精神是以爱国主义为核心的民族精神和以改革创新为核心的时代精神的生动体现，是鼓舞全党全国各族人民风雨无阻、勇敢前进的强大精神动力。"

在具体措施上，应该继续坚持开展劳动技能竞赛。劳动技能竞赛为广大劳动者提供一个多样化学习的平台，广大劳动者可以通过这一平台展示自我，互相学习，广泛交流，提升职业技能（图5-7）。广泛开展劳动技能竞赛可以提升行业技能，各个行业有针对性、有目的性地开展劳动技能竞赛，从而提升整个行业的发展水平。广泛开展劳动技能竞赛可以发现广大基层劳动者中的优秀分子，将他们选拔出来，发挥他们的模范带头作用，围绕着优秀劳动者建立"传帮带"机制，由一个人影响到一群人，从而提升整个劳动者群体的职业技能水平。

图 5-7　劳动技能竞赛为广大劳动者提供一个多样化学习的平台

同时，国家应重点表彰优秀劳动者，鼓励人们向劳动模范、卓越工匠看齐。党和国家每年都会对一批卓越的劳动者进行表彰，对于这些优秀的劳动者，从政策方面，政府应当完善与关爱和尊重劳模相关的政策。在生活上，要给予劳模相应的政策扶持。从奖励层面，社会、企业应当加大对劳模的荣誉表彰和物质奖励。在宣传领域，相关部门要在"互联网+"时代做好劳模宣传工作。多管齐下，用劳模的优秀品质引领社会风尚，在全社会进一步形成崇尚劳模、学习劳模、争当劳模、关爱劳模的良好氛围。在这样的社会氛围下，广大劳动者将会自觉地提升自身的职业技能。

EG 案例 5-1

淬炼中国制造中国创造的技能大军

这是匠心紧扣时代脉搏、中国技能全速奔跑的十年。从"嫦娥"奔月到"祝融"探火，从"北斗"组网到"奋斗者"深潜，从港珠澳大桥飞架三地到北京大兴国际机场凤凰展翅……这些科技成就、大国重器、超级工程背后，刻印着无数大国工匠一丝不苟、追求卓越的身影。

这是技能点亮梦想、技能成才的最好时代。放眼各行各业，建筑石雕"筑"出世界冠军，拧螺丝"拧"成全国劳模，手持焊枪登上国际大赛领奖台，身怀绝技绝活可拿百万年薪，技能不断演绎精彩人生故事，成为广大青年实现人生梦想的重要途径。

截至 2021 年底，全国技能人才总量超过 2 亿人，高技能人才超过 6000 万人，技能人才占就业人员总量的比例超过 26%，高技能人才占技能人才的比例达到 30%。一支规模宏大、结构合理、技能精湛、素质优良，基本满足我国经济社会高质量发展需要的技能大军正在形成，为全面建设社会主义现代化国家、实现中华民族伟大复兴的中国梦提供有力技能支撑。

2022 年 3 月，人力资源和社会保障部（简称人社部）出台意见，健全职业技能等级制度体系，形成由学徒工、初级工、中级工、高级工、技师、高级技师、特级技师、首席技师构成的职业技能等级（岗位）序列，进一步拓宽技能工人发展晋升通道，打破成长的"天花板"，新时代技能人才再度迎来政策利好。

以人才发展体制机制改革激发人才创造活力，是构筑人才制度优势的战略之举。长期以来，经济待遇偏低、社会地位不高、发展通道狭窄，导致人们不愿意从事技能工作。党的十八大以来，有关部门直面问题、破解难题，出台多项改革举措，让广大技能人才拥有更多获得感自豪感幸福感。

发展通道不断畅通。从 2013 年开始，人社部牵头开展清理职业资格许可认定工作，报经国务院同意分七批取消了 434 项部门设置的职业资格。人社部健全完善新时代技能人才职业技能等级制度，启动特级技师评聘试点，实行新"八级工"制度。各级人社部门积极改革评价机制，推行社会化职业技能等级认定，推动各级各类企业自主开展技能人才评价；引导鼓励技工院校毕业生报考事业单位，为技工院校毕业生搭建平等就业通道。

待遇水平不断提高。2018 年，中共中央办公厅、国务院办公厅印发意见，提高技术工人待遇，实现技高者多得、多劳者多得。2021 年，人社部印发技能人才薪酬分配指引，推动企业建立健全符合技能人才特点的工资分配制度。吉林建立企业高技能人才岗位津贴制度；青海引导企业采取协议工资、项目工资、年薪制等多种分配方式，提高技能人才薪资待遇。

表彰激励提升社会地位。高技能人才表彰奖励制度不断完善，截至 2022 年 7 月全国累计表彰 290 名中华技能大奖获得者，授予 3321 人全国技术能手称号，选拔 3292 名高技能人才享受国务院颁发的政府特殊津贴。北京每两年开展一次"享受北京市政府技师特殊津贴人员"评选工作，截至2022年7月已有599名技师、高级技师享受此项津贴。江苏高技能领军人才纳入党委联系专家范围，与高层次人才同等享受购买自用商品住房、省内就医就诊和体检安排等方面待遇政策。

要让技能饭碗不仅端得稳，还吃得香。一系列措施的实行，让"知识改变命运、技能成就未来""崇尚一技之长、不唯学历凭能力"理念逐渐深入人心。中华技能大奖获得者刘波心潮澎湃，"发展空间越来越大，我们干得更有劲了！"快递小哥李庆恒被评为杭州市高层次人才，感叹"不断精进技艺，人生就有出彩的机会"。

摘编自《中国组织人事报》（2022年7月18日）

（二）社会层面

在"劳动光荣、知识崇高、人才宝贵、创造伟大的社会风尚"下，全社会都要大力弘扬劳动精神、劳模精神、工匠精神。

"大国工匠"的培养离不开良好的社会氛围，特别是在教育领域，急需重视职业教育。职业教育是为了满足劳动者就业需要和职业需求而提供的一种专门技能型教育。完善的职业教育对推动我国工业化、现代化建设，对推进信息化、产业化建设有着重要的意义。2019年1月24日国务院印发了《国家职业教育改革实施方案》（国发〔2019〕4号），专门强调职业教育对提升劳动者职业技能的重要意义。

国家职业教育制度体系完善的主要任务就是健全国家职业教育制度框架，提高中等职业教育发展水平，推进高等职业教育高质量发展，完善高层次应用型人才培养体系。通过这些措施，可以把握职业教育的基本方向，广泛吸收社会中初高中毕业未升学学生、退役军人、退役运动员、下岗职工、返乡农民工等接受职业教育；可以针对社会就业缺口，推动职业教育骨干专业的建设，从而建立起完善的应用型人才培养体系，这样就可以使广大劳动者实现个人职业技能的提升。

提高办学水平，开展高质量的职业培训。职业学校要根据在校学生和社会成员展开有针对性的技能培训。例如，从2019年开始，国家"围绕现代农业、先进制造业、现代服务业、战略性新兴产业，推动职业院校在10个左右技术技能人才紧缺领域大力开展职业培训。"与之同时，在教育领域还要致力于加强职业院校教师队伍建设，"加强职业技术师范院校建设，优化结构布局，引导一批高水平工科学校举办职业技术师范教育。"在良好的教育政策、教学内容和师资力量的共同作用下，广大劳动者能够从职业教育中学到许多提升职业技能的知识，从而实现个人职业技能的不断提高。

（三）企业层面

1. 搭建培训平台

企业应当助力劳动者提升职业技能。企业与职业院校应当加强校企合作，推动一线工人再培训，提升职工技能。随着时代与社会的向前发展，科学技术更新换代十分迅速，因此一线工人需要不断地学习充电。在这样的背景下，企业更应当鼓励和支持一线工人再学习、再培训，为职工搭建各类培训平台，实现企业发展与职工成长的双赢。从实践方式来看，企业可以与学校及相关教育机构开展校企合作，根据企业实际发展需要定制课程，助力本企业工人提升技能。

2. 完善评价方式

改革探索企业一线职工技能评价方式，结合实际开展企业自主技能评价。2017年6月，中共中央、国务院印发的《新时期产业工人队伍建设改革方案》（中发〔2017〕14号）指出，"改进产业工人技能评价方式，……引导和支持企业、行业组织和社会组织自主开展技能评价。"[1] 在很长一段时间内，工人技能的评价方式较为单一。随着当代社会对职业分工的日益细化，过去的评价方式已经难以准确衡量工人技能水平，企业应当积极探索适用于本企业的工人技能评价方式。企业可以根据自身实际需求，制定工人技能评价标准，划分工人技能等级。一些龙头企业应发挥带头作用，积极探索本行业新的职工技能评价体系。

3. 完善激励机制

企业需完善激励机制，从精神和物质上激励一线职工积极提高职业技能。企业应当响应配合国家人才计划，以榜样的力量带动企业员工整体技能水平的提高。在企业内部，需构建尊重人才、重视人才的企业文化，挖掘、树立企业一线的优秀职工，通过展现其劳动风采，在企业内部形成崇尚"工匠精神"的风气。对于优秀的一线职工，企业应当积极给予其优厚的奖励，通过精神与物质的双重奖励，以点带面，全方位促进企业员工提升技能水平。

（四）劳动者层面

劳动者本人也应积极探寻职业技能提升的相关路径。在互联网时代，劳动者可以充分利用网络资源进行职业技能的提升。同时，劳动者可以根据自身需要与实际情况，灵活参加成人高等教育、高等教育自学考试、电大开放教育、远程网络教育等学习，提高自身文化素质。此外，随着个人学习账号和学分累计制度的逐渐完善以及职业教育学习成果、职

---

① 大国工匠与劳动模范研究所. 让产业工人更有力量：《新时期产业工人队伍建设改革方案》职工问答 [M]. 北京：中国工人出版社，2017：160.

业技能等级学分转换互认的发展，将极大地促进成人学历教育不断完善，有助于劳动者加强继续教育，实现更好的职业发展。此外，劳动者还可以借助于覆盖广泛、形式多样、运作规范，由行业、企业、院校、社会力量共同参与的职业教育培训体系，接受教育培训，不断提高自身素质。此外，劳动者广泛充分的利用政府、工会购买的各类培训服务等项目，积极主动参加，也是提升个人职业技能的重要路径之一。

劳动者要热爱自己的工作岗位，才能全心全意地投入劳动，这是职业新人成长为"大国工匠"最基本的前提。劳动者应当具有精益求精、勇于创新的精神，在劳动的过程中，不断钻研自己的工作，把自己的工作做到极致，做到更好，并从中发现能够提升自我的空间，并以勇于创新的精神攻坚克难。这个过程就是劳动者不断积累经验，不断提升自身职业技能的过程。在个人的成长的过程中，很多工作和事情都没有办法一蹴而就，需要在平凡的工作中不断磨炼，这就需要劳动者能够秉持一颗认真严谨、一丝不苟的精神来面对日常工作，许多"大国工匠"的成长历程都揭示了这一特点。这既是经验和知识积累的过程，也是磨炼一个人意志品质的过程。当一个劳动者在具备了充分的职业技能之后，还应当具有民族意识和爱国情怀，知道自己提升职业技能的初衷和理想是什么，明白自己应当为祖国的经济建设事业贡献自己的力量，并且在这一过程中实现自己的人生价值，这样才是一名技术和思想上都非常卓越的优秀劳动者，也就是令人尊敬的"大国工匠"。

互动交流

1. 中国的工匠精神与其他国家有哪些异同？
2. 职业技能与个体劳动者存在怎样的关联？
3. 职场新人如何成长为大国工匠？

案例任务

从学徒成长为生产专家

1988年高中毕业后，王军就成为七一五所生产线上的一名工人。他在生产一线一干就是28年，从一名对专业知识"一穷二白"的学徒工，通过不断学习，攻克了多项重大任务的工艺难题，实现了多项重大技术革新。他带出的徒弟也陆续成长为骨干。他多次获得中船重工集团七一五所"先进工作者""优秀党员"等荣誉，如今已是线阵生产专家。2016年12月，他获得了技能人才梦寐以求的荣誉——全国技术能手的称号。

从他工作以来，他就积极向一起共事的顾振福教授等老同志学习、交流，不断提高自己。王军说，"和他们一起进行的研究探索，让我少走了很多弯路，因为我后来的工作都是围绕着拖线阵开展的。" 王军根据实验结果编制了《拖线阵充油工艺规范》，将其应用于拖线阵充油等工艺中，有效延缓了阵段蠕变，使阵段寿命延长了约60%。

王军非常重视思考与创新。2010年，所里引进了一套固体充胶设备，使用中发现一旦停止充胶就会出现管路堵塞、罐体结皮等现象，严重影响装配生产。王军又动起了脑筋。他对设备进行了简化改造。简化后的设备有效减少了胶体沉积，提高了计量精准度，加快了生产进度，每年节约材料和人工费数万元。"看到哪里不顺眼，就想着去改一改，变一变。"在技术突破的同时，王军自己也从一名普通钳工成长为生产线上名副其实的技术能手。

王军有一间几百平方米的"大办公室"，那就是拖线阵生产车间。只要一有闲暇，他就绕着长长的装配生产线来回走动，时不时驻足在年轻人身边，指导帮助他们。王军希望自己的组员做个有心人，多思考研究。在他影响下，拖曳组成员都有了"不仅要动手，还要动脑"的强烈意识。王军管理的班组近40人，拖曳组每年举办一次以上的劳动竞赛，将生产任务和人才培训有机融合进来，调动了组员的生产积极性，在完成生产任务的同时提高了成员的技能水平。

获得"全国技术能手"称号后，王军的工作没有太大变化。"这是对我工作的肯定，也意味着一份责任。"王军说，"我要把重心转移，在技术突破和人才培养方面努力，发挥自己的作用。"

摘编自《中船重工》（2017年3月21日）

请分析：

1. 王军的个人成长经历体现了"工匠精神"的哪些内容？

2. 简述材料中王军是如何提升劳动者职业技能的？

3. 王军哪些方面符合"大国工匠"的特质？

6

第六讲

劳动心理与职业适应

本讲概要

现代社会日新月异，职场竞争日益激烈，职业心理问题比比皆是。初涉社会的大学生面临着从学生向职场人角色转换、适应职场生活的巨大挑战，由此产生的焦虑、压力、倦怠等职业心理问题将对其职业选择和发展产生重要影响。本讲以个体职业选择、职业适应、失业及再就业等阶段为线索，讲述各阶段从业者的心理现象、心理问题及其影响因素。个体做好心理准备，需运用合理的心理调适方法，从容面对职场，实现从职场新人到职场精英的转变。

学习目标

1. 列举职业选择过程的影响因素。
2. 分析职业选择心理问题的影响因素。
3. 预判并分析各阶段的职业心理问题。
4. 列举心理准备、调试和调整的方法。

内容导图

初入职场者需积蓄向上的力量

初入职场，不少年轻人都会面临这样的困境：象牙塔里，个个都意气风发。但走出校门步入社会，却往往不得不接受现实：激烈的竞争挫了锐气、庸常的生活耗了朝气、角色转换的不适应磨平了心气。

每一颗种子被播撒进土壤时，都带着开花的梦想，但在破土而出之前，它们要随时准备着承受烈日炙烤、寒潮侵袭，要面对无数的风雨。经不住考验者，永远埋在了土里，而那些奋力向下扎根、时刻汲取养分的种子，则终有一天会绚丽绽放。

初入职场者，应当学着做一颗种子，沉下心、扎下根，积蓄能量、厚积薄发，才能在机会来临时脱颖而出。

接受自己的"平凡"。不想当将军的士兵不是好士兵，但没有经年累月的作战经验，士兵绝不可能当上将军，充其量是纸上谈兵的赵括。同样，初入职场者犹如一张白纸，对自己承担的工作不可能立即得心应手、驾轻就熟，必然要通过一段时间的磨合才能够胜任。要放低自己的期望值，从最基础的工作内容学起，向身边每一个比自己工作经验丰富的人虚心求教，才能逐渐进入状态，在不断磨炼中成就"不平凡"（图6-1）。

图 6-1　看似体面的工作背后并非如想象中光鲜亮丽

坚信干小事蕴含的价值。刚参加工作时，年轻人往往会被安排做一些非常基础的工作，看似鸡毛蒜皮、枯燥乏味、没有成就感，然而经过一段时间的积累后，你就会渐渐发现，只要全身心投入坚持去做好每一次工作，也一样可以积累经验、增长本领、丰富阅历。

纪昌学射，先要用两年时间练习锥尖刺于眼皮而不眨眼，又要用三年时间练成视虱子之小如车轮之大。这个故事虽然有艺术夸张的成分，但道理却是相通的。初入职场者千万不要眼高手低，要沉下心来、从小事干起，练好基本功，才能等到"铁杵磨成针"的一天。

不断积蓄向上的力量。人生是一场马拉松，比的不仅是速度，还有耐力。当你越过起跑线，发现前方已身影重重时，不要灰心丧气，长路漫漫，还有足够的时间供你调整状态。要相信，初入职场的失意、迷茫，只是暂时的。只要放平心态，从工作中汲取经验教训，等你度过这段平台期，就会发现一切便豁然开朗，当初遇到的挫折和失败也可以成为人生的宝贵财富。

在最美好的年纪，初入职场的你可能并没有感受到诗和远方，反而在各种压力下心绪波动，但请不要让一时的情绪模糊了奋斗的底色，不要因理想遥远而放弃追求。要坚信，只要把根基扎牢、坚持顽强生长，你积蓄的能量有一天一定会喷薄而出、令人刮目相看。

摘编自《人民日报》（2021年2月7日）

请思考：

职业新人需要哪些心理准备？如何保持良好的心理状态？

模块一 职业选择与心理准备

一、职业选择

职业选择是指个体基于一些职业信息，依照个人的性格特征、职业期望、职业价值观与职业兴趣等选择适合自己的职业，使个人能力素质与职业相匹配的过程。在这里，有三点内容需要注意：

（1）人是职业选择的主体，在职业选择过程中占据主导地位。

（2）职业选择既要考虑个体条件，也要考虑职业需求。

（3）职业选择是求职者与职位互选的过程。

以上内容提示求职者在进行职业选择时，要发挥个人主观能动性，积极主动去寻找并选择职业，而不是被动等待；要选择自身能力能够适任的职业，追求个人能力与职业要求的相互匹配，而不是眼高手低；同时也要理智面对工作岗位最终是否选择自己的结果，不因为一次失败而否定自己。

任何职业活动都是从职业选择开始的，但职业选择并不只是求职者一个简单且短暂的决策瞬间，而是贯穿并且重复出现在每个人的职业成长过程中，每一段职业历程都会经历开始、发展和结束，是一个循环往复的过程。另外，职业的选择代表社交范围的选择，也代表了一个人对其社会角色的选择，如何选择并扮演好这个角色，心理因素起到重要作用。因此，个体需要把握住职业选择过程中的心理活动及其变化规律，这对于整个职业生涯的发展意义重大。

二、职业选择的影响因素

求职者在进行职业选择时，会面临家庭、社会等多方面因素的交互影响，无论是家庭对求职者择业的影响，还是经济、政策、法律等社会环境对就业形势的影响，都是显而易见的。相对而言，个体隐形的心理因素对选择结果的影响，比较容易被人忽略，但其所能发挥的作用却是不容小觑的。因此，我们需要了解哪些心理因素能够对职业选择产生重大影响，以便做好充分的心理准备。

（一）个人性格

在日常生活中，有的人开朗活泼，有的人含蓄内敛；有的人情绪稳定，有的人激动易怒；有的人做事当机立断，有的人做事犹豫不决，这是因为每个人的性格不同。在职场生活中，有的职位需要活泼热情的员工，有的职位需要安静内敛的员工；有的职业需要稳妥谨慎的员工，有的职业需要果敢激进的员工，这是因为每份工作的职业特点需要性格与之匹配的员工来担任。因此，在职业选择的过程，求职者应该充分考虑个人性格与职业需求的契合度。

在 20 世纪 40 年代，美国心理学家伊莎贝尔·迈尔斯（Isabel Myers）和凯瑟琳·布里格斯（Katharine Briggs）提出一套以他们名字命名的性格分类理论模型：Myers-Briggs Type Indicator，即现在为人们所熟知的 MBTI 职业性格分类。该理论模型通过测试人与人之间的动力来源、信息收集方式、决策方式、生活方式 4 个方面的差异，将人类职业性格分成 16 种。目前，MBTI 职业性格测试已被 80% 的世界百强公司引入，作为一种性格评估工具。

参与 MBTI 职业性格测试

（二）价值观念

价值观是指个体对客观事物的意义及重要性的总体评价，是心中用来衡量事物好坏的一杆无形的秤，直接影响着生活方式与处世行为。对于个体来说，价值观能够决定最重要的是什么，应该追求什么，可以放弃什么。每一份工作也必然承载着一定的价值，这也是这份工作存在的意义。

在职业选择时，求职者实际上是根据个人的价值观来选择的。个体重视的内容与该工作所承载的价值意义是否一致，直接决定着最后的决策。相关研究表明，在选择职业时，大多数毕业生考虑的是该职业是否能充分发挥个人才能、发展机会能否公平竞争、是否有良好的工资待遇等。每个人的价值取向不同，尤其"00后"大学生价值取向趋于多元化，各因素的重要性排序也会不同。但每个人的价值观不是与生俱来、一成不变的，它会随着个人成长、所受的教育、所接触的外在环境而不断变化。

（三）个人兴趣

兴趣是一种促使人主动认识、掌握、参与某种事情或活动的心理倾向。当个体对某件事物感兴趣时，会产生特别的注意力，感知更加敏锐，记忆更加牢固，会产生活跃的思维与浓厚的情感。每个人的兴趣差异很大，所感兴趣的职业类型也存在较大差异，有人喜欢坐办公室，有人喜欢在外面"风吹日晒"，有人喜欢文字，有人喜欢数字，所以兴趣也在很大程度上影响个体进行职业选择。

兴趣是最好的老师，也是最好的动力，兴趣可以激发人的探索能力与创造能力。如果求职者对某一项职业的工作内容十分感兴趣，那么该求职者很容易对该职业表现出优先的注意、认同以及向往的态度，在求职过程中认真准备、积极争取，呈现出良好的精神面貌，反之则不然。需要注意的是，兴趣是一个不太稳定的因素，兴趣随着个体的经验和阅历的增加而改变，也会随着外在物质条件的变化而变化，比如当个体面临生存问题时，兴趣就会作出改变或让步。

（四）自我认知

自我认知是一个自己认识自己、自己分析自己、自己评价自己的过程。"认识你自己"被古希腊哲学家视为智慧的开始，我国也有一句古话称"知人者智，自知者明"，能够充分清楚地认识自己，才能找准自己的位置。

"职业指导之父"帕森斯曾经提出职业选择有三个重要的方面，分别是自我分析、职业分析、人职匹配。其中特别重要的一个方面是个体要充分清楚地了解自己的特性，不仅包括上文已经提到的性格、价值观和兴趣，还包括态度、能力、志向、自身限制及其原因等。选择职业的过程也是一个发现自我、了解自我、认识自我的过程，在这期间求职者能否对自己有准确的认知对于最后的选择具有重要的影响。

三、职业选择的心理问题

职业选择是一段职业活动的开始，所谓"万事开头难"，每一位求职者在进入职业世界大门之际，不可避免地会碰壁，伴随着难题产生的往往还有各种各样的心理问题，其中焦虑心理、依赖心理、从众心理、功利心理以及矛盾心理等最为常见。

（一）焦虑心理

在职业选择阶段，求职者容易出现心理焦虑的状况。对于应届毕业生而言，让其感觉到焦虑的问题大多体现在三个方面：一是"我不知道我能干什么"，即没有合适的工作选择；二是"我不知道我干这个行不行"，即自己无法确定选择是否正确；三是"这个工作我不会做"，即自身能力无法匹配工作岗位需求。若以上问题迟迟得不到解决，当事人难免会产生焦虑情绪。

人在面临重要转折点或重大事件的时候都会感到焦虑不安，这是正常情况。适度的紧张和焦虑会产生适度的压力，进而使人产生一定的动力去改变现状，积极主动地去寻找工作。但如果求职者在择业期间过于焦虑不安，则会使人长时间处于一种难以平静的心理状态，出现失眠、胃口不佳、注意力涣散、无法正常思考和理智处理事情等情况，不仅会影响其求职的精神状态和职业选择，更会对自己的身心健康造成极大的危害。

（二）依赖心理

很多毕业生在面临就业时感到手足无措，出现驻足观望、举棋不定等情况，进而产生了依赖心理。依赖学校和老师推送的就业信息，依赖父母和亲戚的社会关系，甚至依赖别人随口提及的帮忙允诺，将过多的希望寄托在他人身上，而丧失了自身的主观能动力。相关研究发现，在求职阶段，10.2%的大学生拥有依赖家人、亲戚帮忙的心理，65.1%的大学生非常赞成"大学生就业应该受到更多国家政策"的照顾。

随着"90后""00后"这两代独生子女陆续毕业离开校园、步入社会，求职者中的依赖心理越来越明显，然而并不是所有人都可以通过依赖心理顺利找到理想职业，而且亲戚朋友们推荐的工作有时具有一定的主观性和局限性，他人的意见和观点并不一定符合求职者个人情况。因此这种依赖他人和外在条件的心理容易弄巧成拙，成为职业选择路上的绊脚石。

（三）从众心理

个体在群体中往往会潜移默化地被他人的知觉、判断、信仰和行为影响，形成与大多数人一致的行为倾向，这就是由从众心理导致的。从众心理符合人的社会化特点，但忽略个人主观意识和自身条件的"从众"会对个人发展造成不利的影响。

在进行职业选择时，由于缺乏社会经验和独立思考能力，加之网络媒体上充斥着繁多而零散的信息和一些似是而非的道理，毕业生很容易被社会舆论或他人的择业观念和择业行为所影响，从而进行盲目从众的职业选择。比如，无论什么专业的学生都要尝试花费很多的时间与精力去备考公务员或事业编，然而最终成功"上岸"的人少之又少；再比如，无论意向职业是何种类型，都非"北上广"等一线城市不去，片面地否定二三线城市的发展前景。可见，从众心理成为大多数毕业生很难避免的择业障碍。

（四）功利心理

在市场经济的大潮中，一些人将现实主义和功利思想奉为圭臬。很多大学生为了在毕业之后进入名企、获得高薪、落户"北上广"等一线城市，改变自己的初心，选择一个自己不感兴趣甚至不了解的职业领域。

不可否认，人最基本的需求就是吃饱穿暖，获得基本的安全感，能够在社会上生存和立足，因此追求高薪和良好的福利待遇也是人之常情。但在毕业生职业选择阶段，将薪资待遇等功利性太强的目标作为首要考虑的因素并不是一个明智的做法，这将在很大程度上限制其未来的职业发展。

（五）矛盾心理

1.理想与现实的矛盾

每一位有志青年在正式步入职场之前，都怀有一腔热血和抱负，以至于对某类职业或具体工作的向往过于理想化，比如酒店管理专业的学生期待着去应聘大堂经理，表演专业的学生期待着去试镜女主角……而等到每一个人真正踏入职场，要么是自身能力跟不上岗位要求，要么是实际工作内容让人感觉索然无味，不论是哪种情况都会让人产生巨大的心理落差。

2.渴望竞争与缺乏勇气的矛盾

随着高校毕业生数量的逐年增加（图 6-2），就业竞争越来越激烈。毕业生在职业选择过程中，都有强烈的意愿去竞争更好的岗位，不甘于平庸。但同时，他们却没有做好与人竞争、艰苦奋斗的准备，缺乏足够的勇气去面临层层考核和筛选，在竞争机会面前常常顾虑重重甚至步步退缩，导致机遇与自己擦肩而过。

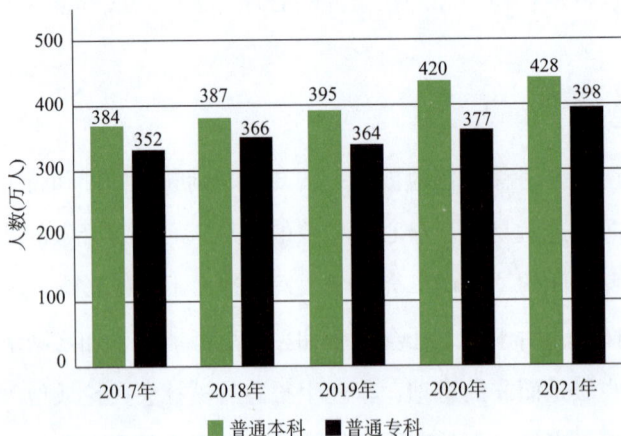

图 6-2　2017—2021 年普通本科、专科毕业（结业）生人数

（数据来源：国家统计局）

3. 所学专业与未来工作的矛盾

应届毕业生往往把自己的专业看得极其重要，在求职过程中非本专业不考虑。而在现实中，工作内容与专业方向完全一致的工作岗位少之又少，这就造成了专业与工作之间的冲突。其实，学校的教育重在培养学生的自主学习、独立思考、适应环境等综合能力，所以大可不必因为专业与工作岗位不对口而放弃机会；另外，还会有部分毕业生想要跨专业择业，从事与自己专业领域完全不相关的职业，导致自己在基础知识与经验方面十分匮乏，这也会造成一定的心理矛盾。

4. 家乡与远方的矛盾

就业地点的选择也是求职者在职业选择过程中经常遇见的烦恼，很多大学生在毕业时都面临着是否回家乡就业的纠结心情。大部分人的父母都会对子女的职业选择提出建议，也会希望子女回到他们身边工作。而随着个人眼界的开拓和思想的改变，很多人在毕业后渴望留在或者前往一线城市去为理想拼搏，但同时又不能完全不顾及父母的想法，加之家乡的熟悉感与远方的陌生感强烈对比，也会让求职者产生一定的心理矛盾。

EG 案例 6-1

应届毕业生求职屡遭挫折

王志，男，山东人，某大学电气工程专业应届毕业生，综合成绩在本校本专业中排名中等偏上。其家庭经济条件一般，一家三口的开销都依靠家里在街口开的小卖部来维持。考虑到学习成绩和家里情况，该生决定放弃考研，选择在本地就业。

该生在大三时，曾担任院学生会组织部部长。在找工作初期，该生在和辅导员的谈话中曾谈到，以自己目前的实力至少能进省电力公司，其他单位也会去试试看，"既然大家都去，那我也要去试试看"。在应聘初期，该生先后参加了三家实力较强的国企面试，其中在两家公司的笔试环节王志就遭到淘汰，只有一家公司给他发出了面试邀请，而在具体面试过程中，该生因对公司发展情况不甚了解，也惨遭淘汰。

在经历几次挫折后，王志非常沮丧，一方面抱怨笔试题目太难、选题太偏，抱怨面试官在面试过程中刁难自己；另一方面又开始怀疑自己，对自己的专业能力进行质疑。在焦虑不安中，终于等来了省电力公司的招考，但不幸的是在面试过程中，王志过于紧张，出现了答非所问的情况，最终也没有被录取（图 6-3）。该生非常痛苦，但也开始思考自身所存在的问题……

图 6-3　面试紧张，真的只是紧张吗？

四、心理准备

职业选择是职业生涯的第一步，也是毕业生从学生到社会人角色转换的第一步。前文所提到的心理问题在择业阶段较为常见，所以在此之前，求职者就应该对于这些可能出现的心理问题作出合理的预判，并且做好充分的心理准备，主要可以从以下五方面入手。

（一）胸怀理想，正视现实

许多求职者在职业选择过程中，并未认真地分析自身知识能力与性格爱好，也不曾深入考察就业市场现实情况，导致出现理想远远脱离客观条件的情况，造成了巨大的心理落差。因此，每一位求职者都应该就此做好充分的心理准备。

在职业选择阶段，个体可以通过参加就业辅导讲座和培训等方式深入考察当前就业形势，了解人才需求，并据此制定合理可行的求职计划，以避免毫无意义的空想。但值得注意的是，不要轻易被现实打败，当今社会是尊重知识、尊重人才的，即使在择业时受到各种各样的打击和束缚，但个体依旧可以通过努力去适应环境或改变现状。如果束手束脚或怨天尤人，反而会错失良机。

（二）转化知识，提高技能

知识的学习是一种普遍性规律的学习，即使院校将实践与理论学习紧密结合，给学生提供很多行业实践机会，但是当学生作为一个独立的个体去进行职业选择和就业时，会发现专业学习和现实工作依然有很大的差距，这是瞬息多变的市场经济所难以避免的。

由此可见，学校的专业学习和现实中的工作存在一定的差距是正常合理的现象，不必为此感到矛盾。求职者应该做的是提高知识的转化能力，将课堂上老师所讲授的知识、课本中所阐述理论都内化到自己的思想和行动中，提高职业技能，以便在现实工作中有举一反三、灵活应变的能力。

（三）独立自主，避免盲从

职场新人在面临职业选择的时候应该学会独立思考，将自身特质、职业兴趣与理想的职业进行匹配。每个人的个人特质、职业能力、职业目标等都有所不同，个体应该避免与他人攀比，也不盲目跟随或依赖他人，树立独立自主的职业观念。

对于"90后"和"00后"来说，作为互联网时代的原住民，获取就业信息、联系意向公司都是轻而易举的事情，而大部分求职者需要克服的是不愿独立、害怕主动的心魔。职业选择是开启独立人生的第一步，而求职者需要做的就是勇敢主动地迈出这一步，不能简单地将希望寄托在他人身上，也不能不顾个人条件，盲目追求一些所谓的"热门职业"或"新兴领域"，而是应该根据自己的现实条件进行职业选择。

（四）敢于竞争，善于竞争

"物竞天择，适者生存"，每一个人对竞争都不应该感到陌生，因为在个体的成长过程中总是充斥着各种各样的竞争关系。随着大学毕业生逐年增多，求职竞争愈发激烈，竞争意识应该作为求职者最基本的心理准备之一。身处竞争激烈求职环境中，广大毕业生应该树立清醒的择业竞争意识，打破"是金子总会发光"的自我安慰思想，敢于毛遂自荐，主动寻找并争取面试机会，通过合适的途径和方式展示自己的优势和特点，以获得用人单位的青睐。

在求职的过程中，个体可以通过精心的准备和反复的练习去克服胆怯的心理，以保持良好的竞技状态；通过总结自身优势与以往有利经验去树立自信心，从而提高自己的竞争力；以合理的心理状态去迎接可能遭遇的失败和困难，有了充分的思想准备，才能在竞争中成为强者。

（五）认知自我，忠于内心

对自我的认知不是一蹴而就的，所谓"日久见人心"，对于认知自己也是一样，需要一个成长的过程。在平时，个体就需要养成反省自身、总结经验教训的习惯，要经常性地对自己的心理进行剖析。

想要认知自我，可以经常性地询问自己三个问题：我是谁？我想做什么？我能做什么？通过对自我提问的回答与思考，充分认知自身性格特征、兴趣爱好和发展限制等，深入挖掘自身能力与潜力。也可以借助不同的职业测评量表来发现自己的职业兴趣和职业技能，将自身个性特征与职业进行比对匹配。个体进行职业选择和设置职业目标时，应该在客观全面的自我认知的基础上，忠于内心真实想法，避免为眼前的经济利益所诱惑而产生功利化心理，要不忘初心地谋求职业长远发展。

模块二　职业适应与心理调适

进入工作岗位后，需要尽快熟悉工作环境、工作内容，不断提升工作能力和工作效果。工作一段时间后可能遇到职业倦怠，如何调整心态，保持积极向上的精神面貌，是每一个劳动者需要面对的问题。

一、职业适应

（一）职业适应的内涵

职业适应是指个体通过不断地调整使自身与某一特定的职业环境达到和谐状态的过程。职业适应问题是对个体职业心理品质的动态研究，更多体现在初始就业与职业转换的时候。具体来说，是指个体对工作环境的同化、对职业行为要求的顺应、对职业价值与意义的评价、对自己工作能力和工作状态的体验与认知等。

职业适应的心理过程分为三个阶段（图6-4），一是陌生阶段，在个体进入新的工作环境中时，容易产生困惑、紧张等心理，于是会尽力寻找自身与职业的共同点、现在与过去的共同点，以保持心理平衡；二是摸索阶段，在个体对职业及工作环境的认识不断加深之后，会逐渐学习与之匹配的职业技能及行为，以实现角色认同；三是协调阶段，通过不断摸索与调整，个体能够良好地适应工作环境，逐渐对该职业感到满意并产生成就感[①]。

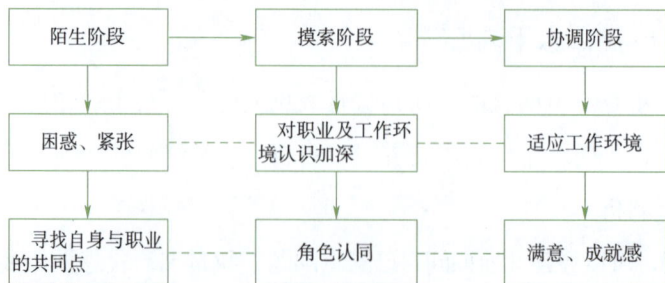

图6-4　职业适应的心理过程

---

① 孟慧. 职业心理学 [M]. 北京：中国轻工业出版社，2019：120.

由此看来，从业者在进入新的职场环境时，都会经历陌生和摸索的阶段，会感受到困惑和紧张，但是不必为此感到烦恼，因为随着对该职业及其环境认识的加深，你的工作状态就会趋于稳定，甚至会渐入佳境。

（二）职业适应的体现

明尼苏达大学学者戴维斯（R.V.Dawis）在工作适应理论中提出了两个重要的概念以解释个体与职业环境的互动与适配。

1. 满足度

满足度是指工作环境中所提供的与个人所需要的适配程度。当个体的生理及心理需求在工作环境中得到实现时，可以说是个体的需要得到满足。

2. 适任感

适任感是指个体的技术能力、职务表现与工作岗位任务要求的符合程度。当个体的职业能力能够符合职业要求时，则说明个体能够适任该职位。

在职业适应的过程中，满足度与适任感缺一不可。只有当工作环境能够满足从业者需求，同时个人能力符合工作岗位的要求时，从业者才算真正适应该职业并且会产生继续任职的意愿；否则，会因为个人需求得不到满足而主动离职，或者因为个人能力无法适任工作而被迫离职。在这期间，心理状况是很重要的影响因素，恰当的心理调适能够起到很关键的调节作用，可以帮助从业者更好地适应职业和工作环境。

（三）职业适应的影响因素

"适应"的概念不同于"适合"，"适应"有更多的主观体验和情感因素在其中，人在适应的过程中有很大的主观能动性。职业适应的心理因素主要立足于个体自身。

1. 职业性格

个体的性格不仅影响着职业选择，在职业适应过程中也起着决定性的作用。每一个人在新的职业领域或工作环境中都会产生不适感，但是个体的性格特征影响着不适的程度以及适应的速度，比如外向、活泼的人比安静、敏感的人更易快速地融入团队氛围中，并在其中找到自己的存在感。性格与职业的匹配度越高，个体对该职业的不适应感就越低，通过心理调整适应的速度就会越快，反之则不然。值得注意的是，每个人的性格都无法完美适应某项职业，从业者可以在适应的过程中根据自己的职业倾向，培养和发展相应的职业性格。

2. 职业价值观念

在职业选择阶段，个体的价值观念是重要的影响因素，它决定着个体要选择哪一份职业。当个体正式进入职场后，具体的职业行为和工作内容会使人对所从事的职业价值产生一定的看法和评价，从而形成个人的职业价值观念。

职业价值观是指从业者对职业的根本看法，也代表着其对职业的态度与信念。职业价值观并不是一个抽象的概念，它包括职业道德、职业责任、职业态度等诸多具体内容，它指导着从业者在工作岗位上应该"做什么"以及"怎么做"。从业者只有树立了正确的职业价值观，才能快速适应工作并且甘于为之奋斗。

3. 职业角色认知

职业角色是指社会和职业规范赋予从业者的一种期望行为模式，即个体在职业活动中所扮演的角色。从业者应该对所处的工作环境、职业地位、相应的职业责任和要求有正确的感知和认识，认清自身在职业环境中所扮演的角色，只有这样才能做出合适的职业行为。如果从业者对自己的职业没有基本角色认知，则容易造成职业行为与职业要求不匹配甚至相悖的结果。

二、职业压力与职业倦怠

（一）职业压力

压力是个体感受到的一种身心紧张的状态，当个体面临"机会""约束"或者"要求"时，通常会产生这种状态。但也需要一个前提，就是事情的结果具有不确定性和重要性。比如说，晋升是企业员工人人都向往、期待的事情，它既是一个职业发展的"机会"，同时也对员工的专业技能、人际协调能力等提出"约束"和"要求"，当晋升名额无法确定、需要通过竞争来获得时，期待晋升的人就会感觉到压力。

职业压力是指个体由于职业或与职业有关的因素所引起的压力，主要来源于超负荷的工作量、冲突的职业角色、令人担忧的职业发展前景、压抑的工作环境、复杂的职场关系、职业与家庭的平衡等。

职场压力是影响职业适应的重要因素，适度的压力可以激发人的潜力、使人快速进步，但过度的职场压力容易导致生理和行为上的异常，使个体产生疲劳、焦躁、失眠、高血压等现象，工作满意度、工作效率和工作质量均会降低，甚至会出现酗酒、迁怒家人等危害性行为。

（二）职业倦怠

"职业倦怠"这一概念是20世纪70年代美国著名心理学家佛罗登伯格（Freudenberger H.J.）在《职业心理学》上首次提出的概念。"倦怠"实质上是一种情绪性的耗竭，职业倦怠是个体的能力、精力和资源在工作中的过度消耗所产生的情绪耗竭和筋疲力尽的感受。主要包含三种成分：一是情感的耗竭，是由于个体在工作中将情感资源过度消耗，使得工作热情锐减，最典型的例子就是大部分人所能明确感知到的"周一综合征"，休过周末之后，一想到第二天是周一就感到焦虑不安；二是去人格化，这种现象在服务行业中最为常见，即将服务对象视为"物"，服务过程冷淡疏远，甚至出现言语攻击；三是个人成就感的降低，即在当前的工作中找不到个人价值，对自己进行负面评价。

职业倦怠与职业压力在概念的解释上存在着重叠与交叉，二者都是由工作要求、职业角色不适等因素所导致的，职业倦怠可以被视为压力的一种特殊表现形式。职业倦怠其实是职业压力的慢性反应，是长期的压力演变和积累的结果。职业压力人人都会有，但职业倦怠只出现在部分人的身上，会对职业适应产生不利影响。

PS 附言 6-1

你有周一综合征吗?

一些上班族惧怕周一，周日晚上一想到第二天需要早起，又要开始上班，于是乎辗转反侧、难以入眠。周一上班时，注意力通常也无法集中，整个人都处在较为倦怠的状态（图 6-5）。

图 6-5　周一综合征

像上述这样的情况时有发生，并且可以被预测，也不可避免，许多人都只能"无奈接受"。但这样的情况我们若不内省，不加以调节与关注，任由其发展，将可能变为"习得性无助"。

习得性无助是 1967 年美国心理学家塞利格曼在研究动物时提出的，是指因为重复的

劳动心理与职业适应　第

六

讲

失败或惩罚而造成的听任摆布的行为。塞利格曼用狗做了一项经典实验，他把狗关在笼子里，只要蜂音器一响，就给以其难受的电击。多次实验后，只要蜂音器一响，在给以其电击前，即使先把笼门打开，狗也不逃跑，并且不等电击出现就先倒在地上开始呻吟和颤抖，绝望地等待痛苦的来临。

如果我们不想方设法去预防或调节"周一综合征"，任由其每周都发生的话，将可能产生习得性无助。赛列格曼还提出过一个词——"命运的人质"，是指当我们面对一件事束手无策或者是多次解决无果的时候，我们会认为解决这件事需要的能力超出了自身的能力，以至于非常无助，像被命运"绑架"了。这个过程就像疾病的治疗，刚开始可能只是身体不舒服，没有明显的症状，若不引起重视，让其反复发生，每次都是自己忍一忍就过去了，到了有明显的躯体症状时，再到医院检查可能就是大病了，将难以控制和治疗。面对大事，人们往往态度明确、反应迅速。但对于一些小事，人们却又拖拖拉拉，在意着，又忍受着。

其实，我们可以通过自己的努力，将烦恼变成幸福。如，为了避免周一综合征，我们可以在周日晚上睡觉前，提前规划好周一的工作，做好时间管理，根据四象限法则分清重要、不重要、紧急与不紧急的任务。

摘编自人民网 - 科普中国（2019 年 12 月 17 日）

三、职业适应的困境

（一）角色冲突感：角色转换不及时

人生的过程就好像一场戏剧，在不同阶段个体都扮演着不同的角色，俗话说"干一样像一样"，就是人们对自我角色扮演的要求。随着个人的成长，每个人在生活中所扮演的角色会越来越多，首先需要面临的巨大转变就是从学生变成职业人。

在职业适应阶段，很多心理问题的出现都是因为十几年学生角色扮演的惯性在"作祟"，一时无法应对既新鲜又陌生的职场环境，比如在学校习惯了老师的教诲与指导，当进入工作岗位却无人理会时会感到茫然失措。学生和职场人在思想和行为上的差距容易引起"角色冲突"，之前的思维及行为方式在长时间的发展下已经成为一种定式，在一段时间内不容易快速转变，个体心理会产生各种矛盾，无法认同职业角色，引起情绪波动，从而产生不适应的感觉。

（二）落差感：职业期待与现实不符合

在生活中，每个人对明天和未来都有一种假设和期待的状态，认为可以通过某种途径来实现预期。这种假设和期待也是一种人们将自身与外界联系在一起的一种方式，假设和期待存在太久之后，会给人一种现实就是如此的错觉。当人的假设被现实动摇，个体就会出现不适应的感觉。

每一位求职者在正式踏上工作岗位之前都对其有所设想和期待，但经常会出现期待过高的现象，比如被录用到外企就认为自己每天会西装革履，出入高档写字间，参加各种各样的重要会议；考上公务员就会每天坐在办公室里，按时上下班，升职在望等。在现实中，职场新人往往都是从基层做起，不可避免承担一些零碎烦琐的杂活，加班加点工作也是常事，个人需求被组织忽略，工作内容临时出现变动，这些都容易使从业者出现心理落差。

（三）不适任感：工作能力与职业要求不匹配

对于进入新工作环境的从业者来说，在实际操作的过程常常会遇到"力不从心"的情况，即自己的专业技能与职位需求不匹配，具体表现为难以独立开展某项工作、具体工作中经常出现问题和事故等现象，这时个体会出现明显的"不适任感"，从而导致他们出现自我否定与自我怀疑的心理，认为自己欠缺相应的知识与专业能力，难以达到公司要求，不能够胜任该职位，甚至会出现对工作感到胆怯和排斥的现象。

（四）自卑感：职业攀比占下风

每个人都活在不自觉的比较当中，在学习中、生活中、工作中攀比现象屡见不鲜，在初入职场的大学生之间更是不可避免。由于一起毕业的同学都拥有相同的教育经历以及专业背景，所以在刚进入工作角色之时，同学之间会将职位头衔、薪资待遇、工作内容等信息进行交换分享，期间难免产生攀比心理。当职位的各方面条件都不如他人时，从业者就会产生自卑感，从而对工作产生失望、浮躁等负面情绪。

（五）距离感：人际关系难协调

在日常生活中，人际关系的处理是一门很大的学问，在职场更是如此。很多新人表示职场人际关系的复杂性为其适应职业生活增加了很多挑战。在职业活动中，人际关系一般表现为同事关系、上下级关系和师徒关系等。新员工与同事缺乏沟通和交流，老员工对新员工怀有偏见或成见，公司领导的为人处事无法令人信服，"师傅"无暇顾及"新人徒弟"等，距离感会在无形之中产生，这些人际关系问题都大大提升了从业者职业适应的难度。

四、心理调适

（一）科学择业，奠定基础

良好的职业适应是以合适的职业选择为前提的，在上一模块当中，我们已充分强调了职业选择的重要性。充分考虑个人性格品质、价值观念、兴趣、自我认知，以及克服各种心理问题之后所进行的职业选择，可以使个体以积极的心态步入工作环境，也就可以更好地适应职业。适应是一个动态调节的过程，明确的职业选择也只是为人们职业生涯做了一个成功的铺垫，并不意味着一劳永逸。当个体真正进入到工作环境，就会发现环境每天都在变化，职业角色、职场人际关系等每天都在发生着微妙的改变，所以个体需要不断提高自己的适应能力，以应对动态变化的环境。

（二）归零心态，转换角色

不同的身份对应着不同的角色，不同的角色对应着不同的角色关系与角色要求，个体需要以不同的姿态去融入和扮演。不论是失业后重新找到工作，还是刚刚踏入职场的大学生，为了适应工作环境，个体都应该积极主动改变自己，所谓"适者生存"，拥有"归零"的心态很重要，失业者要摆脱以往思维方式的束缚，毕业生要快速脱掉身上的学生气，充分认知崭新的职业角色，拥有正确的职业意识和心态，明确职业角色及定位，遵循职业规范及职业行为方式，才能够在激烈竞争的职场上占据一席之地。

（三）合理期待，调整目标

每个人都应该怀有期待以保持对生活、工作的热情和积极性。但所谓"希望越大失望越大"，当一个人对某件事情满怀期待而最终事与愿违的时候，就会产生巨大的心理落差，这种落差容易让人产生强烈的挫折感。因此，在就业或换工作的初始阶段，应该根据现实条件适当降低过高的心理期待，对自己在职业适应过程中可能遇到的困难以及心理问题作出合理的预判和设想。在此基础上，设置清晰合理的职业目标，并根据环境的变化不断调整，这样才有助于个体循序渐进地适应职场生活和新的工作环境。

（四）积极主动，能力补偿

职业适应阶段最关键的因素是人的能力结构。如果个体的能力结构与职业需求相适配，那么他就能很好地适应职业，反之则不然。但是个体可以发挥主观能动性，通过能力补偿来调节职业上的不适。所谓"能力补偿"是指人的能力结构中各种能力之间的替代与补充，能力补偿不仅仅指不同"能力"之间补偿，这种补偿也可以发生在性格与能力、态度与能力、兴趣与能力之间，例如"勤能补拙""熟能生巧"就是这个道理。因此，个体可以通过能力补偿来保证工作效率与工作质量，进而增加职业适应感。

（五）自我宽慰，从长计议

不可能每一项工作内容都恰到好处地是个人的兴趣点，也不可能每一个人的需求都能被全面顾及和满足，对待一些枯燥无味、循环反复的工作内容，不要仅看眼前利益，个体应该学会进行自我安慰与自我鼓励。"垫脚石"理论可以帮助我们换一个视角和态度来对待这些令人毫无动力的工作内容，将那些烦琐的例行事务看作是实现职业目标的一个"垫脚石"，是我们达到长远目标的必经之路。因此不必计较它的外观，而是重视它的功能，将目光放在远方，把注意力转移到目标，职业适应的这条路就会走得更顺利一些。

（六）磨砺心志，正视挫折

从业者尤其是应届毕业生在职业初期，生活环境、生活节奏、交际圈子的变化对其适应性都提出了很大的挑战。从业者应当树立端正的职业态度与职业意识，能够客观看待自己的职业地位，按照职业的要求去改变自我，形成良好的职业心态，积极应对工作压力与挫折。如果个体无法对职业压力与挫折进行有效地应对和调节，就会因为长期处于职业应激状态而无法承受。因此，首先要从认知开始，正确客观地认识和评估压力与挫折；其次，开展有效的情绪放松活动，比如运动、旅行、看书等；最后是懂得总结和反思，从失败和挫折中吸取经验教训。

模块三　失业心理与再就业调整

大学生在毕业当年通常会走上工作岗位，少数学生由于种种原因，毕业当年没有参加工作，成为失业群体。一些学生工作几年后失业，遇到各种压力。失业时需要强大的心理支撑，从而渡过难关，重新走上奋斗的征程。

一、大学生失业群体

失业是指劳动者在法定劳动年龄内，有工作能力、无业且要求就业而未能就业的一种状态。从失业的概念可以看出，失业不仅仅是简单的字面意思"失去职业"，还包括本来应该且可以就业却未能就业的状态，比如大学生毕业之后未能及时就业，那也属于一种失业，即当下很流行的说法"毕业就失业"。

近年来我国就业形势呈现出严峻的发展态势，大学生毕业后的失业问题越来越受到关注，社会中也逐渐形成了一个特殊的失业群体——大学生失业群体。这个群体的特殊性主要表现在他们所普遍具有的高智商、高文化水准、高自我价值、高自我定位，也正因如此，失业作为一件消极事件与其自我定位产生强烈的对比，对他们造成较大的心理冲击，产生更大的心理压力与冲突。

二、大学生失业心理冲突

（一）知识化程度高，社会化程度低

社会化是指一个自然人在向社会人转变的过程中将社会行为规范和准则内化到自己的行为中去，以顺利融入社会。每一位应届毕业生已经经历了 14 ~ 16 年甚至更长的教育时间，传统的中国式教育也一直在鼓励学生以学习为主，在毕业之际，学生的大脑里储存了丰富的知识，然而由于缺乏对社会人情世故的了解和认知，加之知识技能与社会需求存在一定的脱节，导致他们毕业之后社会化程度很低，缺乏社会交往的经验。

（二）情绪波动性大，自抑能力弱

当前大学生群体在家庭中普遍是独生子女，从小受到父母及家人长辈的细心呵护，如同"温室"一般的成长环境，让其在独自面对陌生环境时，容易出现较大的情绪波动，不知道如何抑制和调整，比如稍有成就便骄傲自满；一旦受挫便自怨自艾，沉浸在失败的情绪中无法自拔。一个心理成熟的人，并不是时时刻刻做到心如止水、毫无波澜，而是懂得在情绪波动出现之后如何去调节和控制。

（三）自我认可度高，人际协调性低

自我认可说明学生对自身能力感到自信，有助于提高个人气质和职场竞争力。但自我认可度过高则有可能出现眼高手低的尴尬情境。著名的木桶板理论中提到，一个木桶所能承载的水量的多少，不是取决于该木桶最长的木板，而是由最短的木板所决定的。在现实生活中也是同样的道理，个体在职场能够走多远和多久取决于其劣势。据相关研究者在失业大学生心理访谈中的了解，无法得心应手地协调和处理职场人际关系是其辞职或失业的主要原因，可见人际关系协调成为多数大学生职场中的"短板"。

（四）成功急切度高，抗压承挫性弱

在网络经济风靡的时代背景下，一夜暴富等诸如此类的个别案例对人的心理造成强烈的冲击，越来越多的人将心思和精力都放到投机取巧、寻找捷径上面，尤其是对于刚毕业的大学生来说，受到一些励志故事和心灵鸡汤的鼓舞，更是对成功的速度抱有很急切的心情，也因此更容易遭受困难。与此同时，作为刚离开"象牙塔"的社会新人，由于眼界和阅历有限，其心理素质没有得到充分锻炼，抗压能力和承受挫折的能力相对而言都比较弱，

一旦经历困难和失败，就容易一蹶不振。

三、失业者心理问题表现

（一）焦虑抑郁

失业作为一件消极的事件，不可避免会对人的情绪产生不利影响。社会上也普遍将一个人能否拥有体面的工作视为"是否成功"的标准，失业者好像就是失败者。虽然这种观点失之偏颇，但依然会对失业者造成巨大的心理压力。

当面临失业时，个体容易产生一种功亏一篑的感觉，夸大了失业的负面影响，甚至出现了"失业综合征"的现象。"失业综合征"是指失业者无法接受失业的事实，由于心理失调而产生焦虑抑郁、烦躁不安等心理问题，甚至出现破坏性行为的综合病症。由于个体的心理承受能力不同，病症的表现程度和形式都不一样，但随着时间的流逝和心理的慢慢调整，这种症状也会逐渐消失。

（二）孤独感强烈

孤独不是一种客观状态，而是一种与他人或群体隔离与疏远的主观感觉。当个体处于失业状态时，会出于一种自卑和受挫的心理，将失业视为一种无能的表现，所以在生活中出现不想出门、怕遇见熟人、不愿意与他人交流、怕被问及工作问题等一系列排斥社会关系与社会交往的现象。如果这种状态长期持续下去，个体会将自我完全封闭，避免与外界发生任何接触。如果身边个别亲戚朋友再表现出不理解或不体谅，失业者更加会被孤独感包围，感觉好像全世界都抛弃了自己。

（三）自尊心受伤

人们普遍认为一份体面的工作是对个人能力的肯定，尤其是当代大学生大多以高智商、高文化水准、高自我价值自居，在这种较高的自我定位与传统思想的影响下，失业者很容易产生心理落差，加之在寻找工作的过程中四处碰壁，暂时无法就业，就认定自己的能力遭到了社会否定。另一方面，由于攀比心理作祟，眼看着他人纷纷找到合适的职业，工作状态渐入佳境，工作前景一片向好，失业者的自尊心更是受到打击，容易产生自我怀疑、自我放弃的心理，甚至出现"破罐子破摔"的行为，这会极大影响再就业的状态，容易与新出现的就业机会失之交臂。

（四）偏激心理

由于对人情社会的过分解读或心有芥蒂，失业者很容易出现归因偏差的心理，忽略自身问题，将失业归咎于某些自己也不确定是否真实存在的不公正现象，片面地以自己无权无势、无依无靠为借口，认定自己在无形之中被差别化对待，一味地怨天尤人，自恨生不

劳动心理与职业适应 第六讲

逢时。这种将注意力集中在自己无法改变的外在环境上，一方面浪费了时间和精力，另一方面容易使自己产生一种极端心理，对失业后果进行非理性地情绪宣泄，甚至会产生侮辱他人、网络暴力等失去理智的攻击行为。

（五）逃避心理

当个体与环境或他人发生矛盾和冲突，自己又无法解决时，个体会产生逃避心理，这是常见的心理现象，因为逃避会带来短暂的放松和释怀。失业者会出现焦虑抑郁、孤独感强烈等一系列心理问题，如果这些负面心理无法及时调适修正，长此以往，失业者就会产生逃避心理，不愿面对和改变失业现状。逃避心理一旦产生，就会严重影响人的职业态度以及正常的职业活动，从而陷入失业的恶性循环。

四、再就业的心理调整

（一）面对现实，坦然接受

无论是职场新人，还是在岗位上工作已久的员工都要正确地看待失业。从宏观的经济环境来说，失业是一种经济现象，是市场经济的必然产物。随着社会的发展和科学技术的进步，一些传统行业和职业会逐渐从大众的视野中消失，新兴行业和职业不断涌现，这种更新迭代必然会导致一部分劳动者暂时失业。从微观的职场环境来说，"物竞天择，适者生存"是每个人都应该知道的生存法则，为了保证较好的工作质量和工作效率，职场必然会有竞争，并且优胜劣汰。

因此，不论是准备就业或是已经就业，每一个人应该具有正确的失业观，树立风险与危机意识，在竭尽全力寻找工作、谋求职业发展的同时，也敢于面对并接受失业的结果，不逃避现实，不自暴自弃，客观分析失业原因，积极寻找补救办法。

（二）增强受挫能力，化悲痛为力量

在各大短视频平台上，有一个很流行的幽默文案，"如果一个女生突然开始自律，早睡早起、跑步健身，那么她很有可能是失恋了"。在这诙谐幽默的调侃背后，也反映了悲痛在一定程度上可以给人带来正面的能量。

"失业"跟"失恋"一样，都是负面的事情，会给生活带来一段灰暗的时光，但也正是因为"灰暗"，人才会有动力去寻找光亮。所以，失业者要增强受挫能力，"人生不如意十有八九"，如果一直站在失败的阴影里走不出来，那就会被社会所抛弃。应该树立战胜挫折和困难的决心和勇气，学会在失败中总结经验教训，不断完善并丰富自己，让失业的悲痛化为努力进步的力量，使自己变得越来越好。

（三）寻求心理辅导，进行情绪疏解

一般来说，个体持续失业的状态时间越长，由失业所引起的焦虑感、孤独感、自卑感等情绪化感受就会越强烈，对人的身心健康无疑是不利的，因此个体应该及时主动寻求心理辅导，对负面情绪进行疏导和缓解。

首先，应当理性看待当前社会的就业情况，大学毕业生数量逐年上涨，毕业生的学历水平也年年升高，在市场岗位需求有限的情况下，就业竞争必然会越来越激烈，失业者要认清并接受就业严峻的现实。其次，失业者应该重新评估职业能力，无论是"毕业就失业"还是"就业后再失业"，个体都应该进行自我反省，重新审视自己的职业期待、职业态度、职业行为是否存在问题，在必要情况下可以借助一定的技术手段进行评估，充分挖掘自身潜力，改正不足。最后，如果失业引起了巨大的、暂时无法调节的情绪波动，那么个体可以尝试转移注意力，从失业这件事情上暂时抽离，多关注一些有益于身心健康的活动，对自己进行积极的心理暗示，或者寻找倾诉空间合理地宣泄情绪。

（四）沉淀自己，厚积薄发

找工作是一个漫长的过程，重新找工作同样也是一个漫长的过程，欲速则不达，职业成长之路靠的不是速度，而是持续的努力和刚好的机遇。因此，需要沉淀内心，不能因为一时的失业而慌了阵脚，出现病急乱投医的情况。要让自己更加清楚地认识自我的不足，对症下药。在寻求再就业时，不被眼前的得失而左右，不一味追求再就业的速度，静下心来学习相关职业技能，妥善协调人际关系，积累人脉资源，做到厚积薄发。

（五）调整心理定位，转变就业思路

很多失业者在最开始的时候没有一个明确的心理定位，导致在职业选择时没有作出一个明确的决策，或者是在职业适应阶段出现各种各样心理问题，最终导致失业。因此，当个体失业时，应该适度调整心理定位，在必要时可充分发挥自己的创新思维，不局限于固定框架，转变就业方向和就业思路，比如改变就业领域或者尝试自己创业等。

AV 影音 6-1

就业路上的"新赛道"

播出平台	中央电视台	栏目简介
频道名称	财经频道 CCTV-2	这是一档经济深度报道栏目，用经济的眼光关注社会热点，以严谨的态度、新闻的眼光、经济的视角、权威的评论，深度报道经济事件、透彻分析经济现象、准确把握经济脉搏
栏目名称	经济半小时	
节目名称	就业路上的"新赛道"	
播出时间	2022 年 11 月	

劳动心理与职业适应 第六讲

就业是民生之本、财富之源，是经济的"晴雨表"，更是社会的"稳定器"，强化就业优先政策，健全就业促进机制，促进高质量充分就业。无论是回流务工人员在家门口的"金饭碗"，还是数字经济催生的一系列新职业，都在为求职者描绘出精彩的人生风景。

摘编自央视网（2022年11月17日）

（六）付诸行动，从头再来

再就业的心理调整不应该是一味地自我心理慰藉，重新就业或者寻找工作也不是仅靠积极的心理暗示就能实现，而是需要切切实实付诸行动，通过恰当的情绪调节以减少负能量的输出，努力提高自身职业技能，端正职业态度，不断提高职业竞争力。

其实，解决失业心理问题最好的方法就是找到工作，让自己行动起来，迈出再就业的第一步。如果任凭自己持续地消沉下去，整天把自己封闭在家里，不仅会加深孤独感和焦虑感，还会因为错失了很多就业信息而错过了大好的机会，从而陷入了失业的恶性循环。再就业也是再一次的职业选择，重新走入新一轮的职业活动过程中去，只要拾起从头再来的勇气，一切困难都会迎刃而解。

互动交流

1. 职业新人在选择职业时通常有哪些心理问题？
2. 大学生应该从哪几方面做好职业选择心理准备？
3. 职业适应的困境和心理调适方法有哪些？
4. 失业者心理问题和调整方法有哪些？

案例任务

大学生就业心理问题的成因与对策

近年来就业形势愈发紧张，大学生就业心理问题愈发凸显。在此情况下，只有通过政府的引导与高校的配合，并建立一套完整全方位、立体化心理疏导机制，才能保证大学生心理的正向发展。

1. 大学生就业心理问题类型

其一，功利性心理。部分大学生认为理想的工作是既能发挥专业知识，又可以体现社会价值，并且有较高经济收益的工作。当前的一些错误观念催生了功利性心理，然而人的价值体现并不仅限于个人发展，也与社会整体价值息息相关。因此，既尊重自我意愿，又结合社会需求的就业才更切合实际。

其二，从众性心理。部分大学生缺乏客观的自我认识，在求职过程中容易受到干扰、缺乏主见，不过多考虑工作与自身的适配性，如群体性报考公务员、通过考研延迟就业等（图6-6）。从众性心理并非大学生独有，但大学生需要避免盲从社会影响与他人评价。

图 6-6　延迟就业

其三，求稳定心理。部分大学生倾向于稳定性强、风险性小、具有保障的工作。对稳定职业的追求往往与家庭教育相关。但当前，"一种职业干终身"的传统职业观已经不再适应现代社会要求，学生有必要了解市场经济的发展规律以适应新时代的需求。

其四，求完美心理。部分学生由于自身条件优秀而对自己期待过高，无法根据就业市场需要来调节自身要求，以致不能取得满意的结果。大学生需要从社会价值、兴趣爱好、工作环境及经济收入等多方面来考虑工作的匹配性。

2. 产生原因

其一，社会性原因。首先，劳动力市场供需存在不平衡。随着产业结构改革和市场经济发展，人才需求层次发生了变化，供求不匹配现象明显。其次，就业渠道不透明导致供需难以匹配。招聘单位招聘与学生求职之间存在时间差、信息差。其三，招聘单位的歧视性观念。部分招聘单位在考察求职者资质时只看重学历，进而造成低学历毕业生的就业困境。工作经验及性别歧视也阻碍了大学生就业。其四，不良社会风气的影响。"走关系"现象在一些地区较为普遍，一些大学生在求职过程中显出劣势。拜金主义、金钱至上等不良社会思潮也影响了大学生正确的择业价值观的树立。

其二，教育制度的原因。不同高校与专业之间的差异导致了非重点高校与非热门专业毕业生的就业困难。首先，部分高校专业设置本身不合理，跟风设置导致人才供需失衡。其次，部分高校对毕业生的就业指导缺乏系统性和针对性。大学生就业指导是一项需要长期开展的工作，而目前一些学生没有得到来自校方的专业性指导，不了解政策法规，无法收集专业准确的就业信息，这些都导致其无法找到合适的岗位。最后，部分高校缺乏大学生心理健康教育。经济快速发展加剧了社会竞争，人才的职业观念也发生了巨大变化，然而部分高校大学生就业心理指导与大学生择业心理变化不匹配，部分大学生在面对问题时缺乏专业指导，需要自行解决。

其三，个人原因。首先，学生的家庭条件、父母职业、家庭氛围等都会影响其职业选择。家庭背景对于择业有着至关重要的影响，部分学生过于盲目希望借助亲属的社会关系找工作，导致忽略自身能力与职业规划。其次，部分大学生缺乏社会经验与明晰的自我认识，人格还处于发展阶段，不能够准确地评估社会与他人，带有片面性与盲目性。最后，部分大学生进入社会面对工作时缺乏必要的思想准备，但他们又有强烈的自我意识，在意他人的评价，抗压能力差，无法面对和解决工作中的困难，进而产生了心理问题。

摘编自《中国社会科学报》（2022年5月13日）

请分析：

1. 大学生就业心理问题还有哪些类型，原因是什么？

2. 大学生及所在学校应采取哪些措施，解决以上心理问题？

劳动安全与职业健康

本讲概要

　　劳动者在生产劳动过程中，可能会面临各种风险或伤害，如火灾、中毒、高处坠落等伤亡事故，以及长期接触粉尘、噪声、化学物品等造成的职业病或相关疾病。这些风险、伤害或疾病将对劳动者本人及家庭和社会造成巨大的影响。学习和掌握基本的劳动安全和职业健康知识，可以有效避免或减少安全事故和职业病，从而保护劳动者的人身安全和身心健康。本讲首先介绍了劳动安全和职业健康的相关概念，之后总结了劳动安全健康的法律、法规和规章，最后概述了劳动者享有的劳动安全健康权利和应该承担的义务。

学习目标

　　1. 阐述劳动安全与职业健康的基本概念。

　　2. 列举与劳动安全与职业健康相关的法律、法规和规章。

　　3. 比较劳动者劳动安全与职业健康的权利和义务。

内容导图

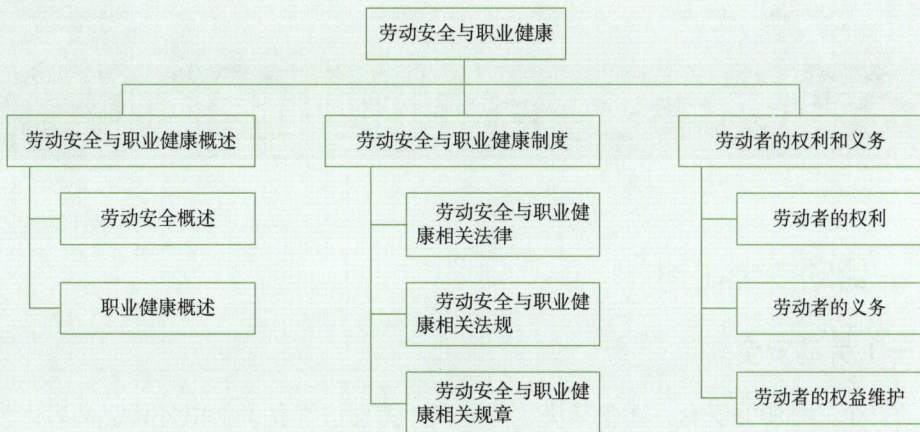

导入案例

长深高速江苏无锡段"9·28"特别重大道路交通事故

2019年9月28日，长深高速江苏无锡段发生一起特别重大交通事故。一辆核载69人，实载69人的大客车在行至该路段时，冲破道路中央隔离带驶入对向车道，与一辆半挂货车相撞，共造成大客车及货车上36人死亡、36人受伤，直接经济损失7100余万元。

经国务院事故调查组认定，该事故是一起生产安全责任事故。事故的直接原因是，大客车在高速行驶过程中左前轮胎发生爆破，导致车辆失控，冲入对向车道与正常行驶的货车相撞。由于大部分乘员未系安全带，从而加重了伤亡后果。事故企业伪造道路运输经营许可证，非法从事道路客运经营活动。公司未建立安全生产管理相关规章制度，企业安全投入、车辆维修保养等日常安全管理关键环节严重缺失。同时，浙江、安徽、河南三省相关地方政府和相关部门在监管方面存在问题。公安机关依法对14名涉嫌犯罪的有关责任人采取了刑事强制措施，浙江、安徽、河南三省纪委监委对45名公职人员进行追责问责。

事故不断，警钟长鸣，"9·28"事故以血的教训提醒我们，事故随时都有可能发生。在日常生产劳动过程中一定要增强安全意识，摒弃侥幸心理。例如在交通出行中，要做好汽车保养，排除事故隐患，系好安全带，养成良好的安全习惯，才能远离事故。

摘编自新华社（2020年9月11日）

请思考：

大客车运营中，驾驶员、客运公司、当地政府和相关部门分别应承担哪些安全管理责任？

模块一　劳动安全与职业健康概述

一、劳动安全概述

（一）劳动安全

劳动安全又称职业安全，《中华法学大辞典（劳动法学卷）》中将其定义为：为保护劳动者在生产劳动过程中的安全，防止或消除伤亡事故所采取的各种安全措施。劳动安全属于劳动保护的范畴，其目的是防止危及劳动者人身安全的事故发生，保障劳动者在生产劳动过程中人身安全，免受职业伤害的权益。

（二）危险源与重大危险源

1. 危险源

《职业健康安全管理体系　要求及使用指南》（GB/T 45001—2020）将危险源定义为：可能导致伤害和健康损害的来源。在系统安全研究中，一般将危险源分为第一类危险源和第二类危险源。

第一类危险源是在生产过程中存在的，可能意外释放的能量，通常指能量或危险物质及其载体。第一类危险源是事故产生的根源和根本原因，例如，加油站汽油储油罐或高速行驶的汽车都属于第一类危险源。在安全管理实践中很少研究第一类危险源，因为它是客观存在的。虽然它可能造成的危险极大，但我们不能因此使加油站没有储油罐、禁止汽车上路。第二类危险源是指造成约束和限制危险物质措施无效的各种不安全因素，主要包括：人的不安全行为、物的不安全状态和管理缺陷。例如储油罐年久失修有腐蚀，这属于物的不安全状态和管理上的缺陷；酒后驾车或者开车打电话则属于人的不安全行为。

第一类危险源是事故发生的前提，决定事故的严重程度；第二类危险源是事故发生的必要条件，决定事故发生的可能性大小。例如，汽车的速度越大则能量越大，可能造成的事故危害就越大；开车看手机等不安全行为越多，则意味着发生事故的概率就越大。因此，企业对危险源的管理，重点是通过对人的行为控制、技术控制、管理控制去消除第二类危险源，从而避免第一类危险源发生事故。

2. 重大危险源

20 世纪 70 年代以来，预防重大工业事故引起国际社会广泛重视，随之产生了重大危险源的概念，国际上也称为重大危害设施。重大危险源是指长期地或者临时地生产、搬运、使用或者储存危险物品，且危险物品的数量等于或者超过临界量的单元（包括场所和设施）。主要涉及易燃、易爆、有毒有害物质的储罐、库区、生产场所等，有可能会导致比较严重的火灾、爆炸、泄漏等事故，造成较大的人员伤亡和财产损失。《危险化学品重大危险源辨识》（GB 18218—2018）规定了危险化学品的重大危险源临界量，可依此作为重大危险源的判定依据。另外，还可以依据可能导致事故的伤亡人数（如死亡 3 人或以上）或经济损失数目（如直接经济损失 50 万元及以上）来确定重大危险源。

按照《危险化学品重大危险源监督管理暂行规定》（国家安全生产监督管理总局令2011 年第 40 号）的要求，重大危险源根据其危险程度分级为一级、二级、三级和四级，其中一级为最高级别。分级管理是为了防止重大事故的发生，对于重大危险源，各级监管部门会有更加严格监管制度；企业会有更严格的管理制度，包括对重大危险源的辨识、评估、备案和应急等。

除重大危险源之外的危险源为一般危险源。

（三）劳动事故

《卫生学大辞典》将事故定义为：在劳动过程中意外发生的设备损坏和人身伤亡的统称。

《企业职工伤亡事故分类》（GB/T 6441—1986）将事故分为 20 大类，分别为：物体打击、车辆伤害、机械伤害、起重伤害、触电、淹溺、灼烫、火灾、高处坠落、坍塌、冒顶片帮、透水、放炮、火药爆炸、瓦斯爆炸、锅炉爆炸、容器爆炸、其他爆炸、中毒和窒息、其他伤害。该分类适用于企业职工伤亡事故统计工作。

在《生产安全事故报告和调查处理条例》中，根据造成的人员伤亡或者直接经济损失将生产安全事故分为四个等级（表7-1），该分类适用于安全生产事故报告和调查处理。

生产安全事故等级划分   表 7-1

等　级	伤亡或损失情况		
	死亡人数	重伤人数	直接经济损失
特别重大事故	30 人以上	100 人以上	1 亿元以上
重大事故	10 人以上 30 人以下	50 人以上 100 人以下	5000 万元以上 1 亿元以下
较大事故	3 人以上 10 人以下	10 人以上 50 人以下	1000 万元以上 5000 万元以下
一般事故	3 人以下	10 人以下	1000 万元以下

（四）事故隐患

《职业安全卫生词典》将事故隐患定义为：能导致伤害事故发生的人的不安全行为，物的不安全状态或管理制度上的缺陷。从定义上看，事故隐患恰与第二类危险源吻合。《安全生产事故隐患排查治理暂行规定》（国家安全生产监督管理总局令 2007 年第 16 号）中将事故隐患分为一般事故隐患和重大事故隐患。一般事故隐患是指危害和整改难度较小，发现后能够立即整改排除的隐患。重大事故隐患是指危害和整改难度较大，应当全部或者局部停产停业，并经过一定时间整改治理方能排除的隐患，或者因外部因素影响致使生产经营单位自身难以排除的隐患。

危险源失控就会演变成事故隐患，如果事故隐患不能被及时排查治理，就会从量变转为质变，质变到一定程度，就有可能造成人员伤亡或财产损失等事故的突然发生。因此安全生产事故隐患的排查治理工作是安全生产工作的一项重要内容。隐患排查是指生产经营单位组织安全生产管理人员、工程技术人员和其他相关人员对本单位的事故隐患进行排查并分级登记。隐患治理是指消除或控制隐患的活动或过程。《安全生产事故隐患排查治理暂行规定》（国家安全生产监督管理总局令 2007 年第 16 号）规定了一些事故隐患排查治理的重点范围，不仅包括了煤矿、非煤矿山、危险化学品等生产企业，也包括商场、公共娱乐场所、旅游景点、学校、医院、宾馆、饭店等人员密集场所。

（五）本质安全

《职业安全卫生术语》（GB/T 15236—2008）将本质安全定义为：通过设计等手段使生产设备或生产系统本身具有安全性，即使在误操作或发生故障的情况下也不会造成事故。通俗来讲，就是通过技术措施，在人为操作失误或发生故障时仍能确保安全，或者系统能够自动阻止错误操作的发生。日常生活中最常见的本质安全的例子是，洗衣机盖板打开后，电机会立即停止转动，从而避免事故发生。工厂里传动装置的保护罩、电气线路中的漏电保护等都是为了本质安全而设立的。因此，本质安全是预防事故的最高境界。

PS 附言 7-1

海因里希法则

海因里希法则是美国著名安全工程师海因里希提出的 300:29:1 法则，意思是 330 起隐患或违章，必然要发生 29 起轻伤或故障，另外还有一起重伤、死亡或重大事故。也就是说，每一起重大事故背后，都经历了 29 起轻伤事故和 300 次隐患或故障。例如，一名驾驶员驾车时，每发生 300 次酒驾的不安全行为，可能就会发生 29 次一般交通事故和 1 重大交通事故。也可以这样理解：每 300 名驾驶员发生酒驾的不安全行为，可能就产生 29 起一般交通事故和 1 起重大交通事故。这个法则说明，多次意外事件必然会导致重大事故的发生，安全事故的防止要防微杜渐，必须减少和消除无伤害事故隐患，才能防止重大事故的发生。

（六）安全设施

日常生活中经常能够见到的灭火装置、消防应急照明、安全疏散指示标志、安全护栏等都属于安全设施。在安全生产领域，安全设施是指企业在生产经营活动中，将危险、有害因素控制在安全范围内，以及减少、预防和消除危害所配备的装置、设备和采取的措施。

安全设施分为三类，一是预防事故设施，包括检测、报警设施（例如感烟器）、设备的安全防护（如防护罩）、作业场所的防护（如防护栏、防护网）、防爆设施、安全警示标志等；二是控制事故设施，包括泄压和止逆设施（如泄压阀、止逆阀）、紧急处理设施（如备用电源、紧急停车装置）；三是减少与消除事故影响的设施，包括防火设施（如防火门）、灭火设施、应急救援设施、逃生避难设施、劳动防护用品和装备。

劳动防护用品是人在生产和工作中为防御物理、化学、生物等外界有害因素伤害人体而穿戴和配备的各种物品的总称。劳动防护用品的种类很多（表7-2），各类劳动防护用品是保障劳动者安全和健康的最后一道防线，企业应严格按照国家有关规定向劳动者发放、维护、更换劳动防护用品，并对劳动者进行相关培训。劳动者也需要在生产劳动过程中正确使用和佩戴劳动防护用品（图7-1）。

劳 动 防 护 用 品   表 7-2

分类依据	防护用品一览
防护部位	头部防护（如安全帽）、面部防护（如电焊面罩）、眼睛防护、呼吸道防护（如防毒口罩）、听力防护、手部防护、脚部防护、身躯防护
防护用途	防尘、防毒防酸碱、防油、防高温、防辐射、防火、高空作业、防噪、防冲击防触电、防寒

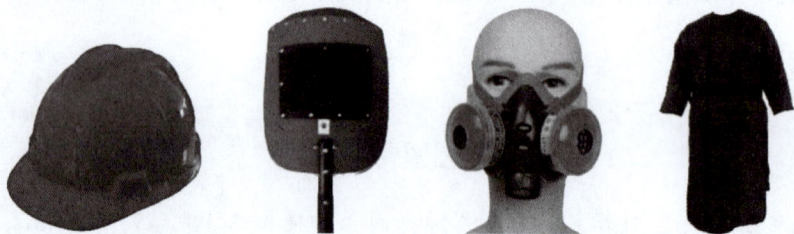

图 7-1　安全帽、电焊面罩、防毒口罩、防辐射服

二、职业健康概述

（一）职业健康

与职业健康相关或相似的概念有多种，比如职业卫生、工业卫生、劳动卫生等。《职业安全卫生术语》（GB/T 15236—2008）中将职业卫生定义为：以职工的健康在职业活动过程中免受有害因素侵害为目的的工作领域及在法律、技术、设备、组织制度和教育等方面所采取的相应措施。其目的是预防和保护劳动者免受职业性有害因素所致的健康影响和危险，使工作适应劳动者，促进和保障劳动者在职业活动中的身心健康和社会福利。

习近平总书记在十九大报告中提出实施健康中国战略，这是新时代健康卫生工作的纲领。2016年中共中央、国务院印发了《"健康中国2030"规划纲要》（中发〔2016〕23号），提出要遵循"健康优先"的原则，把健康摆在优先发展的战略地位，也明确指出要强化安全生产和职业健康。2019年，健康中国行动推进委员会发布了《健康中国行动（2019—2030年）》等相关文件，提出将开展15个重大专项行动，其中实施职业健康保护行动是重大专项行动之一。

职业健康符合我国健康中国发展战略，使得职业卫生工作的目标不仅仅是针对由各种有害因素造成的职业病，同时也要关注工作条件对劳动者生理、心理的影响，关注劳动者在劳动过程中的舒适度。企业不仅要做好粉尘、噪声等职业病危害因素的控制，同时也要为劳动者提供舒适的工作环境，促进劳动者身心健康，提高劳动者对社会适应的良好状态。

（二）职业危害因素

职业危害因素又称职业性有害因素或职业病危害因素，是指在职业活动中产生和（或）存在的、可能对职业人群健康、安全和作业能力造成不良影响的因素或条件，包括化学、物理、生物等因素。《职业病危害因素分类目录》（国卫疾控发〔2015〕92号）中将职业病危害因素分为6大类459种，包括52种粉尘，如矽尘、煤尘；375种化学因素，如铅及其化合物、汞及其化合物；15种物理因素，如噪声、高温、振动；8种放射性因素，如铀及其化合物；6种生物因素，如布鲁氏菌；3种其他因素，如金属烟。

职业危害因素按照来源可分为三大类：一是生产过程中的有害因素，主要是和生产工艺、设备、原辅料等有关的粉尘、化学因素、物理因素等危害因素；二是劳动过程中的有害因素，主要包括劳动组织的不合理、劳动强度大、劳动时间长、长期不良体位等因素；三是劳动环境中的有害因素，主要包括厂房布局不合理、室外不良气象条件、室内不良照明及通风不畅等因素。

（三）职业病

职业病是指企业、事业单位和个体经济组织的劳动者在职业活动中，因接触粉尘、放射性物质和其他有毒、有害物质等因素而引起的疾病。广义地讲，由职业有害因素所引起的疾病统称为职业病。

《职业病分类和目录》（国卫疾控发〔2013〕48号）将职业病分为10大类，包括职业性尘肺病及其他呼吸系统疾病19种、职业性皮肤病9种、职业性眼病3种、职业性耳鼻喉口腔疾病4种、职业性化学中毒60种、物理因素所致职业病7种、职业性放射性疾病11种、职业性传染病5种、职业性肿瘤11种、其他职业病3种。狭义上讲，职业病必须是《职业病分类和目录》（国卫疾控发〔2013〕48号）里所列出的职业病。

AV 影音 7-1

一切为了劳动者健康

播出平台	中央电视台	栏目简介
频道名称	综合频道 CCTV-1	这是一档于1987年首播的口述体纪实与民生专题栏目，通过传播人口知识、宣扬健康理念，倡导人文关怀，呼吁尊重生命，追求科学，实现人与社会协调发展，推进健康中国建设
栏目名称	人口	
关键词	职业病防治法	
播出时间	2022年4月	

对于奋斗在工作岗位上的劳动者来说，健康是一切事业的基础，是幸福生活的重要保障。职业病防治事关劳动者的健康，也关系着亿万家庭的幸福。2022年4月25日至5月1日是全国第20个《职业病防治法》宣传周，主题是"一切为了劳动者健康"。

哪些属于职业病？如何防治职业病？用人单位和劳动者分别有哪些权利和义务？节目邀请国家卫生健康委员会职业健康司司长吴宗之、中国疾病预防控制中心职业卫生与中毒控制所首席专家李涛，介绍了职业病防治的相关知识。

摘编自央视网（2022年4月27日）

（四）职业禁忌证

职业禁忌证是劳动者从事特定职业或者接触特定职业性有害因素时，比一般职业人群更易于遭受职业危害、罹患职业病、可能导致原有自身疾病病情加重，或者在从事作业过程中诱发对劳动者生命健康构成危险的疾病的个人生理或病理状态。比如Ⅱ期高血压是噪声作业的职业禁忌证，长期在高噪声环境下，会使患有Ⅱ期高血压的劳动者病情加重，也就是说，相比绝大多人而言，患有Ⅱ期高血压的劳动者更容易遭受到噪声伤害。因此，患有职业禁忌证的劳动者应调离该工作岗位。

（五）职业健康促进

职业健康促进又称工作场所健康促进，《职业健康促进名词术语》（GBZ/T 296—2017）将其定义为：采取综合干预措施，以改善工作条件，改变劳动者不健康的生活方式和行为，控制健康危险因素，预防职业病，减少工作有关疾病的发生，促进和提高劳动者健康和生命质量为目的的活动。

劳动者在劳动过程中面临众多健康问题，除了以上提到的职业危害因素之外，还面临压力大、心里紧张等因素的威胁。因此开展职业健康促进活动能有效确保劳动者的安全和健康，从而提高企业生产效率、提高国民健康水平。

模块二　劳动安全与职业健康制度

通过一系列法律、法规、规章及标准规范的颁布实施，我国在劳动安全和职业健康领域形成了比较完善的法律法规体系，在推进我国安全生产法治建设、改善作业场所职业卫生条件、保障劳动者职业安全和健康权益等方面发挥了重要的作用。

一、劳动安全与职业健康相关法律

我国法律是由全国人民代表大会及其常务委员会经一定立法程序，制定颁布的规范性文件。表7-3列出了部分劳动安全与职业健康相关的法律。

劳动安全与职业健康的相关法律 　　　　　　　　　　　　表 7-3

序号	名　称	简　称	公布日期
1	中华人民共和国宪法	宪法	2018 年 3 月 11 日
2	中华人民共和国安全生产法	安全生产法	2021 年 6 月 10 日
3	中华人民共和国职业病防治法	职业病防治法	2018 年 12 月 29 日
4	中华人民共和国基本医疗卫生与健康促进法	基本医疗卫生与健康促进法	2019 年 12 月 28 日
5	中华人民共和国劳动法	劳动法	2018 年 12 月 29 日
6	中华人民共和国劳动合同法	劳动合同法	2012 年 12 月 28 日
7	中华人民共和国工会法	工会法	2021 年 12 月 24 日

（一）宪法

《宪法》规定了劳动安全健康的基本要求：加强劳动保护，改善劳动条件，并在发展生产的基础上，提高劳动报酬和福利待遇。这是劳动安全健康其他法律法规的基本依据。

（二）安全生产法

《安全生产法》旨在加强安全生产工作，防止和减少生产安全事故，保障人民群众生命和财产安全，促进经济社会持续健康发展。该法对加强我国安全生产法治建设、加强监督、规范经营、遏制事故、保障人民生命安全、促进经济发展和社会稳定都具有深远的意义。

该法的基本方针是：安全第一、预防为主、综合治理。主要内容有：①生产经营单位的安全生产保障。主要包括生产经营单位的安全生产条件、主要负责人的安全生产职责、资金投入、组织和人员保障、基础保障和管理保障。②从业人员的安全生产权利义务。③安全生产监督管理。包括安全生产的监督管理体制、各级政府的监督管理职责、安全生产事项的审批和验收、安全生产监督管理过程、社会和舆论监督、对安全生产违法行为的举报及管理和安全生产守信单位的激励。④安全生产事故。包括安全生产事故的概念、分类、等级、应急救援和调查处理。⑤安全生产的法律责任。包括责任追究、责任形式、责任主体、行政执法主体和法律责任。其中法律责任包括地方政府、监管部门及其工作人员、生产经营单位及其负责人、安全生产服务机构和从业人员的法律责任。

（三）职业病防治法

《职业病防治法》旨在预防、控制和消除职业病危害，防治职业病，保护劳动者健康及其相关权益，促进经济社会发展。该法的颁布实施是我国职业卫生领域的一件大事，关系到我国亿万劳动者的职业健康，极大地推动了我国职业卫生管理工作与国际接轨。

该法的基本方针是：预防为主，防治结合。主要内容有：①职业病防治的总体要求。包括职业病防治工作的方针和原则，以及对劳动者、用人单位、工会、各级政府、相关部门的总体要求。②职业病的前期预防。包括源头控制和消除、职业病危害项目申报制度和建设项目职业病危害的预防。③劳动过程中的防护与管理。包括职业病防护、职业卫生技术服务、劳动合同的告知事项、职业卫生培训、劳动者的健康检查和监护档案、职业病危害事故应急救援、劳动者的职业卫生权力、工会组织的作用和其他保障措施。④职业病诊断与职业病病人的保障。包括职业病诊断的医疗卫生机构资质条件、职业病诊断需综合分析的因素、职业病诊断委员会专家构成、职业病病人待遇等。⑤监督管理。包括卫生行政部门履行监督检查职责时可采取的措施、发生职业病危害事故时可采取的控制措施、不得发生的监管行为等。⑥法律责任。包括建设单位、用人单位、向用人单位提供可能产生职业病危害的设备和材料的企业、职业卫生技术服务机构、职业病诊断鉴定委员会和各级人民政府及职业卫生监管部门的法律责任。

126

EG 案例 7-1

混凝土公司2人确诊矽肺

2020年4月，杭州市卫生健康委对某混凝土有限公司进行监督检查，发现该公司存在未按规定组织劳动者进行上岗前和在岗期间的职业健康检查、未采用有效的职业病防护设施、职业病危害因素浓度超标等多项违法行为，致使宋某、张某两名劳动者分别诊断为矽肺二期和矽肺三期，对身体产生严重健康损害（图7-2）。杭州市卫生健康委依法责令该企业停止产生职业病危害的作业并处以罚款二十万元的行政处罚。

本案中，该企业未按规定组织接触职业病危害作业的劳动者进行上岗前、在岗期间的职业健康检查、行为，违反了《中华人民共和国职业病防治法》第三十五条规定；未采用有效的职业病防护设施的行为，违反了《中华人民共和国职业病防治法》第二十二条规定；企业职业病危害因素浓度超标，违反了《中华人民共和国职业病防治法》第十五条规定。该企业未切实履行职业病防治工作主体责任，存在上述多项违法行为，严重危害到劳动者健康。

图 7-2　职业病

摘编自《钱江晚报》（2021 年 1 月 8 日）

（四）基本医疗卫生与健康促进法

《基本医疗卫生与健康促进法》旨在发展医疗卫生与健康事业，保障公民享有基本医疗卫生服务，提高公民健康水平，推进健康中国建设。该法是卫生健康领域第一部基础性、综合性的法律。

我国卫生与健康事业发展理念从"以治病为中心"转向"以健康为中心"。该法对国家、各级政府和用人单位的职业健康工作提出要求：国家要加强职业健康保护，鼓励用人单位开展职工健康指导工作，提倡用人单位为职工定期开展健康检查；县级以上人民政府应当制定职业病防治规划，建立健全职业健康工作机制，加强职业健康监督管理，提高职业病综合防治能力和水平；用人单位应当控制职业病危害因素，采取工程技术、个体防护和健康管理等综合治理措施，改善工作环境和劳动条件，积极组织职工开展健身活动，保护职工健康。

（五）劳动法

《劳动法》的目的之一是保护劳动者合法权益。在劳动安全卫生方面，该法要求用人单位必须建立健全劳动安全卫生制度、劳动安全卫生设施必须符合国家标准、对劳动者进行安全卫生教育、为劳动者提供符合国家规定的劳动安全卫生条件和必要的劳动防护用品、对从事有职业危害的劳动者进行定期健康检查；要求从事特种作业的劳动者必须经过专门培训并取得作业资格；要求劳动者必须遵守安全操作规程，同时赋予劳动者拒绝违章指挥、对危害生命安全和身体健康行为的批评、检举和控告的权利；要求各级政府建立伤亡事故和职业病统计报告和处理制度；要求对女职工和未成年工实行特殊劳动保护。

（六）劳动合同法

《劳动合同法》涉及劳动者安全和健康的内容有：①用人单位在制定、修改或者决定有工作时间、休息休假、劳动安全卫生、保险福利等直接涉及劳动者切身利益的规章制度或者重大事项时，应当经职工代表大会或者全体职工讨论，提出方案和意见，与工会或者职工代表平等协商确定。②用人单位招用劳动者时，应当如实告知劳动者工作内容、工作条件、工作地点、职业危害、安全生产状况、劳动报酬，以及劳动者要求了解的其他情况。③劳动合同应当具备劳动保护、劳动条件和职业危害防护条款。④劳动者拒绝违章指挥、强令冒险作业、对危害生命安全和身体健康的劳动条件提出批评、检举和控告时，不视为违反合同。⑤用人单位未按照劳动合同约定提供劳动保护或者劳动条件的，劳动者可以解除劳动合同。用人单位违章指挥、强令冒险作业危及劳动者人身安全的，劳动者可以立即解除劳动合同，不需事先告知用人单位。⑥劳动者从事接触职业病危害作业的、劳动者未进行离岗前职业健康检查，或者疑似职业病病人在诊断或者医学观察期间的、劳动者在本单位患职业病或者因工负伤并被确认丧失或者部分丧失劳动能力的，用人单位不得解除劳动合同。

（七）工会法

《工会法》和劳动安全卫生相关的内容有：①企事业单位不提供劳动安全卫生条件、随意延长劳动时间和侵犯女职工和未成年工特殊权益时，工会应当代表职工要求企事业单位采取措施予以改正。②工会依照国家规定对新建、扩建企业和技术改造工程中的劳动条件和安全卫生设施与主体工程同时设计、同时施工、同时投产使用进行监督。③工会发现企业违章指挥、强令工人冒险作业，或者生产过程中发现明显重大事故隐患和职业危害，有权提出解决的建议，企业应当及时研究答复。④发现危及职工生命安全的情况时，工会有权向企业建议组织职工撤离危险现场，企业必须及时作出处理决定。⑤职工因工伤亡事故和其他严重危害职工健康问题的调查处理，必须有工会参加。⑥县级以上各级人民政府及其有关部门研究制定劳动安全卫生政策、措施时，应当吸收同级工会参加研究，听取工会意见。

另外，与劳动安全和职业健康相关的法律还有：《中华人民共和国突发事件应对法》《中华人民共和国消防法》《中华人民共和国道路交通安全法》《中华人民共和国矿山安全法》《中华人民共和国矿产资源法》《中华人民共和国煤炭法》《中华人民共和国特种设备安全法》《中华人民共和国建筑法》等。

二、劳动安全与职业健康相关法规

法规指国家机关制定的规范性文件，表7-4列出了部分和劳动安全与职业健康相关的法规。

128

表 7-4

序号	名　　称	公布日期
1	煤矿安全监察条例	2013 年 7 月 26 日
2	安全生产许可证条例	2014 年 7 月 29 日
3	生产安全事故报告和调查处理条例	2007 年 4 月 9 日
4	工伤保险条例	2010 年 12 月 20 日
5	中华人民共和国尘肺病防治条例	1987 年 12 月 3 日
6	使用有毒物品作业场所劳动保护条例	2002 年 5 月 12 日
7	突发公共卫生事件应急条例	2011 年 1 月 8 日

（一）煤矿安全监察条例

《煤矿安全监察条例》于 2000 年公布，2013 年修订。该条例旨在保障煤矿安全，规范煤矿安全监察工作，保护煤矿职工人身安全与身体健康。该条例规定了煤矿安全监察机构职责、煤矿安全监察内容和罚则。

（二）安全生产许可证条例

《安全生产许可证条例》于 2004 年公布，2014 年第二次修订。该条例旨在严格规范安全生产条件，进一步加强安全生产监督管理，防止和减少生产安全事故。国家对矿山企业、建筑施工企业和危险化学品、烟花爆竹民用爆炸物品生产企业实行安全生产许可制度。其主要内容是对上述企业的安全生产许可证的办法管理、获取条件、获取程序、监督管理和法律责任做了详细规定。

（三）生产安全事故报告和调查处理条例

《生产安全事故报告和调查处理条例》于 2007 年公布，旨在规范生产安全事故的报告和调查处理，落实生产安全事故责任追究制度，防止和减少生产安全事故。其主要内容是对安全生产事故的分级、报告、调查和法律责任做了详细规定。

（四）工伤保险条例

《工伤保险条例》于 2003 年公布，2010 年修订。该条例旨在保障因工作遭受事故伤害或者患职业病的职工获得医疗救治和经济补偿，促进工伤预防和职业康复，分散用人单位的工伤风险。其主要内容有工伤保险的适用范围、工伤保险基金、应当认定和视同工伤的情形、不应当认定和视同工伤的情形、劳动能力鉴定、工伤保险待遇和法律责任等。其中将劳动能力鉴定分为劳动功能障碍程度等级和生活自理障碍程度等级。劳动功能障碍分为 10 个伤残等级，最重的为 1 级。生活自理障碍分为 3 级：生活完全不能自理、生活大部分不能自理和生活部分不能自理。

（五）中华人民共和国尘肺病防治条例

《中华人民共和国尘肺病防治条例》于1987年公布，旨在保护职工健康，消除粉尘危害，防止发生尘肺病，促进生产发展。其主要内容是：规定了尘肺病防治工作的适用范围、工作原则、治理措施、监督监测、健康管理、奖励和处罚等。该条例是在我国还未制定职业病防治法的情况下颁布的，体现了我国对尘肺病防治工作的重视，但由于年代久远，已不适应目前职业病防治工作的发展。

（六）使用有毒物品作业场所劳动保护条例

《使用有毒物品作业场所劳动保护条例》于2002年公布，旨在保证作业场所安全使用有毒物品，预防、控制和消除职业中毒危害，保护劳动者的生命安全、身体健康及其相关权益。其主要内容是：作业场所的预防措施、劳动过程的防护措施、职业健康监护、劳动者的权利和义务、监督管理和法律责任等。

（七）突发公共卫生事件应急条例

《突发公共卫生事件应急条例》于2003年公布，2011年修正。该条例旨在有效预防、及时控制和消除突发公共卫生事件的危害，保障公众身体健康和生命安全，维护正常的是社会秩序。其主要内容是：重大传染病疫情、重大食物中毒、职业中毒等突发公共卫生事件的预防与应急准备、应急处理、相关制度（报告、举报、信息发布）和法律责任。

另外，与劳动安全和职业健康相关的法规还有：《生产安全事故应急条例》《大型群众性活动安全管理条例》《烟花爆竹安全管理条例》《建设工程安全生产管理条例》《危险化学品安全管理条例》《特种设备安全监察条例》《民用爆炸物品安全管理条例》《国务院关于预防煤矿生产安全事故的特别规定》《女职工劳动保护特别规定》《放射性同位素与射线装置安全和防护条例》等。

三、劳动安全与职业健康相关规章

国务院各部、委员会和具有行政管理职能的直属机构，可以根据法律和国务院的行政法规、决定、命令，在本部门的权限范围内，制定规章。表7-5列出了一些与劳动安全相关的规章，表7-6列出了一些与职业健康相关的规章。

与劳动安全相关的规章   表7-5

序号	文件名称	文　号	施行时间
1	建筑施工企业安全生产许可证管理规定	中华人民共和国建设部令第128号	2004年7月5日
2	生产安全事故信息报告和处置办法	国家安全生产监督管理总局令第21号	2009年7月1日

序号	文件名称	文　号	施行时间
3	建设项目安全设施"三同时"监督管理办法	国家安全生产监督管理总局令第 77 号	2015 年 5 月 1 日
4	生产经营单位安全培训规定	国家安全生产监督管理总局令第 80 号	2015 年 7 月 1 日
5	特种作业人员安全技术培训考核管理规定	国家安全生产监督管理总局令第 80 号	2015 年 7 月 1 日
6	安全生产培训管理办法	国家安全生产监督管理总局令第 80 号	2015 年 7 月 1 日
7	煤矿安全规程	国家安全生产监督管理总局令第 87 号	2016 年 10 月 1 日
8	危险化学品安全使用许可证实施办法	国家安全生产监督管理总局令第 89 号	2017 年 3 月 6 日
9	生产安全事故应急预案管理办法	中华人民共和国应急管理部令第 2 号	2019 年 9 月 1 日

与职业健康相关的规章　　　　　　　　　　　　表 7-6

序号	文件名称	文　号	实行日期
1	职业病危害项目申报办法	国家安全生产监督管理总局令第 48 号	2012 年 6 月 1 日
2	用人单位职业健康监护监督管理办法	国家安全生产监督管理总局令第 49 号	2012 年 6 月 1 日
3	建设项目职业病防护设施"三同时"监督管理办法	国家安全生产监督管理总局令第 90 号	2017 年 5 月 1 日
4	职业健康检查管理办法	国家卫生健康委员会令第 2 号	2019 年 2 月 28 日
5	职业病诊断与鉴定管理办法	国家卫生健康委员会令第 6 号	2021 年 1 月 4 日
6	工作场所职业卫生管理规定	国家卫生健康委员会令第 5 号	2021 年 2 月 1 日

模块三　劳动者的权利和义务

我国的法律对劳动者劳动安全健康权利和应承担的相关义务都做了明确的规定。学习和了解这些规定，有助于劳动者明确自己的权利和义务，维护自己的安全健康权益。

一、劳动者的权利

（一）获得劳动保护

加强劳动保护、改善劳动条件是《宪法》赋予劳动者的基本权利，《劳动法》规定，劳动者享有获得劳动安全卫生保护的权利。《职业病防治法》也规定，劳动者依法享有职业卫生保护的权利。用人单位应当为劳动者创造符合国家职业卫生标准和卫生要求的工作环境和条件，并采取措施保障劳动者获得职业卫生保护。

（二）休息休假

保障劳动者休息休假的权利，使劳动者获得充足的休息时间，能够有效减少人的不安全行为，有效降低劳动者接触有害因素累计时间，从而降低事故和患职业病的风险。《劳动法》中对劳动者工作时间、休假节日和带薪年休假制度都有规定。用人单位因为生产经营需要延长工作时间的，须与工会和劳动者协商，并按照标准支付高于正常工作时间的劳动报酬。

（三）知情权

《安全生产法》规定，生产经营单位应当向劳动者如实告知作业场所和工作岗位存在的危险因素和职业病危害因素，以及相关防范措施和事故应急措施。《职业病防治法》规定，产生职业病危害的用人单位，应当在醒目位置设置公告栏，公布有关职业病防治的规章制度、操作规程、应急救援措施和职业病危害因素检测结果。对产生严重职业病危害的作业岗位，应当在其醒目位置设置警示标识，说明职业病危害的种类、后果、预防以及应急救治措施等内容。劳动者享有了解工作场所产生或者可能产生的职业病危害因素、危害后果和应当采取的职业病防护措施的权利。

（四）拒绝权

《劳动法》规定，劳动者对用人单位管理人员违章指挥、强令冒险作业，有权拒绝执行。《劳动合同法》规定，劳动者拒绝用人单位管理人员违章指挥、强令冒险作业的，不视为违反劳动合同。《职业病防治法》规定，用人单位与劳动者订立劳动合同时违反相应规定的，劳动者有权拒绝从事存在职业病危害的作业，用人单位不得因此解除与劳动者所订立的劳动合同。同时，劳动者享有拒绝违章指挥和强令进行没有职业病防护措施的作业的权利。

（五）建议、批评、检举和控告权

《安全生产法》规定，生产经营单位的劳动者有权了解其作业场所和工作岗位存在的危险因素、防范措施及事故应急措施，有权对本单位的安全生产工作提出建议。劳动者有权对本单位安全生产工作中存在的问题提出批评、检举、控告；有权拒绝违章指挥和强令冒险作业。生产经营单位不得因劳动者对本单位安全生产工作提出批评、检举、控告或者拒绝违章指挥、强令冒险作业而降低其工资、福利等待遇或者解除与其订立的劳动合同。

（六）紧急撤离权

《安全生产法》规定，劳动者发现直接危及人身安全的紧急情况时，有权停止作业或者在采取可能的应急措施后撤离作业场所。生产经营单位不得因劳动者在前款紧急情况下停止作业或者采取紧急撤离措施而降低其工资、福利等待遇或者解除与其订立的劳动合同。

（七）参加教育和培训

《职业病防治法》规定，用人单位应当对劳动者进行上岗前的职业卫生培训和在岗期间的定期职业卫生培训，普及和职业卫生知识。

（八）参加健康检查、防治和治疗

《职业病防治法》赋予劳动者享有获得职业健康检查、职业病诊疗、康复等职业病防治服务的权利。用人单位应对从事接触职业病危害作业的劳动者进行职业健康监护，在劳动者上岗前、在岗期间、离岗时和应急时进行职业健康检查并建立职业健康监护档案。同时，劳动者享有查阅、复印职业健康档案的权利。

（九）特殊劳动保护

《劳动法》第五十八条规定，国家对女职工和未成年工实行特殊劳动保护。

为了减少和解决女职工在劳动中因生理特点造成的特殊困难，保护女职工健康，《女职工劳动保护特别规定》对用人单位的职责、相关部门的监督检查、女职工享有的产假及生育津贴等权益、女职工禁忌从事的劳动范围等都做了明确规定（图7-3）。

图 7-3　怀孕就要失业吗？NO!

未成年工是指年满 16 周岁未满 18 周岁的劳动者。《未成年工特殊保护规定》（劳部发〔1994〕498 号）明确规定了未成年工不能从事的劳动范围以及用人单位对未成年工进行定期健康检查的要求。

《职业病防治法》明确规定，用人单位不得安排未成年工从事接触职业病危害的作业；不得安排孕期、哺乳期的女职工从事对本人和胎儿、婴儿有危害的作业。

EG 案例 7-2

我国新发职业病人数大幅降低

2022年是《职业病防治法》颁布实施20周年，党中央、国务院历来高度重视职业病防治工作。党的十八大以来，职业健康事业快速发展，职业病防治工作取得明显成效，我国尘肺病等重点职业病高发势头得到初步遏制。

全国报告新发职业病病例数从2012年的27420例下降至2021年的15407例，降幅达43.8%；其中，报告新发职业性尘肺病病例数从2012年的24206例下降至2021年的11809例，降幅达51.2%。

国家卫生健康委员会职业健康司司长吴宗之介绍，全国人大常委会先后3次修订《职业病防治法》，目前已经形成较为完善的法律法规和标准体系；2018年机构改革整合职业健康监管职责，进一步理顺了监管体制，建立了国家级、省级、市级、县级四级职业病防治工作协调机制，形成了工作合力。

党的十八大以来，我国在矿山、冶金、建材等19个重点行业开展职业病危害专项治理，督促企业改进生产工艺，淘汰落后技术，完善防护设施，加强个人防护，作业环境得到明显改善。建立"地市诊断、县区体检、乡镇康复"工作体系；建立职业性尘肺病患者随访调查数据库；组建粉尘危害工程防护重点实验室等。

此外，还将职业病防治纳入基本公共卫生服务项目，将全部职业病病种纳入职业病及职业病危害因素监测范围，监测县区覆盖率达95%以上。基本摸清了全国工业企业职业病危害总体状况和职业性尘肺病患者生存及保障情况。积极推动建立风险监测、精准监管、及时整改、持续改进的工作机制。

未来，国家卫生健康委员会将进一步巩固和拓展尘肺病防治攻坚行动的成果，推动落实粉尘、毒物、噪声、辐射等危害因素的专项治理，做好源头预防。相关部门将加强协作和配合，围绕构建治理体系、完善体制和机制，提升治理能力来推进尘肺病防治工作。

摘编自《保健时报》（2022年8月11日）

二、劳动者的义务

劳动者享有上述劳动安全健康权益的同时，也应承担相应的义务。

（一）遵规守纪

《劳动法》规定，劳动者在劳动过程中必须严格遵守安全操作规程。《安全生产法》规定，劳动者应当严格遵守本单位的安全生产规章制度和操作规程，服从管理，正确佩戴和使用劳动防护用品。《职业病防治法》规定，劳动者要遵守职业病防治法律、法规、规章和操作规程，正确使用、维护职业病防护设备和个人使用的职业病防护用品。

（二）接受学习和培训

《安全生产法》规定，劳动者应当接受安全生产教育和培训，掌握本职工作所需的安全生产知识，提高安全生产技能，增强事故预防和应急处理能力。《职业病防治法》规定，劳动者应当学习和掌握相关的职业卫生知识，增强职业病防范意识。

（三）及时报告

劳动者发现安全生产事故隐患或其他不安全因素、职业病危害事故隐患时，应当及时向安全生产管理人员、职业卫生管理人员或单位负责人报告。

三、劳动者的权益维护

（一）积极学习相关法律法规

学习和劳动安全和职业健康有关的法律法规，一方面可以明确劳动者本人的权利和义务，还可以了解用人单位在保障劳动者安全健康权益方面的法律责任，以便劳动者知道自己的权益是否收到侵犯；另一方面，要了解一些处理劳动保护争议的法律法规，以便劳动者权益受到侵犯时，知道维护权益的途径。

（二）依法签订劳动合同

签订劳动合同对劳动者维护自身权益十分重要，劳动合同是证明劳动关系最有利的证据。尤其是很多职业病要多年后才会发病，一些职业病患者由于没有与用人单位签订劳动合同而陷入维权困局。劳动合同中应当具备劳动保护、劳动条件和职业危害防护条款。用人单位未按照合同约定提供劳动保护或者劳动条件的，劳动者可以解除劳动合同。用人单位以违章指挥、强令冒险作业危及劳动者人身安全的，劳动者可以立即解除劳动合同，不需事先告知用人单位。

（三）通过协商、调解、仲裁、诉讼维护劳动权益

当劳动者利益受到侵犯时，首先可以和用人单位协商解决问题。如通过协商仍达不成

劳动安全与职业健康 第七讲

一致意见，劳动者可以向本单位的劳动争议调解委员会申请调解。企业劳动争议调解委员会由职工代表和企业代表组成。职工代表由工会成员担任或者由全体职工推举产生，企业代表由企业负责人指定。未达成调解协议或约定期限内不履行调解协议的，劳动者可以向当地人力资源和社会保障主管部门申请仲裁；如果对仲裁裁决不服，可以向人民法院起诉，维护劳动者权益。

互动交流

1. 请列举你知道的事故隐患及职业危害因素。
2. 请列举身边常见的安全防护设施及劳动保护用品。
3. 请列举劳动安全和职业健康的法律、法规和规章。
4. 分析你目前所在地方的安全管理存在哪些缺陷。

案例任务

"7·12"重大爆炸着火事故调查报告

2018年7月12日，四川省宜宾市某科技公司发生重大爆炸着火事故。事故共造成19人死亡，12人受伤（其中重伤1人），造成直接经济损失约4142万元。事故发生经过如下：

事故当天上午，该科技公司库管员小宋未对无包装标识的入库原料认真核实，将"氯酸钠"当作"丁酰胺"派发给同事。事故当天下午，被投入错误原料的2R301釜开始蒸汽进行升温脱水作业，随后发生化学爆炸。爆炸导致2R301釜严重解体，冲出的高温甲苯蒸气，迅速与外部空气混合产生二次爆炸，同时引起车间现场存放的氯酸钠、甲苯与甲醇等物料殉爆殉燃和周围车间的着火燃烧。经计算，本次事故释放的爆炸总能量为230公斤TNT当量。

事故调查组认定，该事故为生产安全责任事故。事故发生的直接原因为：操作人员将无包装标识的氯酸钠当作丁酰胺，投入到2R301釜中进行脱水操作引发爆炸着火。事故发生的主要原因为：该科技公司未批先建、违法建设、非法生产，未严格落实企业安全生产主体责任，对事故的发生负主要责任。引发事故的重要间接原因包括：相关合作企业违法违规，未落实安全生产主体责任；设计、施工、监理、评价、设备安装等技术服务单位未依法履行职责，违法违规进行设计、施工、监理、评价、设备安装和竣工验收；氯酸钠产供销相关单位违法违规生产、经营，储存和运输；相关工业园区管委会和当地政府坚持"发展决不能以牺牲安全为代价"的红线意识不强，没有始终绷紧安全生产这根弦，没有坚持把安全生产摆在首要位置，对安全生产工作重视不够，属地监管责任落实不力；负有安全生产监管、建设项目管理、易制爆危化品监管和招商引资职能的相关部门未认真履职，审批把关不严，监督检查不到位。

摘编自四川省应急管理厅官方网站（2019年2月13日）

请分析：

此次事故前，该科技公司生产过程中存在哪些安全管理的薄弱环节？

第八讲

劳动价值与职业收入

本讲概要

　　个人生存和发展需要劳动，社会进步需要劳动力，千千万万的高素质劳动者进入就业岗位，成为行业发展和社会进步的推动力量。劳动者的工资水平存在着行业间、行业内、地区间、学历间等差异，有些是客观的，有些是主观的，劳动者需要充分认识不同岗位的内在要求和自身的内在特质，从事适当的工作，获得较高的工资收入。劳动者职业生涯中可能会遇到失业问题，需在平时预防失业，失业时有应对之策。本讲从经济的角度认识劳动，讲述劳动对个体的经济价值和对社会的整体意义、劳动的工资报酬、劳动者的工资差异、预防失业和失业应对等内容。

学习目标

1. 阐述劳动对微观个体的价值和对宏观经济的意义。
2. 区分整个社会层面劳动供求的影响因素。
3. 分析工资水平差异的各类影响因素。
4. 列举失业的类型并阐述失业后的应对办法。

内容导图

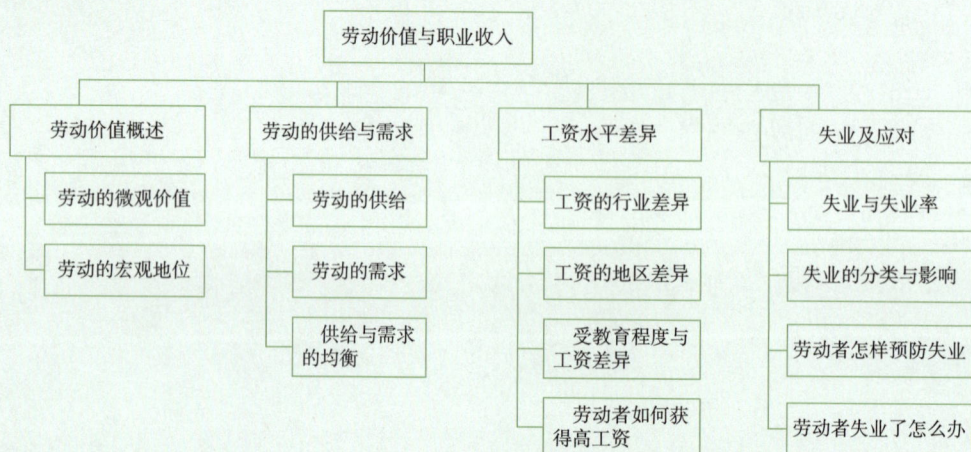

从前的啃老族变身家庭顶梁柱

从过去游手好闲的"啃老"族，到如今努力肯干的致富能手，新疆沙雅县英买力镇也克先拜巴扎村依不拉依木·买买提的巨大转变，在村里被人们大为称赞，并被树立为致富带头人，成为脱贫致富的榜样。

今年27岁的依不拉依木·买买提，家里3口人，有8亩地，虽然年轻力壮，以往却不肯吃苦，仅由身体有病的父母打理家中的地，日子过得非常拮据。2014年，他家被确定为贫困户。

阿克苏地区市场监督管理局驻村工作队和村干部多次走访入户，给他宣讲党的惠民政策和脱贫致富先进事迹。2018年3月，依不拉依木·买买提来到纺织企业上班，他没有一点基础，学起来特别费力，可他没有气馁，认真地跟着师傅学习，一有时间就向工友们请教，每天除了吃饭、睡觉外，他把所有心思都用在了钻研、掌握技术上。

经过三个月的刻苦学习，依不拉依木·买买提由一个什么也不懂的门外汉，变成了车间里的行家里手。由于吃苦耐劳、踏实肯干，干出的活质量过硬，他多次受到车间和公司的表彰，成了公司里的操作能手，工资也涨到了每月8000元左右，最高的时候还领到9000元。2018年年底，他家成功脱贫。从2018年开始，他自己的工资，加上父母种地的收入，全家每年收入逾10万元。

依不拉依木·买买提所取得的成绩，令村里所有人都对他刮目相看。在回村休假期间，他还主动到村委会，以自己的经历向村民现身说法，鼓励大家勤劳致富。在他的带动下，村里已有多人通过不同方式走上了致富路。

摘编自《工人日报》（2020年6月23日）

请思考：

1. 依不拉依木·买买提转变行为有哪些积极意义？

2. 人为什么要工作，怎样才能获得高收入？

模块一　劳动价值概述

一、劳动的微观价值

在微观层面，一个人要想立足于社会，实现生存和发展，劳动乃天经地义，理所当然。

众所周知，付出才有回报，只有提供价值，才能获得回报。

一个人可以提供什么呢？劳动、资本、土地或才能，每个人一生所能提供的，不会超出这四种要素。这四种要素也对应四类人群。普通劳动者提供劳动，得到工资。资本拥有者提供资本，得到利息或股利。土地或房屋拥有者提供物理空间，得到租金。企业家提供管理企业的才能，得到企业利润。

能不能不劳而获呢？如果你是富二代，只想过小日子，不想继承发展祖上的基业，大可不用工作，仅靠提供资本，也能有不菲收入。如果你祖上传下来一片地或一栋楼，你可以把土地或房子租出去，每个月收取租金即可。你收获这些，你没有劳动，其实你的祖辈劳动了，你是啃老一族（图8-1）。如果考虑代际关系，这并不属于不劳而获。或者，你天生就有某种"特异功能"或才能（比如唱歌、跳舞），有人愿意观看或消费你的这种功能，给你收入。即使如此，你在展示才能时，也在劳动，只不过你的劳动与常人不同。所以，除了中彩票，这个世界上很少有不劳而获的情况。

图 8-1　不想工作的啃老族

现实的情况是，大多数人不是富二代，手上没有祖传的金钱、土地或房屋，大多数人也没有天生的特异功能，所以，大多数人需要后天掌握一些技能，以立足于社会。很难想象一个什么也没有、什么也不会、什么也不学的人，能被社会认可或追捧。社会可以容忍少部分这样的人存在，可以为其提供救济，但这部分人一定不会得到别人发自肺腑的尊敬。你只有为社会提供价值，才能体现和实现自己的价值。你提供的价值越大，你的价值才越大。企业如此，个人亦如此。

退一步说，即使一个人拥有了不工作也可以生活的条件，如果让他天天不劳动，天天吃喝玩乐，一直这样下去，很快他将失去新鲜感，靠更大的刺激才能获得新的快乐，陷入恶性循环；很快这个人也将陷入孤立，无法融入正常的社会，因为其他人无法像他那样生活。最终，无论此人的家庭条件再好，也会很快财富枯竭，再次回到需要艰苦奋斗的起点，再次需要辛勤劳动！换而言之，一个普通家庭的人，需要通过劳动才能生存。一个条件优越的家庭，需要继续辛勤劳动，才能稳定在现有的生活状态。劳动是每一个家庭、每一个人生活的必然组成部分，是每一个人人生的必然选项。

当然，在劳动者的工资水平较低时，随着工资水平提高，劳动者愿意投入更多的劳动，当工资高到一定程度时，劳动者通常将不再增加劳动时间，相反会减少劳动时间，增加休息和闲暇的时间。现实中，除非丧失了劳动能力，大多数人在工作中的大多数时候，工资越高越愿意劳动。一方面，大多数人的工资水平的确不高，来不及矫情，或者收入已经很高了，但是出于对更多财富的追求，对更好生活的向往，继续加班加点地工作；另一方面，那些富有的少数人，本可以不工作，却又主动参加工作，且努力工作，将工作视为一种内在的需求，将工作视为一种责任，这是一种很高的境界。这样的人，往往更加受人敬重！

二、劳动的宏观地位

在宏观层面，一国经济增长主要由三种要素共同决定：劳动、资本和技术。一般而言，劳动的数量越多，尤其是高素质劳动力越多，国内生产总值将越大，经济增长也越快。劳动既直接影响国内生产总值，也通过资本和技术，间接影响国内生产总值。没有劳动，没有优质的劳动力，就无法合理地运用资本，生产出更多的资本；就无法研究创新，创造出更先进的技术。早在17世纪，英国古典政治经济学创造人威廉·配第就曾说过，"劳动是财富之父，土地是财富之母"，即强调劳动之于财富的重要性。到19世纪，马克思更深刻地指出，"劳动是财富的唯一本质"，直到今天，马克思的劳动价值论仍熠熠生辉。

当全社会崇尚劳动时，社会将蒸蒸日上，当全社会好逸恶劳时，社会将每况愈下。这一规律被古往今来的多个国家反复验证。15、16世纪的葡萄牙和西班牙，在积累起巨额财富后，没有继续奋斗，而是奢靡挥霍，很快被后起的荷兰和英国超越。第二次世界大战后的欧洲大陆，满目疮痍，百废待兴，各国人民夜以继日辛勤工作，短短几十年便恢复元气，社会繁荣，人民安居乐业。但是21世纪以来，欧洲一些国家在高福利政策下，一部分国民宁愿领取救济，也不主动走上工作岗位，这给国家财政和其他纳税人带来了沉重负担。

各国的教育中，从学前教育到高等教育，都注重培养热爱劳动、崇尚劳动的劳动意识。然而不幸的是，每个社会都有一部分人好逸恶劳，成为家庭和社会的寄生虫。一些人为自己的懒惰找借口，他们声称，因为不想走路所以发明了汽车，因为不想洗衣服所以发明了洗衣机，因为不想扫地所以发明了扫地机，等等。然而，汽车、洗衣机、扫地机等新型劳动工具的发明，也是很多人经过辛勤劳动才发明出来的，绝不是懒人天天无所事事的结果。劳动，尤其是勤勉的劳动，是科技进步和社会发展的根本动力。

今天的中国，经历了改革开放以来40多年的高速发展，物质财富大量积聚，综合国力大幅提高，这是亿万国民辛勤劳动的结果，饱含着每一位亲历者的心血和付出。当然，中国仍然是发展中国家，在一些重要领域仍与发达国家存在较大差距，中国的发展仍然道阻且长。全社会应该继续发扬热爱劳动、尊重劳动的传统，劳模精神、劳动精神、工匠精神应该继续成为全社会的风尚。

AV 影音 8-1

匠星风采闪耀神州

播出平台	中央电视台	栏目简介
频道名称	综合频道 CCTV-1	"大国工匠年度人物"发布活动是由全国总工会和中央广播电视总台联合举办，于2018年6月启动。活动经过推荐、初选、评委会评选等环节，每届评选出10位"大国工匠年度人物"
节目名称	大国工匠年度人物发布仪式	
关键词	工匠精神	
播出时间	2023年2月	

为深入学习贯彻党的二十大精神，大力弘扬劳模精神、劳动精神、工匠精神，团结引导广大职工为全面建设社会主义现代化国家、全面推进中华民族伟大复兴不懈奋斗，由中华全国总工会、中央广播电视总台联合举办的2022年"大国工匠年度人物"发布活动，于2023年2月28日在江苏省南京市揭晓评选结果。经过严格评审，活动最终评选出10位2022年"大国工匠年度人物"和40位"大国工匠年度人物"提名人选。

摘编自央视网（2023年2月28日）

模块二　劳动的供给与需求

劳动是微观个体生存发展的必要条件，是国家和社会繁荣发展的重要源泉。单个劳动者通过辛勤劳动、诚实劳动、创造性劳动，实现人生价值。整个社会的劳动者共同奋斗、齐心协力，社会才会变得更加美好。劳动的供给和需求有个体和社会两个层面。

一、劳动的供给

劳动的供给有两个方面，一是单个劳动者（或劳动力）的劳动时长，二是整个社会进入就业市场的劳动者数量。

单个劳动者每天只有 24 个小时，其中一部分时间用于闲暇（包括睡眠、休息或休闲），其他时间用于工作。劳动者选择闲暇还是工作，取决于劳动者的身体健康状况、心理状态以及工资水平等因素。通常来说，在工资较低时，随着工资上升，劳动者将减少闲暇，增加劳动供给。在这个阶段，劳动供给曲线向右上方倾斜。当工资上升到一定程度后，劳动供给量达到最大，此后工资继续上涨，劳动供给量不仅不会增加，反而会减少，因此出现向后方弯曲的供给曲线（图 8-2）。

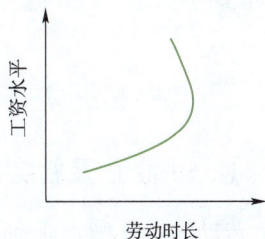

图 8-2　单个劳动者的劳动供给曲线

为什么工资上涨到一定程度时，人们会减少工作，增加闲暇？因为随着工资的上升，劳动者仅用较少的劳动时间就可以达到之前的工资水平，此时新增劳动收入带来的幸福感较小，而新增闲暇带来的幸福感更大，劳动者将更加珍惜闲暇，减少劳动供给。比如，在计时工资中，雇主给出每天工作 8 小时、12 小时、16 小时的工资水平，依次递增，一些劳动者为了获得高收入而增加工作时长。现在，雇主给出每天工作 20 小时、24 小时的工资水平，劳动者还会进入该工作序列、增加劳动时长吗？一般不会。因为身体健康也很重要，每天工作 16 小时已经可以获得较多收入，每天工作 20 小时会严重损害身体健康。

从整个社会来看，广义的劳动供给是指整个社会的全部人口，狭义的劳动供给是指适龄的、有劳动能力且能够进入就业市场的人数。一个社会有多个年龄段的人口，少年儿童和一些老年人不能进入劳动力市场，在家操持家务的中年人、现役军人、劳教人员和病残者等群体也不能进入劳动力市场。在某个时点上，整个社会的总人数减去以上人数就是整个社会可以提供的劳动力总数。一般来说，整个社会的劳动力数量越多，单个劳动力的劳动时长越多，整个社会的劳动产出就越多。

PS 附言 8-1

中国有多少劳动力？

国家统计局数据显示，我国劳动年龄人口的总量在 2012 年达到峰值 9.22 亿人后，增量由正转负进入总量减少阶段。截至 2021 年底，中国共 14.1 亿人口，其中 14 岁以下近 2.5 亿人，65 岁以上约 2.0 亿人，15 岁至 64 岁近 9.7 亿人。8.96 亿人是中国劳动力的理论上限，若考虑其中的现役军人、在校读书的大学生和研究生、体弱病残者等，实际的劳动力总数低于 8.96 亿人。当然，由于这些群体占 8.96 亿人的比重较小，以及随着人口体质增强，一些人超过 60 岁仍坚守在工作岗位或参加各类工作，我们可以认为中国的劳动力总数约等于 9 亿人。李克强总理在 2020 年"全国两会"记者会上也谈道："中国有 9 亿劳动力，没有就业那就只是 9 亿张吃饭的口，有了就业就是 9 亿双可以创造巨大财富的手"。

二、劳动的需求

（一）企业及社会的劳动需求

劳动需求是指企业和行业希望且能够雇用的劳动力数量。劳动需求是一种引致需求或派生需求，各企业对劳动的需求是由消费者对企业所提供商品或劳务的需求引致或派生的。当劳动力成本较低，即劳动力工资水平较低时，企业对劳动力的需求较大，当劳动力成本上升时，企业对劳动力的需求减少。图 8-3 中，横轴表示劳动力数量，纵轴表示工资水平，两者呈负相关关系，劳动力需求曲线是一条向

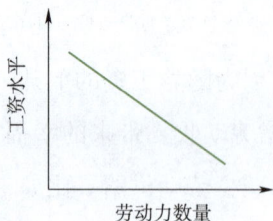

图 8-3　劳动力需求曲线

右下方倾斜的直线。

以中国为例，二十年前的劳动力成本较低，制造业企业雇用大量员工，靠增加人力增加产出，2015 年以来，随着人口老龄化进程加快，从业者数量减少，工资水平上升。工资水平上升使一些企业从劳动力短缺的沿海地区迁移到劳动力相对丰富的内地省份，或者迁移到东南亚国家，或者增加自动化生产设备，用机器生产替代人工生产，即工资水平上升引起了劳动力需求转移或减少。

所有组织和企业的劳动需求总和构成了社会的劳动需求。整个社会的劳动需求主要取决于以下三个因素：

1. 经济规模

一个地区或国家的经济规模较小，需求的劳动力数量相应较少。当经济规模不断变大时，需求的劳动力数量相应增加。今天的中国与改革开放前相比，经济规模明显变大，各行业均需要大量从业人员，随着中国人口老龄化的到来，中国加大从国外引进劳务人员的力度，周边国家的一些剩余劳动力逐渐到中国就业并取得收入。

2. 产业结构

在一个国家的所有产业中，有些是劳动密集型，有些是资本密集型，有些是技术密集型。如果一个国家以劳动密集型产业为主，那么就需要大量的劳动力。如果以资本密集型

或技术密集型为主，那么对劳动力的需求相对较少。一般而言，发展中国家的总体技术水平有限，劳动密集型产业较多，对劳动力的需求较大。随着国家产业升级和经济发展，劳动密集型产业在经济中的比重逐渐减小，资本密集型和技术密集型产业在经济中的比重逐渐增大，在劳动力跨行业转移的同时，整个社会对劳动力的需求总量少于之前，剩余劳动力将走出国门，到其他国家就业。

3. 经济增长情况

当经济快速增长、繁荣发展时，需要较多的劳动力，会出现劳动力短缺的情况。当经济下滑，步入衰退或萧条阶段时，企业产品积压，普遍压缩生产规模并裁员，对劳动力的需求相应减少。

（二）劳动需求的结构差异

1. 地区间差异

经济发达地区的企业数量较多，对劳动力的需求也较多。经济落后地区的企业数量较少，对劳动力的需求也较少。因此，一些落后地区劳动力主动流动到发达地区，在发达地区就业。

2. 行业间差异

在任何时间点上，任何社会都存在朝阳产业和夕阳产业。朝阳产业蒸蒸日上，日新月异，急需大量劳动力。夕阳产业面临生存危机，不再大量招聘新人，既有的从业者也面临裁员压力或失业压力，逐步转向其他产业。

3. 行业内差异

在朝阳产业或夕阳产业内部，均有大大小小的众多企业。有些企业的经营状况较好，有些企业的经营状况较差，前者对劳动力的需求大于后者。

EG 案例 8-1

生活服务业招聘需求旺盛

2022 年 9 月 5 日，在中国国际服务贸易交易会期间举行的生活服务业发展大会上，中国连锁经营协会（CCFA）联合 58 同城招聘研究院共同发布了《中国生活服务业就业指数报告（2022）》（下称《报告》），从地域、职位、典型领域等视角对 2021 年国内生活服务业就业情况进行了立体梳理，为招聘与就业市场提供参考。

《报告》显示，生活服务业就业景气度不断攀升，2021 年就业指数呈上升趋势，2021 年二季度就业指数达到 9.4，为近 3 年来最大，招工缺口明显；整体就业景气度增高，生活服务业招聘需求旺盛。

从招聘需求看，物流快递服务领域招聘活跃度高，拉动就业需求上涨（图8-4）；从求职需求看，装卸、搬运工等岗位用工最为紧缺；从区域来看，东部活跃度更高，人口效应明显。《报告》显示，与2020年相比，物流快递服务、住宿餐饮服务占比仍居2021年生活服务业招聘及求职需求前两位，居民出行服务超越居民零售和互联网销售服务排名第三。

图8-4　物流快递服务领域招聘活跃度高

中国连锁经营协会有关负责人指出，在全国各地受疫情多点散发的影响下，居民零售和互联网销售服务领域，受线下部分影响，总人才供需增速放缓，但在线经济带来物流快递服务领域招聘需求激增。

从生活服务业各个子领域情况来看，物流快递、居民出行、居民和家庭、居民零售和互联网销售、住宿餐饮5大服务领域供需两旺，缺工紧迫度相对较高；而养老服务业作为中国社会民生发展的重要环节，虽受疫情影响行业发展速度与规模增长处于缓慢起步阶段，但市场潜力巨大。进一步挑选生活服务业中的15个典型职位观察发现，2021年装卸/搬运工、物流专员/助理、快递员、分拣员等职位就业指数最大，用工最紧缺，位居前四位。出租车驾驶员、房产经纪人、保姆、专车驾驶员等围绕居民衣食住行的职位招聘规模上升较快，且存在一定的求职门槛，所以就业指数相对较高。而送餐员、促销/导购员职位则因人员流动性较高，致使就业指数偏高，长期存在用工缺口。

从整体地域特征上看，2021年生活服务业招聘及求职需求旺盛省份普遍为经济或人口大省，东部省份活跃度更高。广东省延续2020年态势，位居供需首位，优势地位明显；山东省招聘需求较2020年跃升三位至全国第四，求职需求提升两位至全国第二。

从招聘需求上看,全国生活服务业招聘活跃城市Top10分别为成都、重庆、东莞、北京、广州、深圳、温州、上海、武汉、廊坊。近年,成渝地区双城经济圈凭借其高度聚集的商业资源、优越的营商环境、良好的消费氛围,不断拉动生活服务业招聘需求。

求职者偏好城市上,2021年全国生活服务业求职活跃城市Top10分别为北京、成都、深圳、广州、重庆、上海、长沙、杭州、武汉、郑州。与2020年相比,北京上升一位,跃居第一。与全国相比,北京作为总部经济集聚地,其岗位多元、需求量大、薪资颇具竞争力的特点,使之成为求职者心中的"就业圣地"。

摘编自《工人日报》(2022年9月9日)

三、供给与需求的均衡

(一)均衡时的工资与就业量

劳动力市场均衡是指劳动力需求等于劳动力供给。图8-5中,向右下方倾斜的劳动需求曲线和向右上方倾斜的劳动供给曲线相交,交点处实现劳动力市场均衡,交点处的工资水平为均衡工资(W_0),交点处的均衡数量为均衡就业量(Q_0)。

在任何高于W_0的工资水平上(如W_1),劳动力都将供大于求,出现劳动力过剩问题,因为高工资会增加愿意供给的劳动力数量,也会减少企业的劳动力需求数量。在充分竞争的劳动力市场中,这种情形不

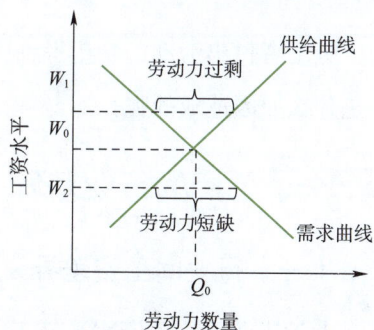

图8-5 劳动力市场的均衡

会持久,因为失业工人会对工资水平产生向下的拉力。相反,在任何低于W_0的工资水平上(如W_2),劳动力都将供不应求,出现劳动力短缺问题,此时,企业为得到足够的劳动力,将不得不提高工资率,直到均衡的工资水平(W_0)。因此,在充分竞争的劳动力市场中,经过供需双方的讨价还价,最终会有一个均衡的工资水平。

(二)局部均衡与一般均衡

单个劳动力市场均衡是局部均衡,指某个企业或行业的劳动力需求与供给相匹配,希望进入该市场的劳动力均已进入,希望退出该市场的劳动力均已退出,该市场供需一致。如某个企业的安保部门是一个劳动力市场,该企业存在对安保人员的劳动力需求,社会上存在对该企业该部门的劳动力供给,企业发布招聘信息,社会上的相关劳动者知悉信息后前来应聘,经过面试,企业从所有应聘人员中挑选出合适的员工,使需求与供给相匹配。

所有劳动力市场均衡是一般均衡，指所有企业和行业同时实现劳动力的供求匹配，有就业意愿的劳动者都找到工作，正在招聘的企业都招聘到员工，整个社会的劳动力供求刚好一致。中国有上百个细分行业，几千万家企业，每个行业和企业的每个具体部门和岗位均存在对劳动力的需求，劳动力的供给来自整个社会的适龄人群，行业要发展，企业要壮大，就需要把整个社会的劳动力分流到各行业和企业的各个岗位中，实现人力与岗位匹配，人尽其才。

局部均衡和一般均衡只是理论上的，现实中很难精确地知悉均衡点在哪里，也没有哪个均衡会长期不变。人们只能大致估算均衡的供求数量和工资水平，通过理论意义上的均衡结果进行相关决策。

模块三　工资水平差异

劳动者付出劳动，希望得到应有的回报。有的劳动者工资高，有的劳动者工资低，到底是什么原因造成的呢？

一、工资的行业差异

（一）行业间工资差异

大学毕业后，工资水平与工作类型有密切的关系。在 2014 年的美国，普通医生的年收入为 20 万美元左右，普通警察的年收入为 6 万美元左右，快餐店厨师的年收入为 2 万美元左右。在今天的中国，一线城市证券公司投资经理的年收入普遍为几十万元，同样在一线城市，小区保安的年收入普遍在 10 万元以下，超市保洁员的年收入普遍不到 5 万元。这些例子说明，各行业间存在着明显的收入差别。

为什么存在行业间工资差异，或者说，决定行业间工资差异的因素有哪些？

1. 工作所创造的价值

有些工作创造的价值大，所以劳动者的收入多；有些工作创造的价值小，所以劳动者的收入少。一项工作创造价值的大小取决于该工作对特定人或特定人群的价值。比如，研发一种新的特效药对某一类患者意义重大，研发人员和生产人员将因此获得高收入。

通常而言，一项工作惠及的人群越大，从业人员的收入就越高。比如超级明星（包括歌手、球星、影星等）的收入远高于酒店金牌服务员的收入，为何？一个超级明星可以同时向数百人、数千人或数万人服务，众人同时受益，而一个酒店金牌服务员只能为有限的顾客服务，即使顾客身价再高，单次服务费也通常低于超级明星的单项活动收入。

当然，政治家、教授同时为多人服务，工资水平却相对不高，这主要是他们收获了名望、个人满足感，这些可以在一定程度上替代金钱收入。

2. 职业门槛与个人天赋

有些工作需要一定的天赋，比如唱歌、画画和一些体育运动，天赋出众者可以轻松地赢得公众喜爱，获得更多的关注和收入。普通人从事这些工作只能取得普通的成就，无法达到专业水准，收入相对有限。比如篮球运动中，身高体壮者适合以此为业，身矮体瘦者可以将此作为爱好，以此为业则没有竞争优势，也不会获得较高的收入。再比如，程序员、技术员等职业有一定的专业门槛，从业者需要有较强的逻辑思维能力，对数字、图像或某些方面比较敏感或有特别的兴趣。

相反，另一些工作不需要特殊的天赋，只需要普通的才能即可，比如办公室文员、超市收银员、银行前台工作人员、保险销售员等，这些工作的收入与天赋无关，与个人工作态度、服务质量和勤奋程度有关。

3. 补偿性工资差异

补偿性工资是指能力和受教育程度相同的劳动者因为工作条件不同而产生的工资差别，这种工资差异是对较差工作条件的补偿。

有些工作轻松、有趣、安全、相对省力，对身体健康影响小，有些工作艰苦、枯燥、危险，相对费力，对身体健康影响大，后者的工资水平一般会高于前者，这种工资差异即为补偿性工资。比如，在同一个工厂同一类岗位的工作人员中，夜班人员的工资高于白班人员的工资，因为夜班工作更辛苦。同样是体力劳动，煤矿工人的工资一般高于小区保洁员的工资，因为煤矿工作危险程度更大；同样是脑力劳动，电脑程序员的工资一般高于杂志编辑的工资，律师和医生的工资一般高于教授的工资，因为程序员、律师和医生的工作更有挑战性，风险更大，而编辑的工作相对稳定，教授的工作多为兴趣推动，可以实现学术和个人满足。

（二）行业内工资差异

在同一个行业内，同一个企业内，或同一个企业内的同一个部门，有些劳动者的工资水平接近，实行同工同酬或同岗同酬，然而，有些劳动者的工资水平存在巨大差异。比如，在2020年的中国，同样是程序员，有的月工资超过两万元，有的月工资只有几千元；同样是人力资源经理，有的月工资超过3万元，有的月工资只有1万元；同样是一个企业的销售员，高收入者是低收入者的几倍；同样是篮球明星或歌手，有的年收入上亿元，有的年收入只有几百万元或几十万元。

为何存在以上差异？公认的因素有以下四个。

1. 企业特征

同类工作在不同企业的工资水平可能不同。比如，同样是从事会计或出纳工作，大企业的工资高于中小企业，外企的工资高于内资企业，这通常是因为大企业、外企的工作内容更复杂，每个人需要承担的工作量更大。

有的企业处于初创阶段，从业者有可能承担工作较多，所以工资水平较高，也有可能因为公司总体业绩有限，所以工资水平较低。

有的企业规模较大，甚至是行业龙头，从业者既有可能分享公司的业绩，获得较好的工资待遇，也有可能只是一个小螺丝钉，仅获得固定化的平均工资水平，这一平均工资水平可能低于一些中小企业相同岗位的工资。

2. 岗位特征

在同一个企业中，既有核心岗位，也有辅助岗位。比如在一个高科技企业中，研发人员是核心岗位，办公室的行政人员辅助于研发人员，研发人员的工资水平一般高于行政人员。

在行政人员的序列中，既有基层员工，也有中高层管理人员。一般而言，基层员工的工资水平相对较低，中高层管理人员的工资水平逐级增加。这也是岗位特征决定的，岗位级别越高，承担的责任越多，岗位工资是对劳动者的认可，也对劳动者提出了更多的工作要求。

3. 个人勤奋程度

有些工作不需要很高的天赋，只要勤奋就能获得更多的收入。比如制造业企业中的计件工作，再比如快递员送快递，只要在既有熟练程度上增加工作时间，就能获得更多收入。在一般意义上，所有以体力劳动为主的工作中，只要更加勤奋，就能获得更多收入。即使在脑力劳动为主的工作中，一个科学家每天工作10小时，另一个科学家每天工作6小时，在两者科研能力相近的情况下，一段时间后，前者的科研成果更多，收入水平也更高。

4. 个人能力或运气

一些人具有同样的天赋，不过程度不同，表现为能力差异。比如，一个普通人也有一定的唱歌天赋，经过一定的训练，唱歌会更好听一些，但无法达到天赋超常的专业歌唱家的水平，若从事歌唱工作，收入将有限。再比如，很多人都会做饭，有做饭的天赋，不过程度有限，做饭只达到自己食用的水平，经过培训可以做出更多花样的菜品，也更加可口，不过很难达到专业厨师的厨艺水平，如果开饭店或去普通饭店做厨师，只能做出普通的菜品，收入水平将低于星级饭店的专业厨师。

某公司某年在同一个学校同一个专业招聘两个应届毕业生，两人从事相同的工作，比如销售，两人都很勤奋，一段时间后其中一人工资上涨的幅度大于另一人。这种工资差异源于个人能力或运气。工资上涨幅度大的员工可能更善于总结，更善于沟通交流，更善于解决顾客的问题，从而签订更多的订单，也可能是运气好，刚好遇到了希望签单的顾客。职场中的成功人士经常会谦虚地说"只是运气好而已"，运气的确是高工资的因素之一。不过，一个金牌销售员经常签大单，就不是运气的因素了，那是实实在在的能力。

EG 案例 8-2

月薪过万元的人很多吗？

在 20 世纪八九十年代，我国不少普通工人一个月的薪资也就十几元、几十元。而到了现在，我国一些城市的平均薪资在 5000 元以上，月薪过万元成为很多职场新人的小目标。

一项统计调查显示，北京、上海、深圳、南京、杭州、广州是我国月薪过万元的人数最多的几个城市，其中北京和上海月薪过万元的人数比例超过 30%，这些人员主要集中在互联网、房地产和金融等相关行业。虽然这个数据不一定完全准确，但也大概表明，我国居民月薪过万元的人数并没有大家想象中的比比皆是，就算是"北上广深"这些一线城市，月入过万元也不容易（图 8-6）。

图 8-6　月入过万元也不容易

摘编自中研普华研究报告（2020 年 8 月 19 日）

二、工资的地区差异

地区间工资差异是指同一个人在不同的地区做同样的工作，工资水平却不同，这种工资差异主要是地区差异造成的。比如，在2020年的中国，一个人在河南的某个小县城做餐厅收银员，月收入一般在2000元以下；如果到北京、上海或广州等一线城市做餐厅收银员，月收入一般在4000元以上。再比如，同一个员工在企业注册地工作是一种工资水平，在外地或海外分公司工作是另一种工资水平，这种工资差异是工作地点不同所产生的。

表8-1显示的是截至2023年1月1日的全国各地区最低工资标准，可以看出，无论是月最低工资，还是小时最低工资，北京、上海及江浙地区、珠三角地区的最低工资标准普遍较高，西部地区的最低工资标准相对较低。安徽、江西和黑龙江的最低工资标准也较低，这与当地的经济发展水平紧密相关。

中国各地区月最低工资标准（单价：元）　　　　　　表8-1

地区	第一档	第二档	第三档	第四档	地区	第一档	第二档	第三档	第四档
北京	2320				湖北	2010	1800	1650	1520
天津	2180				湖南	1930	1740	1550	
河北	2200	2000	1800		广东	2300	1900	1720	1620
山西	1880	1760	1630		其中：深圳	2360			
内蒙古	1980	1910	1850		广西	1810	1580	1430	
辽宁	1910	1710	1580	1420	海南	1830	1730	1680	
吉林	1880	1760	1640	1540	重庆	2100	2000		
黑龙江	1860	1610	1450		四川	2100	1970	1870	
上海	2590				贵州	1790	1670	1570	
江苏	2280	2070	1840		云南	1900	1750	1600	
浙江	2280	2070	1840		西藏	1850			
安徽	1650	1500	1430	1340	陕西	1950	1850	1750	
福建	2030	1960	1810	1660	甘肃	1820	1770	1720	1670
江西	1850	1730	1610		青海	1700			
山东	2100	1900	1700		宁夏	1950	1840	1750	
河南	2000	1800	1600		新疆	1900	1700	1620	1540

数据来源：中华人民共和国人力资源与社会保障部公开资料。

三、受教育程度与工资差异

社会上经常有"读书无用论"的论调，用一些个案否认读书的重要性，比如张三没上几年学，现在收入很高；李四学历很高，收入却很低。这些个案被人们津津乐道，久而久之，也成为一些学生不想好好读书的借口。这种论证方法可以说明一些问题，但并不全面，因此具有误导性。大样本的研究表明，读书是有用的，至少读书对大多数人是有用的，可以提高工资水平。

图 8-7 是一项学术研究的结果[1]，横轴是受教育年限，纵轴是周工资的对数。由于受教育年限有一些门槛：4 年、8 年、12 年、16 年，分别代表不同的学历水平。在此基础上，有的人在不同的受教育阶段中辍学，出现受教育年限的多种情况。总体来说，受教育年限越多，工资水平越高，呈现出一条向右上倾斜的曲线，两者呈正相关关系。不过，在一些受教育年限少的群体中，也有一些高收入者，在一些受教育年限多的群体中，也有一些低收入者，所谓"读书无用论"的论据均来自这部分样本。不过从四种受教育年限的总体情况来看，各有一个向右方的凸起部分，受教育年限越多，这个凸起所代表的工资水平越高，这反映出受教育年限与工资水平的总体差异。受教育年限越多，进入高工资群体的概率越大，这正是"读书有用论"的大样本依据，比"读书无用论"的举例论证更有说服力。

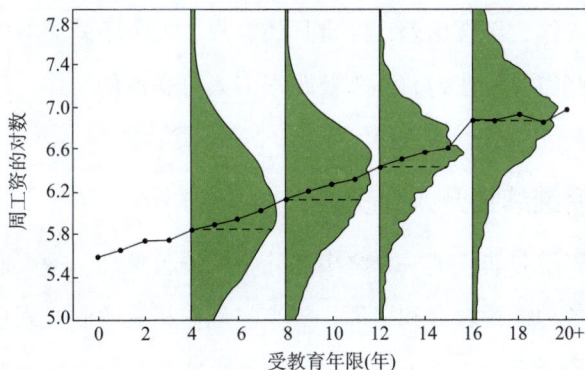

图 8-7 受教育年限与工资水平的关系

为什么受教育年限越多，工资水平普遍越高呢？第一种解释是，受教育年限多，意味着教育程度高，劳动者边际生产率相应较高，就业单位愿意为此支付高工资。第二种解释是，受教育程度高意味着劳动者能力高，毕竟能力高才能通过重重考试，进入较高的学习阶段，受教育程度或学历是一种能力信号，就业单位为高能力支付高工资。

当然，有些工资差异与行业无关，与工作部门无关，与受教育程度也无关，而与劳动者本人的种族、民族、性别、年龄、工龄、宗教、祖籍或家庭背景有关。同一个岗位，两个应聘者在其他情况类似的情况下，可能因以上几种个人特征的不同，产生工资水平的差异。以上特征即歧视性因素。虽然各国普遍出台了反对歧视性工资待遇的政策，不过实际

① 乔舒亚·安格里斯特，约恩-斯特芬·皮施克.基本无害的计量经济学[M].上海：格致出版社，2012：24.

劳动价值与职业收入 第八讲

工作中，仍有一些企业实行差别性工资待遇，同工不同酬，同岗不同酬。

四、劳动者如何获得高工资

劳动者在找工作前需明确就业方向，选择那些工资较高且自身能胜任的工作。在进入工作岗位后，一般而言劳动得越多，劳动得越好，劳动报酬就越多。劳动多少是态度和辛勤程度问题，劳动得多好是质量和效率问题。劳动者要想获得高工资，就要首先从理念和态度上认识到劳动的重要性，并辛勤劳动，提高劳动效率，实现更多更好的劳动产出。

（一）工作内容与自身特质相契合

劳动者在择业时需充分认识行业的发展趋势、企业的类型与特征、企业的招聘要求，以及自身是否喜欢该行业、该企业和该工作，是否能胜任工作要求。如果劳动者本人特质与就业岗位契合度高，劳动者会工作愉快，工作稳定性也高，工作经历对长期发展形成良性的促进作用。如果劳动者本人特质与就业岗位契合度不高，劳动者在工作中会经常出问题，工作不顺利，产生一连串负面影响。比如，一个爱动的人就不太适合应聘办公室文员岗位，他应去销售部工作，经常出差，经常拜访客户。一个不爱应酬的人不适合到销售部工作，他应去从事一些需要专注力、不需要跟很多人打交道的工作，比如办公室文员、后台维护等。

（二）工作之后继续提升人力资本

劳动者提升综合素质并非一朝一夕之事，除了学校教育外，进入职场后需继续学习新的知识和技能，参加各种继续教育和培训，提高与工作相关的专业素质，不断提高工作能力。劳动者拥有的素质越全面，能力越高，就越有可能被重用，从而获得高工资。一些劳动者拥有特殊的技能和才能，在本单位和本部门的可替代性很小，也会因此获得高工资。尚未进入职场的学生需尽可能培养一些特长，这些特长可能在职场中成为自己的加分项，成为高工资的基础。

（三）认认真真地做好每一件工作

大部分劳动者没有特殊的技能和才能，那就需要脚踏实地，认认真真地做好每一件工作，在平凡的工作岗位上发挥劳模精神和工匠精神，勤奋工作，努力工作，并且使工作效率更高，工作质量更高，服务对象的满意度更高。如果劳动者以此态度和精神工作，劳动效率和劳动效果名列前茅，部门和上级自然会发现并认可，劳动者也会获得相应的物质和荣誉回报。

模块四　失业及应对

党的二十大报告指出，要"统筹城乡就业政策体系，破除妨碍劳动力、人才流动的体制和政策弊端，消除影响平等就业的不合理限制和就业歧视，使人人都有通过勤奋劳动实现自身发展的机会。健全终身职业技能培训制度，推动解决结构性就业矛盾。"在经济运行中，难免出现失业情况，什么是失业，失业有哪些影响，劳动者如何预防和应对失业，这是当代大学生需要知悉的内容。

一、失业与失业率

失业是有劳动能力的人想工作而找不到工作的现象。这里有两个关键点，一是有劳动能力，二是想工作而找不到工作。

从劳动能力的角度，整个社会的人口分为三大类。

第一类包括：①未满 16 岁的未成年人；②退休者与老年人；③精神病患者或病残者。这部分人群一般被视为无劳动能力，不进入就业市场。

第二类包括：①年满 16 周岁的在校学习者；②在家操持家务者；③现役军人；④劳教人员。这部分人有劳动能力，由于种种原因未加入就业行列，是潜在的劳动者。

第三类是劳动力，指在 16 周岁及以上，有劳动能力，参加或要求参加社会经济活动的人口，包括：①就业人员；②失业人员。就业人员指在一定年龄以上，有劳动能力，为取得劳动报酬或经营收入而从事一定社会劳动的人员。具体指年满 16 周岁，为取得报酬或经营利润，在调查周内从事了 1 小时（含 1 小时）以上劳动的人员；或由于学习、休假等原因在调查周内暂时处于未工作状态，但有工作单位或场所的人员；或由于临时停工放假、单位不景气放假等原因在调查周内暂时处于未工作状态，但不满三个月的人员。

失业人员指有劳动能力，希望获得一份工作，却暂时没有确定劳务关系或雇用关系的人。失业人员包括初次求职者、被解雇者、自愿离职者和再次求职者四种情况。

综上，人口的第一类不存在失业问题。现役军人不能进入普通的劳动力市场，也不存在失业问题。不想工作而继续读书的人群、城市里的全职妈妈有劳动能力，因为没有进入劳动力市场，也不存在失业问题。由于失业而读书、由于失业而做全职妈妈相当于从劳动力市场退出，这些人可能一段时间后重新进入劳动力市场，再次成为就业人员。

在计算失业率时，基数是劳动力总数，而非人口总数。用公式表示，即：

$$劳动力总数 = 就业人数 + 失业人数$$

$$失业率 = \frac{失业人数}{就业人数 + 失业人数}$$

失业率是个时点概念，在每一个时间点上均存在一个理论上的失业率，不过由于统计工作耗时费力，中国目前每季度公布一次失业率。将多年多个季度的失业率汇总在一起，可以得到失业率的走势。一般而言，失业率与经济形势负相关，当经济繁荣发展时，失业率较低，反之，当经济下滑或衰退时，失业率较高。图8-8中，从1981年开始至1984年，GDP增长率快速上升，城镇登记失业率不断下降；从1992年开始至1999年，GDP增长率不断下降，城镇登记失业率不断上升；从2010年开始，GDP增长率缓慢下降，城镇登记失业率小幅上升。

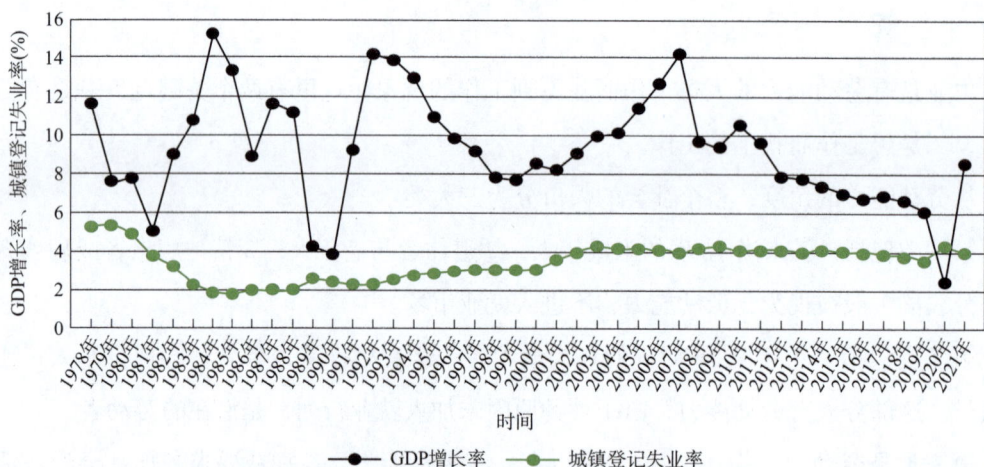

图8-8　中国1978—2021年的GDP增长和城镇登记失业率

二、失业的分类与影响

（一）失业的分类

1. 摩擦性失业

摩擦性失业是劳动者在工作搜寻过程中所出现的失业。现实中，求职者和招聘者之间存在信息偏差或信息不对称。求职者不知道哪家公司正在招人，招聘者不知道最合适的员工在哪里，双方需要互相搜寻，然后看是否匹配。通常的做法是，招聘者在一些地方发布招聘信息，求职者通过各种渠道寻找合适的意向工作。然而，招聘者发布招聘信息后，求职者并不一定能即时获取，即使第一时间获取信息，也要花时间投简历、准备面试、参加面试，如果未被录用，需继续寻找另一家单位。在此期间，求职者需要付出时间和努力，一直处于失业状态。有些企业在另一个地方，求职者需要乘坐交通工具去面试，这也会延长失业时间。因此，摩擦性失业是难以避免的。不过随着网络招聘平台和猎头公司的兴起，求职者可以方便地获取各类招聘信息，猎头公司可以快速地匹配各类招聘意向和求职意向，招聘时间和求职时间均缩短，有利于减少失业。

即使求职时间缩短，摩擦性失业也在所难免，这有两种情况。第一，随着一些产品的更新换代，总有一些人从原有的生产线中退下来，需转向其他的就业岗位，在转换的过程中处于失业状态。如果产品更新换代是行业性的，就会引起一批人的再就业问题。比如随着新能源汽车行业的兴起，一些工人从传统汽车行业转向新能源汽车行业。第二，有些地区的劳动力需求增加，另一些地区的劳动力需求减少，劳动力跨区转移并非一蹴而就，需要一段时间，劳动力在此期间也处于失业状态。总之，无论劳动者是自愿失业还是被迫失业，在找到新工作之前都需要付出时间和努力，都需要经历一段或短或长的失业时间，因此摩擦性失业是无法避免的。

2. 结构性失业

结构性失业是指劳动力的供给与需求不匹配所造成的失业。结构性失业的一个典型现象是"用工荒"和"就业难"同时并存，企业存在职位空缺，失业者对此知悉，但由于不匹配，仍然处于失业状态。结构性失业的原因有以下四种。

（1）经济结构调整

由于经济结构调整导致社会对劳动力的需求（比如技能、知识、经验）产生了变化，劳动力不能很快转变并适应，从而出现失业。比如中国近些年产业结构调整中，第一产业在经济中的比重减少，第三产业在经济中的比重增加，一些劳动力无法从第一产业转入第三产业，从而处于失业状态。

（2）技术更新换代

技术进步催生了一些新产业，需要新的技术和知识，学习这些技术和知识需要时间，一些劳动力不能很快跟上技术进步的步伐，从而出现失业。人类社会经历一次又一次的科技革命，每次科技革命后都会淘汰一些落后的产业，出现一批新的产业，如果落后产业的劳动力能力不满足新产业的需求，就会出现失业。

（3）地区供求不匹配

不同地区经济发展水平不同，对劳动力的需求相应不同。发达地区需要更多的劳动力，落后地区存在剩余劳动力。然而，欠发达地区的剩余劳动力因为不会说普通话、不愿离开故土、不愿融入新地区，以及户籍、医疗或社会保障等方面的原因，不向发达地区流动，两个地区的劳动力供求失衡将持续存在。类似地，有些地区存在服务业人才过剩、制造业人才短缺的情况，另一些地区存在相反的情况，两个地区的人才由于种种原因，无法自由流动，这种地区间的劳动力供求不匹配现象也经常存在。

（4）劳动者年龄或性别不匹配

有些行业要求从业者年龄在 55 岁以下或 50 岁以下，有些行业限定只招男性或女性。比如超市或建筑工地的一些工种只招 50 岁以下的员工，门卫和保安岗位通常只招男性，一些餐厅只招女服务员。然而，在某时某地，有些 50 岁或 55 岁以上的劳动者也有意愿和能力从事以上工作，有些女性也愿意从事保安工作，有些男性也愿意从事服务员工作，却因不符合用人单位的要求，无法上岗就业。

3. 周期性失业

周期性失业又称为总需求不足的失业，是整体经济产出和支出水平下降引起的失业，一般出现在经济周期的萧条阶段。周期性失业的原因是整体经济衰退，是经济发展中最严峻的局面，通常需要较长时间才能有所恢复。

EG 案例 8-3

人工智能会让结构生物学家"失业"？

"阿尔法折叠2"是谷歌旗下深度思维（DeepMind）公司的产品，与"阿尔法围棋"相仿，都是采用机器学习技术的人工智能系统。在 2020 年举行的国际蛋白质结构预测大赛上，"阿尔法折叠2"夺得冠军，它预测的蛋白质三维结构与实验测定的结构只有很小差异，被《科学》杂志评为"2020 年十大科学突破"之一。

为何要用人工智能系统预测蛋白质三维结构？计算生物学家、复旦大学复杂体系多尺度研究院院长马剑鹏解释，蛋白质由一系列氨基酸折叠而成。氨基酸线性排列成一条长链，把它放到水里，整条链会在微秒至毫秒内折叠成一个稳定的三维结构。研究氨基酸长链如何自发地折叠成三维结构，简称"蛋白质折叠"问题，因其重要性和复杂性，被视作现代分子生物学"皇冠上的明珠"。在应用领域，小分子药物研发的基础就是蛋白质结构解析，只有探明目标蛋白质的"三维地图"，才能找到药物作用于蛋白质的靶点。

对科学家来说，测定氨基酸序列相对容易，但解析蛋白质结构的难度很大，因为蛋白质结构取决于几千个氨基酸各个原子间的相互作用力。根据已知氨基酸序列，用计算机预测蛋白质结构的运算量，连世界上最快的超级计算机也很难承受。

随着深度学习、强化学习等人工智能技术的兴起，计算生物学出现了跨越式发展。"阿尔法折叠2"等系统在学习实验测定的大量蛋白质结构后，具备了根据氨基酸序列准确预测结构的能力。2022 年，深度思维公司发布数据集更新，称"阿尔法折叠2"已预测几乎所有已知的蛋白质。

既然人工智能系统可以准确预测蛋白质结构，那么结构生物学家是否会面临"失业"困境？

据介绍，结构生物学是一门研究生物大分子的三维空间结构、动态过程和生物学功能的交叉性学科。解析各种蛋白质的三维结构，是结构生物学家的一项主业。

马剑鹏表示，"阿尔法折叠2"远没有达到取代结构生物学家的能力。目前，它只能预测单链蛋白质的结构，基本不具备预测多链蛋白质结构的功能。而且在单链蛋白质预测方面，由于人工智能预测基于对已知蛋白质结构的比对学习，它对与其同源的蛋白质结构预测是比较准确的，然而面对拥有"孤儿序列"（氨基酸序列独一无二）的蛋白质时，"阿尔法折叠2"往往就无法准确预测了。

另外，在蛋白质侧链预测方面，"阿尔法折叠2"也有较大的提升空间。2021年，复旦大学复杂体系多尺度研究院在英国《生物信息学简报》上发表论文，报告他们开发的"作品折叠"在蛋白质侧链预测精度上，比"阿尔法折叠2"高。据介绍，蛋白质三维结构由主链和侧链搭建而成。药物分子与蛋白质的结合大多通过与氨基酸侧链相互作用来实现，所以人工智能系统对侧链结构的精准预测，对新药研发具有重要价值。

由此可见，人工智能并不会让结构生物学家"失业"，两者不是取代关系，而是互补关系。"'阿尔法折叠2'对一流实验结构生物学家来说，有百利而无一害。"马剑鹏说，实验结构生物学家也是要用计算机建模的，"阿尔法折叠2""作品折叠"这类软件可以加快建模速度，提高蛋白质结构解析的效率。

如今，"干湿结合"已成为结构生物学研究的趋势。长期以来，开展计算生物学研究的"干实验室"是生物学的配角。随着人工智能的兴起，这个配角已逐渐成长为主角，与实验生物学家工作的"湿实验室"更紧密地结合在一起，共同探索生命分子结构的奥秘。

摘编自《解放日报》（2022年11月16日）

（二）失业的影响

1. 个人和家庭层面

失业的直接影响是对失业者本人的影响。如果失业时间较短，这种影响很快会消失，如果失业时间较长，这种影响将会逐渐累积，产生一连串问题。

对于失业者来说，没有工作，就缺少一份固定收入，个人的正常生活缺乏一份经济保障，要靠家人供养或"啃老本儿"。与正常工作的人相比，失业者的自尊或自信会受到影响，产生一定的心理压力。心理学研究表明，失业造成的心理创伤不亚于学业上的失败或亲人去世。

如果失业者是家庭收入的主要来源，失业会对家庭产生明显的经济压力。失业率与离婚率有一定的正相关性，高失业率会影响家庭稳定。更有甚者，一些失业者为了生存而抢劫或偷盗，走上犯罪道路，或为了减轻心理压力而染上毒品，人生道路完全改变，家庭也变得支离破碎。

2. 经济和社会层面

失业的经济影响可以用机会成本来理解。失业者本来可以加入就业人员队伍，生产产品或提供服务，为社会创造价值。由于失业，这些本来可以创造的产品和劳务没有了，相当于把一定数量的手机、衣服、汽车或房屋等物品销毁掉了，把一些本来应有的服务取消了。对整个经济而言，这是产出的损失。对整个社会而言，这是资源的浪费。

美国经济学家阿瑟·奥肯根据美国的数据总结出一个规律：失业率每高于自然失业率1个百分点，实际国内生产总值（GDP）将低于潜在国内生产总值（GDP）2个百分点，这就是奥肯定律。自然失业率是指充分就业情况下的失业率，是只有摩擦性失业和结构性失业的失业率，因为这两类失业无法避免。潜在国内生产总值是一国在一定时期内可供利用的经济资源在充分利用的条件下所能生产的最大产量，是在充分就业状态下所能生产的国内生产总值。

失业与物价水平之间也存在一定关系。1958年经济学家菲利普斯基于英国的数据，提出一条用以表示失业率和货币工资增长率之间交替关系的曲线，当失业率较低时，通货膨胀率较高，反之则反之，此即菲利普斯曲线（图8-9）。具体逻辑为，失业率较低意味着企业生产更多，需要更多的劳动力，货币工资增长率将上升，由于货币工资增长率与物价之间正相关，因此物价水平和通货膨胀率也上升。

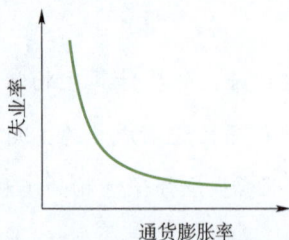

图 8-9 反映失业率与通货膨胀率之间关系的菲利普斯曲线

三、劳动者怎样预防失业

（一）与时俱进，不断学习新知识和新技能

当今时代科技发展日新月异，新的知识不断涌现，"活到老，学到老"将不再是口号，而将成为每一个社会人的必然理念。除了参加在职培训或社会培训外，每个职业人均需要通过书籍、报纸、电视、网络等渠道巩固旧知识，学习新知识，并学习使用新的生产工具。以电脑为例，2000年前后大部分中国人的工作和家庭中还很少接触到电脑，之后十年中，电脑快速普及，新老员工都要学习使用电脑，以提高工作效率。再以手机通信为例，2005年前后中国人的手机大多只能打电话、发短信。从2010年开始，智能手机逐渐走入大众视野，手机可以像电脑一样上网，可以照相，可以听音乐，一部手机融合了电脑、照相机、音乐播放器等多个数码产品的功能。大部分人都需要学习使用智能手机，

处理工作和生活中的一些事务。如今，电脑和手机已成为人们工作和生活的必需品，电脑和手机上的新软件层出不穷，人们需要学习与自己工作相关的新软件，与时俱进才不会被时代和工作岗位淘汰。

（二）积极工作，为自己所在岗位创造价值

员工职业道德的其中一条就是爱岗敬业，至于员工是否真正践行，同事和上级主管领导能从平日的表现中得知一二。有的员工热爱工作，认真对待每一项事务，所做的工作往往保质保量，经常超越预期。有的员工仅仅抱着完成工作的心态，没想着把简单的工作做好，把复杂的工作做巧，能省事儿就省事儿，能偷懒就偷懒，一段时间后，这种工作态度和工作风格将被人熟知，职场口碑不佳，未来职业发展将受到影响。

企业或单位正常运转时，可以在一定程度上容忍第二类员工，第二类员工看起来也相安无事，不过，当宏观经济形势不好，企业业绩下滑，公司面临裁员决策时，第二类员工将是首先被裁掉的员工。相反，那些平时工作积极，为所在岗位创造出应有价值，甚至做出巨大贡献的员工，将被公司保留，不进入裁员行列。

（三）科学理财，为各类不确定性储备资金

一个劳动者即使平时学习新知识和新技能，之前也为单位创造了巨大贡献，但是公司外部环境突然变化或公司内部突然发生变故，不得不大幅裁员或破产时，劳动者也将面临失业。为防止失业带来的困难，并度过再就业前的一段时间，劳动者必须有一定的经济基础。因此，在正常的工作中，劳动者需科学理财，为各类不确定性储备资金。虽然金钱不是万能的，但没有一定的金钱是万万不行的，劳动者至少要保证自己基本的衣食住行支出有保障，失业时不会惊慌失措，不被突如其来的失业击垮。那些职场"月光族"在正常的工作情形中可以勉强维持，不过万一遇到降薪或失业，基本生活将难以为继，经常出现"经不住金钱诱惑走上邪路"的现象。

所有的在职人员需认识到，富人需要理财，普通人和穷人更需要理财；已婚家庭需要理财，单身人士也需要理财。理财不仅是为了明天或后天，也是为了明年或后年。理财虽然不一定会发财致富，但至少可以让生活有条理，在面临大额金钱支出时多一份保障。

四、劳动者失业了怎么办

（一）摆正心态，尽快重新择业

一些失业者在失业后的一段时间内不愿接受现实，怨天尤人，自命不凡或自暴自弃，后来发现无法改变现实，才终于接受，开始寻找就业机会，这其实耽误了大量时间，也可

能错过了一些好岗位。

一些失业者在怨天尤人之中陷入负面情绪泥潭，久久不能走出失业阴影，一不小心沾染不良的生活习惯，影响人生的长期幸福。

一些失业者结识不法分子，报复个人，报复单位或报复社会，走上违法犯罪的道路，人生轨迹发生重大改变。

以上情况都是人们在正常情况下不愿看到也不愿接受的，不过当失业之事发生到自己身上时，当事人的理性可能受到影响，这种理性需要在平时建立起来，用于特殊情形。

劳动者失业后需要多与家人沟通，多与亲朋交流，从家人和亲朋那里得到理解、宽慰和支持，同甘共苦，共同面对，尽快重新择业。尽快重新择业意味着尽快返回正常的生活轨道，这不仅与经济压力有关，与失业者的心理健康与人生道路有关，也与失业者家人的整体幸福有关，失业者需谨记于心。

（二）加强学习，提升择业实力

失业者在重新找工作的过程中，可以在等待消息的间隙学习新的知识和技能。比如参加一些短期培训，自学一些短期课程，考一两个证书等。如果整体经济形势不好，自身经济条件也允许，失业者也可以重返校园学习，获取脱产学位，以新的起点走向就业市场。

加强学习不仅包括本专业的学习，也包括个人兴趣爱好的学习，通过培养和发展有益的兴趣爱好，排解失业带来的痛苦，不知不觉中度过失业期。或许，失业者会在某个兴趣爱好中得到良好启示或遇到合适的机会，为再就业带来意想不到的收获。

（三）灵活应变，拓宽择业范围

劳动者走出原有的工作单位，如果放宽再就业范围，摆在面前的将是广阔的就业市场，有多种选择。

比如，到同行业的另一类企业或单位工作。原来在外企，现在到民企或国企；原来在大公司，现在去一家中小企业；原来在产业链的上游，现在到产业链的下游。

再如，把曾经的副业作为今后的主业。曾经有一门手艺或一项技能，现在刚好有市场需求，以此作为新的工作内容。

又如，重新学会一项技能，并以此为生。小张原来是行政文员，由于工作压力大，工资不高，家里也有老人和小孩需要照顾，小张辞职后考取驾驶证，以私家车为工具，加入共享汽车平台，每天家里不忙的时候上路跑车，这样既兼顾了家人，也有一定的收入。

1. 现实社会中有哪些啃老现象？你怎么理解？

2. 从供给和需求的角度分析农民工跨省流动现象。

3. 劳动者怎样实现较高的工资水平？

4. 劳动者应该怎样防止失业？失业了怎么办？

案例任务

数字经济搭起就业新舞台

2020 年，突发的新型冠状病毒疫情没有淹没年轻人在数字经济就业新舞台上乘风破浪的身影。带货主播、知识博主、网课老师、闪送小哥……数字经济催生的多元化新岗位如今喜获"名分"。2020 年 7 月国家发展和改革委员会等 13 个部门联合发布《关于支持新业态新模式健康发展激活消费市场带动扩大就业的意见》，鼓励发展"新个体经济"和"副业创新"，开辟消费和就业新空间。消息一出，引来不少年轻人欢呼雀跃："是时候给自己发个 offer（录取通知书）了！"

1. 知识分享月入两三万元

无须"朝九晚五"坐班，只要有一台电脑和互联网就可以随时随地办公，"90 后"北京小伙儿羊迪很享受现在的工作状态。依靠在知乎等互联网平台上分享购房专业观点、付费咨询等，羊迪每月收入达到两三万元，甚至超过了他此前在企业就业的收入。

羊迪在时下年轻人当中并非个例，数字经济催生了越来越多可供专职或兼职的灵活岗位，给了年轻人"乘风破浪"的舞台。疫情期间，由于公司业务迟迟未能恢复，北京小伙儿张硕临时变身闪送小哥。"一方面增加收入，另一方面是喜欢摩托车，挺享受这种骑行送货的状态。"张硕笑着说。

2. 多平台扶持新个体经济

新个体经济不仅让更多年轻人跃跃欲试，多家数字经济平台也正加码扶持。

字节跳动也利用旗下多个数字经济平台助力新个体经济发展。例如，针对平台上的个体教育内容创业者，2020 年 6 月，抖音、今日头条、西瓜视频宣布正式推出"学浪计划"，三方将投入百亿流量予以扶持，并为相关创作者提供运营培训、变现指导等一揽子服务。

2020 年以来，支付宝"数字招聘办事处"有超 50 万商家发布招聘岗位，光在青团社小程序里，就发布了 2000 多万个兼职岗位，数量是去年同期的 3 倍。这些岗位吸引了 6500 万人次的大学生投递简历，其中能够宅家赚钱、足不出户的岗位比例占到一半，平均日薪在 200 元以上。

据了解，目前电竞主播、声音主播、脑洞段子手、各地方言翻译、梦话剪辑师等 5 大新奇岗位最受年轻人欢迎，这些工作基本按日计薪，工作的时间节奏完全由自己把握。2020 年以来，通过支付宝选择这种就业方式的求职者增长了近 7 倍，"95 后" 到 "00 后" 成主力。蚂蚁集团 CEO 胡晓明近日表示，在数字化时代，一个人就是一家公司已经成为现实，越来越多的个性化创业创新将出现。

摘编自《北京日报》（2020 年 7 月 28 日）

请分析：

1. 数字经济怎样支撑起新的就业形式？
2. 新就业形式的就业门槛和适用人群有哪些？

劳动法规与职业保障

本讲概要

　　劳动法是调整劳动关系及与劳动关系密切联系的其他社会关系的法律规范总称。掌握基本的劳动法律知识是高校学生知识体系完整性的基本要求，也能够为劳动者更好地从事职业劳动保驾护航。本讲立足于中国的法律体系，根据劳动法的基本理论和实务操作，以法律专题的形式对劳动法律相关问题进行归纳总结，按照劳动者工作进程进行模块化设计，涵盖劳动法总论、工资制度、工作时间和休息休假制度，劳动合同的订立、履行、变更、解除和终止，以及劳动争议的解决途径等内容。

学习目标

　　1. 明确现阶段我国劳动法的适用范围。

　　2. 列举劳动法律保护制度的主要内容。

　　3. 比较劳动合同解除的各种潜在风险。

　　4. 明晰劳动争议处理的方式。

内容导图

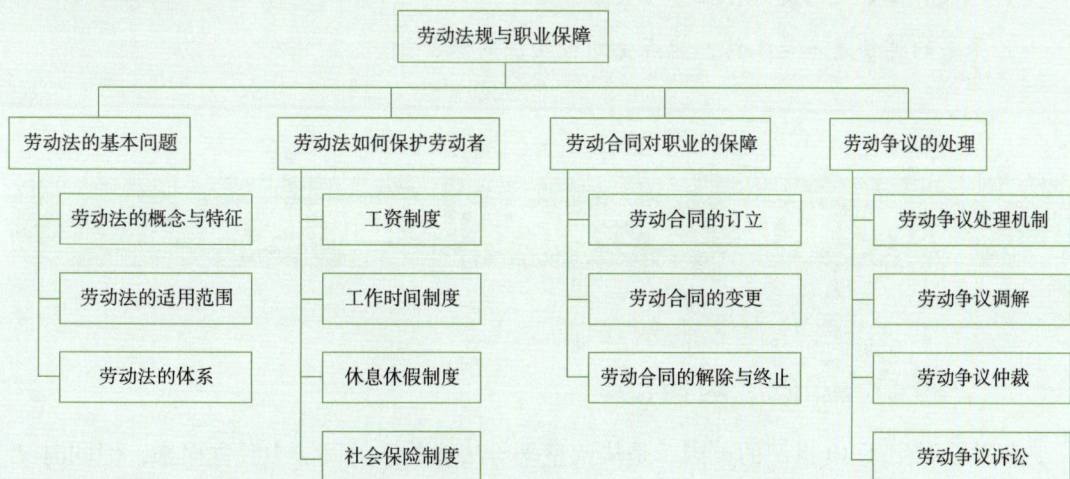

家庭保姆能否得到劳动法保护

张某是外地务工人员，通过一家劳务介绍所的介绍到居民王某家做家庭保姆。一天张某在王某家擦窗户时不慎从3楼坠落，造成腰椎和腿部粉碎性骨折，内脏多处破裂，病情十分危急。王某在第一时间将张某送往医院救治，并支付了医疗费。但随着张某医疗费用的日渐高涨，并不富裕的王某也无力承担，而张某本就一贫如洗，靠务工收入仅能维持基本生活，面对巨额的治疗费用几近绝望。张某在与王某协商未果的情况下将其告上法庭，要求其支付残疾补偿金、精神损害赔偿金等共计22万元（图9-1）。

图9-1　家庭保姆能否得到劳动法保护？

请思考：

1. 张某和王某之间是否存在劳动关系？

2. 张某的摔伤是不是工伤，能否受到劳动法的保护？

模块一　劳动法的基本问题

一、劳动法的概念与特征

劳动法诞生于19世纪的英国，是从调整平等法律关系的民法中独立而来，但同时又兼具国家公权力干预的特征，因此是典型的社会法。劳动法以劳动关系为调整对象，以保护劳动者的合法权益和促进劳动关系和谐发展为立法宗旨，是各国法律体系的重要组成部分。

（一）劳动法的概念

劳动法的概念有广义和狭义之分，其中狭义的劳动法仅指一个国家的劳动法典，而广义的劳动法包括劳动法典和与劳动法典实施相配套的一系列劳动法规和规章。

在中国，狭义的劳动法即指《劳动法》，由全国人民代表大会常务委员会于 1994 年 7 月 5 日审议通过，自 1995 年 1 月 1 日起施行。广义的劳动法不仅包括《劳动法》，还包括宪法、其他法律、行政法规、部门规章、地方性法规和规章、部分国际劳工公约中的劳动规范，以及规范性的劳动法律、法规解释，国际惯例等。

（二）劳动法的特征

1. 兼具公法性和私法性

从法律的历史演进过程来看，劳动法从民法中分离而来，自然与民法有着天然的联系。因此，私法的调整方法和基本原理对劳动法律制度的构建具有基础性的地位和作用。但劳动法又突破了单一私法理念的束缚，私法自治、平等协商、等价有偿等私法原则在劳动法的适用中亦引入了一系列公法理念和调整方法，比如劳动基准的设置、解雇保护制度的建立、反就业歧视立法的推进等，使得劳动法成为兼具公法性和私法性的典型的社会法代表。

2. 兼顾劳动者与用人单位的利益

维护劳动者的合法权益是劳动法的立法宗旨。劳动法强调保护劳动者的合法权益是由劳动者的弱势地位决定的，劳动法要平衡两者间的不平等地位实现实质平等，则必然需要对劳动者进行倾斜保护。这点在劳动法具体条文中随处可见，比如，劳动法关于最高工时的规定，关于劳动合同的变更和解除的规定等，均是通过国家的强制性规范，为劳动者的权益保护设定最低标准，用人单位只能按照更高的标准去做，而不能低于该标准。

劳动法在倾斜保护劳动者合法权益的同时，也兼顾用人单位的利益。劳动法保护用人单位合法的用工管理权，对劳动者的义务亦进行明确的规定。比如，劳动者单方解除劳动合同的预先告知义务，劳动者的竞业限制义务，劳动者如果存在欺诈行为需要承担相应法律责任等。

3. 兼容实体法和程序法

一般而言，一部实体法会对应一部程序法。但劳动法是个例外，其本身既有实体性法律规范，也有程序性法律规范。《劳动法》第十章规定了劳动争议的解决程序和途径。当然，劳动法中单纯的程序法内容占比不大，大部分是实体法内容或者两者兼而有之，这是劳动法较为特殊的地方。

二、劳动法的适用范围

（一）劳动法的"劳动"

劳动法范畴的"劳动"有五重内涵。

1. 合法劳动

劳动有合法和违法之分，劳动法中的劳动只包括合法的劳动。例如，走私，贩卖毒品、枪支弹药等犯罪活动就不属于劳动法中的劳动。

2. 职业劳动

劳动法中的劳动是劳动者谋生的方式，是一种职业劳动。因此，不以谋生为目的的劳动，例如志愿者从事的劳动，不是职业劳动，不属于劳动法中的劳动。

3. 受雇劳动

提供劳动岗位的一方必须是本人和家人之外的其他人。例如，自由职业者、农民在自己的承包地或责任田中从事的劳动、家庭作坊内家人从事的劳动等都不属于劳动法中的劳动。

4. 从属性劳动

劳动者相较于用人单位而言处于从属地位，必须服从用人单位的管理，遵守用人单位的规章制度。

5. 自由劳动

劳动者必须具有人身自由，能依据自己的意志出卖劳动力。因此监狱中犯人所从事的劳动不属于劳动法中的劳动。

综上，劳动法范畴的"劳动"是指劳动者为谋生而从事的，履行劳动法规、集体合同和劳动合同所规定义务的集体劳动，是劳动者有偿转让自身劳动力与用人单位的生产资料相结合进行相关生产或服务活动的过程。

（二）劳动法的"劳动关系"

劳动法范畴的"劳动关系"仅指劳动者与用人单位在开展经济生产活动中所产生的社会关系。换言之，是用人单位雇用劳动者为其成员，劳动者按照用人单位的要求提供劳动，用人单位支付相应的报酬而产生的权利义务关系。劳动关系的主体包括劳动者和用人单位。

1. 劳动关系的特征

（1）兼具人身关系和财产关系的属性

劳动是劳动力与生产资料结合的过程，当劳动力作为生产要素进入劳动过程的时候，客观上劳动者的人身也进入了劳动过程，因此劳动关系具有人身关系的属性。另一方面，劳动作为劳动者谋生的手段，劳动者通过向用人单位转让劳动力使用权以获取一定的报酬，因此又具备了财产关系的属性。

（2）兼具平等性和不平等性特征

平等性是指劳动者与用人单位建立劳动关系时，双方通过自由选择，平等协商，以合同的形式建立、变更、解除或终止劳动关系。但实质上，从劳动者与用人单位缔结劳动合同之始及之后，双方实质上是处于不平等地位的。劳动者在经济实力、信息掌握数量及选择成本等方面与用人单位存在较大差距，因此其在劳动力市场处于弱势地位。劳动关系建立后劳动者的弱势地位更加凸显，劳动者必须服从用人单位的指挥和调配，遵守用人单位的劳动纪律和规章制度，因此不平等性是劳动关系的重要特征，这也是劳动法需要倾斜保护劳动者的根本原因。

2. 劳动法调整劳动关系的范围

根据《劳动法》第二条、《劳动合同法》第二条以及《中华人民共和国劳动合同法实施条例》（简称《劳动合同法实施条例》）的规定，我国劳动法调整的劳动关系包括：

第一，企业、个体经济组织、民办非企业单位等组织与劳动者建立的劳动关系。

第二，国家机关、事业单位、社会团体与劳动者建立的劳动合同关系。公务员和依法参照执行公务员制度的劳动者的劳动关系则不归劳动法调整。

另外，农村务农人员、现役军人、家庭保姆等人员不属于劳动法的调整范围，而是由相对应的农业法、军事法、民法等调整。

PS 附言 9-1

哪些工作不受劳动合同法保护?

目前不受劳动合同法保护的行业中，以保姆、保险推销员、学生兼职、退休返聘和协议承包人等尤为典型。

（1）保姆行业。据不完全统计，全国约有1500万名保姆，占进城务工人员人数的十分之一以上。保姆行业属于一种非典型劳动关系，从雇主来说，基本上都是个人。在法律层面上，雇主无法成为劳动法意义上的用人单位。当然，这并不是说保姆不受法律保护。

如果是雇主和保姆双方直接商谈的，那么保姆的权益可以按照民法来操作。当事人可以以侵权、合同违约等案由，直接向法院提起民事诉讼。

（2）保险推销行业。保险推销行业的人事制度是"代理制"，而非雇员制。营销员一头联系着保险公司，一头联系着被保险人。保险代理人与保险公司之间的关系，属于民事代理关系。从合同履行情况看，虽然保险公司要求雇员遵守公司管理制度，接受公司管理和监督，并参加有关培训，但这种管理和培训是保险公司拓展业务和提高保险代理人工作能力的需要，不能等同于劳动合同中用人单位和劳动者管理和培训。

（3）学生兼职。由于学生的身份所限，在校学生实习和见习，不属于劳动法的调整范围，用人单位不必与其签订劳动合同，也不必为其购买社保，因此相对而言企业也喜欢用兼职学生，这样可节省开支（图9-2）。

图 9-2　学生兼职遇到意外只好自认倒霉

（4）退休返聘。劳动合同法规定，劳动者依法享受基本养老保险待遇后，劳动合同终止。相关司法解释明确规定，用人单位与其招用的已经享受养老保险待遇的人员发生用工争议，向法院提起诉讼的，应当按劳务关系处理。因此，在返聘期间，雇员已经享受基本养老保险待遇，仅能与用工单位建立劳务关系。

（5）承包协议。承包协议不是劳动合同，不受劳动法保护。诸如河道维护、街道打扫、机场以及车站卫生承包等，很多人在承包工程或者其他工作之前，双方都会签订相关协议，但这种协议并不是劳动合同，双方之间也不存在劳动关系，这些承包只

（三）劳动法的"人"

劳动法范畴的"人"是指劳动关系的主体：劳动者和用人单位。

1. 劳动者

劳动法范畴的劳动者是指达到法定年龄并具有劳动能力，以获取劳动报酬为目的而从事社会劳动的自然人。他们依照法律规定或者合同约定，在用人单位管理下从事职业劳动并获取劳动报酬，常常也被称为职工、工人、劳工、雇员。作为劳动法范畴的行为人，劳动者必须具备法律规定的下列条件：

第一，达到法定年龄。劳动者的最低就业年龄为 16 周岁，禁止用人单位招用未满 16 周岁的未成年人；某些特殊职业，如文艺、体育和特种工艺单位确实需要招用未满 16 周岁的未成年人时，必须报县级以上劳动行政部门批准。

第二，具有劳动能力。劳动法上的劳动者，应具有相应的劳动权利能力和劳动行为能力。若无劳动能力，就不能参与劳动法律关系，享受权利并承担义务。

2. 用人单位

用人单位在其他国家又称为雇主、雇用人、资方等，中国在法律上统一使用"用人单位"这一称谓。具体是指招收录用劳动者，使用劳动者的劳动力，并按照劳动者提供的劳动支付工资和其他待遇的劳动关系主体。根据我国现行劳动法的规定，用人单位的范围包括企业、个体经济组织、民办非企业单位等组织和国家机关、事业单位、社会团体。《劳动合同法实施条例》把依法成立的会计师事务所、律师事务所等合伙组织和基金会也纳入了用人单位的范围。

三、劳动法的体系

（一）劳动法的法源体系

劳动法的法源又称为劳动法的渊源，也就是劳动法的形式。它表明劳动法律规范以哪些形式存在于法律体系中。我国劳动法的法源体系包括宪法、法律、行政法规、部门规章、地方性法规和规章、国际公约和司法解释等。

（二）劳动法的内容体系

劳动法的内容按照一定标准进行分类组合，包括 7 项制度。

1. 促进就业制度

促进就业制度以《中华人民共和国就业促进法》为代表，包括国家的劳动就业方针，政府为劳动者创造就业条件，提供就业服务、预防失业等方面的责任与措施。

2. 劳动合同制度

劳动合同制度是规范劳动者与用人单位之间经协商达成的合同关系的法律制度。

3. 集体谈判和集体合同制度

集体谈判和集体合同制度是缓解劳资矛盾、构建和谐劳动关系的有效手段，是劳动法的重要组成部分。

4. 劳动基准制度

劳动基准制度是国家为保护劳动者权益而制定的有关劳动条件与劳动待遇的最低标准。

5. 社会保险制度

社会保险制度是为劳动者在年老、患病、工伤、失业、生育等情况下能够从国家和社会获得物质帮助和补偿的制度，是劳动者生活保障权的体现。

6. 劳动争议处理制度

劳动争议处理制度是协调劳动关系、解决劳动争议纠纷、维护劳动关系主体权益的重要途径。

7. 劳动监察制度

劳动监察制度是国家劳动监察机关对用人单位执行劳动法律、法规的情况，依法进行监督检查，以确保劳动法的贯彻实施的制度，是劳动争议解决的方式之一。

模块二　劳动法如何保护劳动者

劳动法保护劳动者需要基于一系列制度，包括工资制度、工作时间制度、休息休假制度和社会保险制度等。这些制度与每一个劳动者密切相关，是劳动者职业发展的基础性保障。

一、工资制度

（一）劳动法的工资

一般而言，劳动者从事职业劳动的主要目的是获取工资，所不同的是每个人的工资数额、构成和形式存在或多或少的差异。工资有广义和狭义之分。广义上的工资包括人们从事各种劳动而获得的货币或实物收入；但劳动法中的工资，即狭义的工资仅指用人单位依据劳动合同约定或国家法律规定，以法定货币的形式直接支付给劳动者本人的劳动报酬，一般包括基本工资、奖金、津贴、补贴、加班加点工资以及特殊情况下支付的工资等，但不包括支付给劳动者的保险福利费用和其他非劳动收入。

（二）工资的形式

我国劳动法范畴的工资从构成形式而言，主要包括计时工资和计件工资；辅助工资形式主要有奖金、津贴和补贴。

1. 计时工资和计件工资

计时工资是根据计时工资标准和工作时间支付给劳动者的工资。一般分为月工资标准、日工资标准和小时工资标准。在每天 8 小时工时制度下，日工资标准 = 月工资 ÷21.75 天，小时工资标准 = 日工资标准 ÷8 小时。劳动者出全勤，按月工资标准支付工资；劳动者缺勤或加班加点，按日工资标准或小时工资标准扣发或加发工资。

计件工资不直接用劳动时间来计量劳动报酬，而是用一定时间内的劳动成果数量来计算，是对已做工作按计件单价支付的劳动报酬。

2. 奖金

奖金是支付给劳动者的超额劳动报酬和增收节支的劳动报酬。奖金的种类繁多，主要有超产奖、质量奖、节约奖、安全奖和综合奖等。

3. 津贴和补贴

津贴是为了补偿劳动者特殊或额外的劳动消耗而支付的劳动报酬，是一种经济补偿。补贴是为了保障劳动者的工资水平不受特殊因素的影响而支付的劳动报酬，比如为了保证劳动者工资水平不受物价上涨影响而支付的补贴。

（三）最低工资制度

1. 最低工资的概念

最低工资是指劳动者在法定工作时间或依法签订的劳动合同约定的工作时间内提供了正常劳动的前提下，用人单位依法应支付的最低劳动报酬。

需要注意的是，最低工资的适用以劳动者提供正常劳动为前提，并且最低工资标准是政府制定的，劳动关系双方无权自行协商确定。

2. 最低工资标准的确定因素

根据 2004 年 1 月印发的《最低工资规定》（劳动和社会保障部令第 21 号）要求：确定和调整月最低工资标准，应参考当地就业者及其赡养人口的最低生活费用、城镇居民消费价格指数、职工个人缴纳的社会保险费和住房公积金、职工平均工资、经济发展水平、就业状况等因素。

3. 最低工资标准的效力

最低工资标准依法制定即具有法律效力，劳动合同和集体合同中约定的工资标准不得低于当地最低工资标准；劳动者依法享受带薪年休假、婚丧假、产假等国家规定的休假期间，以及法定工作时间内依法参加社会活动时，用人单位不得向劳动者支付低于当地最低工资标准的工资。

EG 案例 9-1

包吃包住算不算工资?

某饭店招聘服务员，每个月工资 1000 元，包吃包住。高某前去应聘，感觉工资有点低，不太乐意。饭店老板说，在北京住宿和吃饭很贵，因此如果将房租和饭钱折算，每个月的工资将达 3000 元。高某听后觉得这么一算确实比较合算便同意了。后来高某在上网时发现北京市的最低工资是 2200 元，便找饭店老板要求补足工资差额，并说饭店给自己提供的房子和伙食不能抵扣工资。老板不同意，于是高某就向当地的劳动争议仲裁委员会提出申请，要求饭店按照最低工资标准支付工资差额和赔偿金。请问：高某的要求能否得到劳动仲裁委员会的支持呢?

二、工作时间制度

（一）什么是工作时间

工作时间是劳动者为用人单位从事生产和工作的时间，是衡量每个劳动者的劳动贡献和给付报酬的计算单位。劳动法上的工作时间具有基准性，有法定的标准长度和最长限度，具体包括实际完成生产和工作的时间，从事生产和工作所需要的准备和收尾工作时间，劳动者在生产和工作中需要自然中断的时间，连续从事有毒有害工作所需要的间歇时间，女职工哺乳时间，因公外出的时间以及依照法律规定或有关机关的指令履行公民义务的时间等。

（二）中国现行工作时间立法的基本内容

1. 标准工时制度

标准工时制度是指由国家法律规定的职工在正常情况下从事工作的时间的制度。我国的标准工时制度为劳动者每日工作时间不超过 8 小时，每周工作时间不超过 40 小时，用人单位必须保证劳动者每周至少 24 小时不间断的休息。任何单位和个人都不得擅自延长职工的工作时间。

标准工时制度中工作时间的计算

年工作日：365 天 −104 天（休息日）−11 天（法定节假日）=250 天；

季工作日：250 天 ÷4 季 =62.5 天／季；

月工作日：250 天 ÷12 月 =20.83 天／月；

工作小时数的计算：以月、季、年的工作日乘以每日的 8 小时。

2. 特殊工时制度

特殊工时制度是特定工作岗位上的劳动者适用的工时制度。用人单位因工作性质或者生产特点的限制，如不能实行每日工作 8 小时、每周工作 40 小时标准工时制度，按照国家有关规定，可以实行其他工作和休息制度。常见的特殊工时制度主要包括不定时工时制和综合计算工时制等。

（1）不定时工作制度

不定时工作制的基本特点是劳动者每日没有固定工作时数的限制，可以长于或短于标准工作日。不定时工作制不受劳动法对于延长工作时间的限制，并且超过标准工作时间的部分不算延长工作时间，不用支付报酬，短于标准工作时间的，也不扣发劳动报酬。但这并不意味着法律对不定时工作时间毫无限制，一般而言，用人单位仍应以标准工作时间为依据，按照法定的审批手续报批后，在保障劳动者身体健康和听取劳动者意见的前提下，通过采用集中工作、集中休息、轮休调休、弹性工作时间等方式，兼顾生产任务的完成和劳动者休息权的实现。

（2）综合计算工时制度

综合计算工时制度主要适用于工作性质特殊、需连续作业或受季节及自然条件限制的企业，其特殊之处在于以周、月、季或年为周期综合计算劳动者的工作时间。综合计算工时工作制下职工的平均月工作时间和周工作时间应与标准工作时间基本相同，超过法定标准工作时间部分视为加班时间，应支付职工加班工资。实行综合计算工时制度必须办理审批手续。

（三）延长工作时间

1. 延长工作时间的概念

延长工作时间是指劳动者的工作时数超过法律规定的标准工作时间。延长工作时间包括加班和加点时间。加班是职工在法定节日或公休日工作。加点是职工在标准工作日以外继续工作。需要注意的是，不定时工时制度下不存在加班加点，而在综合计算工时制下周期内劳动者的实际工作小时数超过该周期内标准工作小时数时，超出的部分视为加点。

2. 延长工作时间的限制

根据《劳动法》第四十一条规定，用人单位由于生产经营需要，在与工会和劳动者协商后可以延长工作时间，一般每日不得超过一小时；因特殊原因需要延长工作时间的，在保障劳动者身体健康的条件下延长工作时间每日不得超过三小时，但是每月不得超过三十六小时。

3. 延长工作时间的工资支付标准

劳动者延长工作时间，即增加了额外的工作量，需要付出更多的劳动和消耗。因此，用人单位安排劳动者延长工作时间的，一般情况下应当向劳动者支付加班费用。

根据《劳动法》的规定，用人单位延长工作时间的，必须按以下标准支付高于劳动者正常工作时间工资的工资报酬：①标准工作日内安排劳动者延长工作时间的，支付不低于工资的150%的工资报酬；②休息日安排劳动者工作又不能安排补休的，支付不低于工资的200%的工资报酬；③法定休假日安排劳动者工作的，支付不低于工资的300%的工资报酬。

> **PS 附言 9-3**
>
> ## 劳动者日工资、小时工资折算方法
>
> 根据原劳动和社会保障部于 2008 年 1 月 3 日印发的《关于职工全年月平均工作时间和工资折算问题的通知》（劳社部发〔2008〕3 号），法定节假日用人单位应当依法支付工资，即折算日工资、小时工资时不别除国家规定的 11 天法定节假日。
>
> 日工资 = 月工资收入 ÷ 月计薪天数；
>
> 小时工资 = 月工资收入 ÷（月计薪天数 ×8 小时）；
>
> 月计薪天数 =(365 天 −104 天)÷12 月 =21.75 天。

三、休息休假制度

休息休假是指劳动者按法律规定不需要从事生产和工作，可自行支配的时间。

（一）法定节假日

法定节假日是劳动者用于欢度节日、开展纪念、庆祝活动的休息时间。根据《劳动法》

第四十条及《全国年节及纪念日放假办法》的规定，用人单位在下列节日期间应当依法安排劳动者休假：元旦、春节、清明节、国际劳动节、端午节、中秋节、国庆节，共计 11 日。

（二）年休假

年休假是法律规定的职工满一定工作年限后，每年享有的带薪休假制度。具体的休假天数由工龄决定，累计工作已满 1 年不满 10 年的，年休假 5 天；已满 10 年不满 20 年的，年休假 10 天；已满 20 年的，年休假 15 天。用人单位确因工作需要不能安排职工休年休假的，经劳动者同意，可以不安排职工休年休假。对劳动者应休未休的年休假天数，单位应当按照劳动者日工资收入的 300% 支付年休假工资报酬。

（三）探亲假

探亲假是指与父母或配偶分居两地的职工，每年享有的与父母或配偶团聚的假期。我国探亲假的具体假期为：职工探望配偶的，每年给予一方探亲假一次，假期为 30 天。未婚职工探望父母，原则上每年给假一次，假期为 20 天。如果因为工作需要，用人单位当年不能给予假期，或者职工自愿两年探亲一次，可以两年给假一次，假期为 45 天。已婚职工探望父母的，每四年给假一次，假期为 20 天。

（四）产假

《劳动法》第六十二条规定，女职工生育享受不少于九十天的产假。从有利于女职工身体恢复和母乳喂养的角度，2012 年 4 月发布的《女职工劳动保护特别规定》将生育产假假期延长至 98 天，其中产前可以休假 15 天；难产的，增加产假 15 天；生育多胞胎的，每多生育 1 个婴儿，增加产假 15 天。同时为保障流产女职工的权益，明确了流产产假，规定：怀孕未满 4 个月流产的，享受 15 天产假；怀孕满 4 个月流产的，享受 42 天产假。

四、社会保险制度

（一）社会保险的概念

社会保险是国家通过立法建立的一种强制保险制度，目的是保障劳动者在年老、疾病、工伤、失业、生育等情况下依法从国家和社会获得物质帮助的权利。社会保险具有分散社会风险和消化损失的功能，通过社会保险能够使得劳动者在遭遇社会风险的情况下仍能继续维持基本生活水平，同时保障劳动力再生产和扩大再生产的正常运行，保证社会安定。中国的社会保险具有强制性，其保险范围、种类、标准、保险金的缴纳、发放都由法律明确规定，用人单位和劳动者不能够随意变更或放弃投保。

（二）社会保险的种类

1. 养老保险

养老保险是对法定范围内的劳动者因年老而退出社会劳动后，提供能保障其基本生活且稳定可靠的经济来源的社会保险项目。我国养老保险由四部分组成，分别为：基本养老保险、企业补充养老保险、个人储蓄性养老保险和商业养老保险。

职工应当参加基本养老保险，由用人单位和职工共同缴纳基本养老保险费。参加基本养老保险的个人，达到法定退休年龄时累计缴费满十五年的，按月领取基本养老金。

2. 医疗保险

医疗保险是对法定范围内的劳动者在患病或非因工伤伤害时提供保障的社会保险项目。我国医疗保险由三部分组成，分别为：基本医疗保险、补充医疗保险和商业医疗保险，其中补充医疗保险包括：企业补充医疗保险、普惠型商业医疗保险。

职工应当参加职工基本医疗保险，由用人单位和职工按照国家规定共同缴纳基本医疗保险费。参加职工基本医疗保险的个人，达到法定退休年龄时累计缴费达到国家规定年限的，退休后不再缴纳基本医疗保险费，按照国家规定享受基本医疗保险待遇。

3. 工伤保险

工伤保险是对法定范围内的劳动者因从事职业工作遭受伤害或患有与工作相关的职业病时，提供生活保障的社会保险项目。工伤的情形分为：应当认定为工伤的情形、视同工伤的情形（表9-1）。职工因下列情形之一导致本人在工作中伤亡的，不认定为工伤：①故意犯罪；②醉酒或者吸毒；③自残或者自杀；④法律、行政法规规定的其他情形。

工伤的情形   表9-1

类型	具体情况
应当认定为工伤的情形	在工作时间和工作场所内因工作原因受到事故伤害的
	工作时间前后在工作场所从事与工作有关的预备性或者收尾性工作受到事故伤害的
	在工作时间和工作场所内因履行工作职责而受到暴力等意外伤害的
	患职业病的
	因工外出期间，由于工作原因受到伤害或者发生事故下落不明的
	在上下班途中，受到非本人主要责任的交通事故或者城市轨道交通、客运轮渡、火车事故伤害的
	法律、行政法规规定应当认定为工伤的其他情形
视同工伤的情形	在工作时间和工作岗位，突发疾病死亡或者在48小时之内经抢救无效死亡的
	在抢险救灾等维护国家利益、公共利益活动中受到伤害的
	职工原在军队服役，因战、因公负伤致残，已取得革命伤残军人证，到用人单位后旧伤复发的

职工应当参加工伤保险，由用人单位缴纳工伤保险费，职工不缴纳工伤保险费。职工因工作原因受到事故伤害或者患职业病，且经工伤认定的，享受工伤保险待遇；其中，经劳动能力鉴定丧失劳动能力的，享受伤残待遇。

4. 失业保险

失业保险是对法定范围内的劳动者因失业而失去经济来源时，按法定时限和标准给予物质援助的社会保险项目。失业人员符合下列条件的，从失业保险基金中领取失业保险金：①失业前用人单位和本人已经缴纳失业保险费满一年的；②非因本人意愿中断就业的；③已经进行失业登记，并有求职要求的。

职工应当参加失业保险，由用人单位和职工按照国家规定共同缴纳失业保险费。失业人员失业前用人单位和本人累计缴费满 1 年不足 5 年的，领取失业保险金的期限最长为 12 个月；累计缴费满 5 年不足 10 年的，领取失业保险金的期限最长为 18 个月；累计缴费 10 年以上的，领取失业保险金的期限最长为 24 个月。

5. 生育保险

生育保险是对法定范围内的女性劳动者因生育而导致收入暂时丧失而提供生活保障的社会保险项目。职工应当参加生育保险，由用人单位按照国家规定缴纳生育保险费，职工不缴纳生育保险费。生育保险待遇包括生育医疗费用和生育津贴。用人单位已经缴纳生育保险费的，其职工享受生育保险待遇；职工未就业配偶按照国家规定享受生育医疗费用待遇。

2019 年 3 月，《国务院办公厅关于全面推进生育保险和职工基本医疗保险合并实施的意见》（国办发〔2019〕10 号）印发，要求推进两项保险合并实施，实现参保同步登记、基金合并运行、征缴管理一致、监督管理统一、经办服务一体化。

AV 影音 9-1

难以认定的工伤

播出平台	中央电视台	栏目简介
频道名称	综合频道 CCTV-1	这是中央电视台第一档全日播法制栏目，已经成为家喻户晓的品牌栏目。栏目秉持"点滴记录中国法治进程"的理念，全力打造"中国人的法律午餐"
栏目名称	今日说法	
节目名称	没有保险的工伤	
播出时间	2023 年 1 月	

2020 年 7 月，老熊的妻子在下班回家途中遭遇车祸，不幸身亡，经公安机关认定，肇事司机和车主承担事故的全部责任。按说，老熊应该找肇事司机进行赔偿，然而，让人没想到的是，他却把妻子生前工作饭店的老板告上了法庭，要求赔偿 100 多万元。老熊认为，妻子是在下班途中遭遇车祸，并且饭店老板没给妻子上工伤保险，应该承担赔偿责任。《没有保险的工伤》是四川省巴中市恩阳区人民法院依法审理的一起涉工伤保险的典型案例，给劳动者和用人单位深刻的启示。

摘编自央视网（2023 年 1 月 9 日）

模块三　劳动合同对职业的保障

劳动合同制度是劳动法的核心内容。自劳动合同制度实施以来，劳动合同已经成为调整劳动关系的必备基础。同时，劳动合同也是用人单位和劳动者发生劳动争议时最重要的证据。在订立、变更、解除和终止劳动合同时，需要严格遵守法律法规，否则就存在潜在的法律风险。

一、劳动合同的订立

（一）劳动合同的形式

依据《劳动合同法》的规定，只要用人单位与劳动者建立劳动关系，就应当及时签订书面劳动合同，否则将承担相应的法律责任。具体而言，用人单位应当在用工之日起一个月内与劳动者签订书面劳动合同；超过一个月不满一年未与劳动者订立书面劳动合同的，应当向劳动者每月支付两倍的工资，并与劳动者补订书面劳动合同；满一年仍未与劳动者订立书面劳动合同的，将被视为自用工之日起满一年的当日已经与劳动者订立无固定期限劳动合同，同时仍应立即与劳动者补订书面劳动合同。需要注意的是，劳动关系自用人单位用工之日起开始建立，劳动关系的建立和劳动合同的签订没有直接的关系，只取决于劳动用工开始的时间。

（二）劳动合同订立过程中的义务

用人单位的告知义务。用人单位在招用劳动者时应将工作内容、工作条件、工作地点、职业危害等劳动者需要了解或要求了解的情况如实告知劳动者；将直接涉及劳动者利益的规章制度和重大决定予以公示或告知劳动者。

劳动者的告知义务。用人单位有权了解劳动者与劳动合同直接相关的基本情况。例如，劳动者在求职时的受雇状况及以往的工作经历；劳动者的教育背景、培训情况和职业技术等级等，劳动者应当如实告知用人单位。但与劳动合同不直接相关的内容，用人单位无权要求劳动者告知。

用人单位的禁止行为。用人单位招用劳动者，不得扣押劳动者的居民身份证和其他证件，不得要求劳动者提供担保或者以其他名义向劳动者收取财物。

（三）劳动合同的期限

劳动合同的期限分为固定期限、无固定期限和以完成一定工作任务为期限三种类型。

固定期限劳动合同中用人单位与劳动者约定明确的合同终止时间。以完成一定工作任务为期限的劳动合同中用人单位与劳动者约定以某项工作的完成为合同终止的时间，本质上仍属于特殊的固定期限劳动合同，只是表现形式不同。

无固定期劳动合同与固定期限劳动合同相对，是用人单位与劳动者没有明确终止时间的劳动合同。与固定期劳动合同相比，无固定期劳动合同更有利于维持劳动关系的稳定，因此我国设立了无固定期劳动合同的法定适用情形。根据《劳动合同法》第十四条规定，存在下列情形之一时，劳动者提出或者同意续订、订立劳动合同的，除非劳动者提出订立固定期限劳动合同，否则用人单位应当与劳动者订立无固定期限劳动合同。第一，劳动者在该用人单位连续工作满十年的；第二，用人单位初次实行劳动合同制度或者国有企业改制重新订立劳动合同时，劳动者在该用人单位连续工作满 10 年且距法定退休年龄不足 10 年的；第三，连续订立二次固定期限劳动合同，且劳动者不存在过错或不胜任工作的情形，续订劳动合同的。

无固定期限劳动合同不等同于长期劳动合同，在合同履行过程中，如果存在法定的劳动合同解除情形，用人单位依然可以依法结束双方的劳动关系。

（四）劳动合同的内容

1. 必备条款

劳动合同的必备条款是指法律要求劳动合同必须具备的条款。必备条款的设置是防止劳动合同双方当事人权利和义务的约定不明确，引发后续纠纷。

根据《劳动合同法》第十七条的规定，劳动合同的必备条款包括：①用人单位的名称、住所和法定代表人或者主要负责人；②劳动者的姓名、住址和居民身份证或者其他有效身份证件号码；③劳动合同期限；④工作内容和工作地点；⑤工作时间和休息休假；⑥劳动报酬；⑦社会保险；⑧劳动保护、劳动条件和职业危害防护；⑨法律、法规规定应当纳入劳动合同的其他事项。除上述必备条款外，用人单位与劳动者还可以在劳动合同中约定试用期、服务期、竞业限制等条款。

2. 试用期条款

试用期是劳动合同双方当事人约定的一段互相考察的时间。试用期内，一方面用人单位可以考察劳动者是否符合录用条件，另一方面劳动者也可以考察自己是否胜任岗位的要求和是否适应单位的工作环境。根据《劳动合同法实施条例》第十五条的规定，关于试用期条款需注意以下内容：①试用期包含在劳动合同期限内，不能独立于劳动合同单独存在。②试用期的期限。试用期有法定的上限，劳动合同主体不得通过约定突破这一上限。同一用人单位与同一劳动者只能约定一次试用期。③试用期工资不得低于法定标准。试用期工资不得低于本单位相同岗位最低档工资的80%或者不得低于劳动合同约定工资的80%，并不得低于用人单位所在地的最低工资标准。

3. 服务期条款

用人单位为劳动者提供专项培训费用，对劳动者进行劳动技术培训，相对应的，劳动者应当为用人单位工作届满一定的服务期限。这个期限就是服务期。用人单位为劳动者的专项培训所支出的资金一般是超出国家规定的职工教育经费的，因此，接受培训的劳动者应当在双方约定的服务期内继续留在单位工作，以补偿培训所花费的费用，如果不能完成服务期，就应当承担违约金责任。同时，法律对劳动者承担的违约金设置了上限，从而避免出现用人单位向培训后"跳槽"的劳动者胡乱要价。

4. 竞业限制条款

竞业限制是指一定范围的劳动者在任职期间或离职后的特定时期不得就业于竞争公司或进行竞争性营业活动。竞业限制是通过对劳动者自由择业权进行一定程度的限制来保护用人单位商业秘密的一种手段，《劳动合同法》第二十三、二十四条对竞业限制条款作出了明确规定。对负有保密义务的劳动者，用人单位可以在劳动合同或者保密协议中与劳动者约定竞业限制条款，同时还需要约定在竞业限制期限内按月给予劳动者经济补偿。如果劳动者违反竞业限制约定则需要支付违约金。但竞业限制的人员仅限于用人单位的高级管理人员、高级技术人员和其他负有保密义务的人员，并且竞业限制期限最多不得超过两年。

二、劳动合同的变更

劳动合同的变更是指在劳动合同履行过程中，当事人一方或双方对劳动合同的内容提出修改或补充，重新确立双方当事人权利义务的法律行为。劳动合同变更包括协商变更和法定变更。协商变更即双方当事人经过协商一致对劳动合同规定的某些内容进行修改。法定变更则是根据法律规定对劳动合同的主体和内容进行变更。

《劳动合同法》第三十三、三十四条中用人单位出现名称、法定代表人、主要负责人或者投资人等事项的变更，及发生合并或者分立等变化就是劳动合同的法定变更。在这些情形下，劳动合同的履行不发生变化，这既是为了保护劳动者的就业稳定，也是国际惯例。在法定变更之外，用人单位和劳动者都不能单方变更劳动合同的内容。实践中，经常有用人单位以拥有经营自主权为由，单方变更劳动者的工资、岗位、工作地点以及其他劳动待遇。如果这些变更事先未征得劳动者的同意则是违法行为，变更后的劳动合同无效。

EG 案例 9-2

用人单位单方变动工作地点是否合法?

胡某向某公司应聘业务经理岗位,之后签订的劳动合同约定的工作地点是在上海市,合同期限为5年。后来公司为了在浙江省拓展业务,便通知胡某到杭州工作,胡某不同意,说劳动合同约定的工作地点是上海市,而公司却擅自变更合同,安排他到杭州工作,即使是要变更也要和他商量,因而胡某拒绝了公司的安排。而该公司以胡某拒不服从工作安排为由,解除劳动合同,并认为,安排胡某到杭州工作是工作的需要,属于企业生产经营自主权的范畴,这不算劳动合同变更。那么,工作地点的变动是否属于劳动合同变更?是否需要和员工商量并取得员工同意?显然,答案均为是。

三、劳动合同的解除与终止

劳动合同解除与劳动合同终止都导致劳动法律关系的结束,其区别在于两者发生的时间不同:前者发生在劳动合同有效期届满或者履行完毕之前,而后者发生在劳动合同有效期届满或者履行完毕之时。

劳动合同解除是指在劳动合同订立以后,有效期届满或者履行完毕之前,当事人双方提前结束劳动合同效力的法律行为。劳动合同的解除可分为协商解除和单方解除(图9-3)。单方解除又可分为劳动者单方解除和用人单位单方解除两种情形。

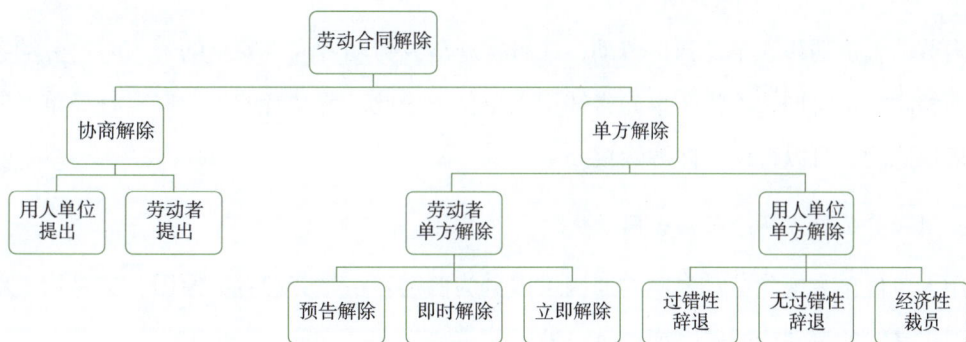

图 9-3　我国劳动合同解除的法定情形

劳动合同的终止是指由于一定的法律事实,劳动合同的法律效力终止,劳动者与用人单位之间的劳动关系不复存在。

(一)劳动合同如何解除

1. 协商解除劳动合同

劳动合同是由双方当事人协商一致达成的,在履行过程中,双方当事人也有权再通过协商一致解除劳动合同。当事人协商一致既是劳动合同协商解除的程序，又是协商解除的条件。

2. 劳动者单方解除劳动合同

劳动者在一定条件下可以不经用人单位同意而单方解除劳动合同，具体包括预告解除、即时解除和立即解除三种情形。

（1）劳动者预告解除劳动合同

劳动者提前30日以书面形式通知用人单位（在试用期内须提前3日），即可以解除劳动合同。此时劳动者只需履行预告程序，无须用人单位批准，预告期满后劳动者即可离职。需要注意的是，劳动者一定要自觉履行预告程序，为用人单位寻找新的劳动者提供必要的准备时间。

（2）劳动者即时解除劳动合同

根据《劳动合同法》第三十八条的规定，在用人单位存在下列情形之一时，劳动者可以即时解除劳动合同：①未按照劳动合同约定提供劳动保护或者劳动条件的；②未及时足额支付劳动报酬的；③未依法为劳动者缴纳社会保险费的；④用人单位的规章制度违反法律、法规的规定，损害劳动者权益的；⑤因本法第二十六条第一款规定的情形致使劳动合同无效的；⑥法律、行政法规规定劳动者可以解除劳动合同的其他情形。由于劳动者有正当理由提出解除劳动合同，所以无须履行预告程序，只要随时通知用人单位即可解除劳动合同。

（3）劳动者立即解除劳动合同

当劳动者遭遇用人单位强迫劳动，或者实施危及劳动者人身安全的行为时，劳动者可以立即解除劳动合同，不需要事先告知用人单位。因此，劳动者的生命安全是最重要的，一旦遭遇危险，可以行使立即解除权。

3. 用人单位单方解除劳动合同

用人单位单方解除劳动合同的原因可以分为两类：一是劳动者的原因；二是用人单位的原因。具体的劳动合同解除情形有三种。

（1）过错性辞退

过错性辞退主要是针对劳动者存在过错的情况，用人单位不需要提前预告劳动者即可以单方解除劳动合同。根据《劳动合同法》第三十九条规定，过错性辞退具体包括以下情况：①在试用期间被证明不符合录用条件；②严重违反用人单位的规章制度的；③严重失职，营私舞弊，给用人单位造成重大损害；④劳动者同时与其他用人单位建立劳动关系，对完成本单位的工作任务造成严重影响，或者经用人单位提出，拒不改正；⑤因《劳动合同法》第二十六条第一款第一项规定的情形致使劳动合同无效；⑥被依法追究刑事责任的。

（2）无过错性辞退

当劳动者不能胜任工作或因客观原因导致劳动合同无法履行时，用人单位可以对劳动者进行无过错性辞退。根据《劳动合同法》第四十条规定，无过错性辞退适用的情形包括：①劳动者患病或者非因工负伤，在规定的医疗期满后不能从事原工作，也不能从事由用人单位另行安排的工作；②劳动者不能胜任工作，经过培训或者调整工作岗位，仍不能胜任工作；③劳动合同订立时所依据的客观情况发生重大变化，致使劳动合同无法履行，经用人单位与劳动者协商，未能就变更劳动合同内容达成协议。需要注意的是，用人单位需要提前 30 日书面通知劳动者或者额外支付劳动者一个月的工资作为补偿。

（3）经济性裁员

经济性裁员是用人单位生产经营状况发生重大变化时，通过大量辞退劳动者以改善生产经营状态的经济手段。在我国，裁减人员 20 人以上或者裁减不足 20 人但占企业职工总数 10% 以上的，属于经济性裁员。由于经济性裁员将引发大量的劳动者失业，对社会稳定造成不利影响，因此劳动合同法对此进行了严格的规制，用人单位必须依照法定的条件和程序与被裁减人员解除劳动合同。

（二）劳动合同终止的原因

根据《劳动合同法》第四十五条规定，劳动合同终止的原因主要有下列情形：

第一，劳动合同的期限届满。对于固定期限的劳动合同而言，在合同约定的期限届满后，如果双方当事人没有续订或者依法延期，劳动合同终止。为了体现对劳动者利益的维护，《劳动合同法》还规定了特殊情况下劳动合同必须延期终止的情形。

第二，劳动者死亡，被人民法院宣告死亡或者宣告失踪。

第三，企业依法被宣告破产、解散、关闭或者撤销，主体资格消灭。

第四，劳动者达到退休年龄或者完全丧失劳动能力。

（三）劳动合同解释与终止中的经济补偿金

经济补偿金是因不可归责于劳动者主观过错的原因解除或终止劳动合同时，用人单位按照法律规定支付给劳动者的生活补助费。目的是为劳动者在结束原有劳动关系寻找到新的工作之间提供一定的生活保障。

1. 经济补偿金的适用条件

根据《劳动合同法》第四十六条规定，在下列情形下，用人单位应当向劳动者支付经济补偿：①劳动者依照《劳动合同法》第三十八条规定解除劳动合同的；②用人单位依照《劳动合同法》第三十六条规定向劳动者提出解除劳动合同并与劳动者协商一致解除劳动合同的；③用人单位依照《劳动合同法》第四十条规定无过错性辞退劳动者的；④用人单位依照《劳动合同法》第四十一条第一款规定解除劳动合同的；⑤除用人单位维持或者提高劳动合同约定条件续订劳动合同，劳动者不同意续订的情形外，依照《劳动合同法》第四十四条第一项规定终止固定期限劳动合同的；⑥依照《劳动合同法》第四十四条第四项、第五项规定终止劳动合同的；⑦法律、行政法规规定的其他情形。

2. 经济补偿金的支付标准

按照我国《劳动合同法》的规定，经济补偿按劳动者在本单位工作的年限，每满1年支付1个月工资的标准向劳动者支付。6个月以上不满1年的，按1年计算；不满6个月的，支付半个月工资的经济补偿。但当劳动者的月工资高于用人单位所在地上年度职工月平均工资三倍的，用人单位按照当地职工月平均工资三倍的数额支付经济补偿金，并且可计算年限最高不超过12年。

另外，《劳动合同法》还规定了赔偿金，在用人单位违反法律规定解除或者终止劳动合同时，应当按照经济补偿金标准的二倍向劳动者支付赔偿金。

AV 影音 9-2

维护新业态劳动者权益

播出平台	中央电视台	栏目简介
频道名称	社会与法频道 CCTV-12	这是一档法治评论栏目，一个案例胜过一沓文件，节目通过解读经典案例，剖析法理、情理、事理，凝聚社会共同价值理念，解读法治的精神，展示中国法治建设的重大成就
栏目名称	法治深壹度	
节目名称	法治的精神	
播出时间	2022 年 10 月	

近年来，随着互联网平台经济的快速发展，网约车司机、快递配送员、外卖骑手、网络主播等新业态从业者大量涌现，如何界定平台、企业与从业者之间的关系，更好地保障各方的权益，成为越来越突出的法律问题。

外卖骑手小蒙在送餐期间发生了一起严重的交通事故，可他没有和任何公司签订过书面劳动合同，工作的外卖站点也否认小蒙是自家员工，那他和外卖站点到底是什么关系，他能够获得工伤待遇吗？

小静是一位刚入行的网络主播，跟一家传媒公司签了份演艺合同，可不熟悉法律的小静，以为签的是劳动合同。刚工作三个月，就跟传媒公司发生了纠纷，小静自行离开传媒公司再次直播的时候，却被传媒公司告上了法庭，索赔 30 万元违约金，他们之间究竟是什么关系，小静和公司谁有过错呢？

责任与义务，是对劳动者和用工单位的共同要求，只有诚信履约，才能更好地构建和谐的劳动关系，从而营造健康有序的市场环境，让社会更加和谐美好。

摘编自央视网（2022 年 10 月 15 日）

模块四　劳动争议的处理

劳动者在工作中可能会遇到劳动纠纷或劳资争议，如果处理不当，会影响正常的工作和未来的职业发展。认识劳动争议处理机制，可以未雨绸缪，有备无患。在遇到争议时，以恰当的方式进行处理，可以最大限度地减少负面影响，更好地实现职业发展。

一、劳动争议处理机制

劳动争议又称为劳动纠纷、劳资争议、劳资纠纷。劳动法视野范围内的劳动争议仅指劳动关系双方当事人之间因劳动权利和劳动义务所发生的争议。劳动争议处理机制是由劳动争议处理的各种机构和方式在劳动争议处理过程中的各自地位和相互关系所构成的有机整体。中国法律规定的劳动争议处理方式包括协商、调解、仲裁和诉讼四种，并形成了一个从用人单位内部、工会，到劳动争议仲裁部门直至人民法院，从自力救济到公力救济的多元化劳动争议处理机制。

二、劳动争议调解

劳动争议调解是法定的劳动争议调解组织基于中立第三方角色对争议当事人双方进行疏导、说服，促使双方在互谅互解的基础上达成调解协议的纠纷解决方式。

（一）劳动争议调解组织

中国法定的劳动争议调解组织分为三级，包括企业劳动争议调解委员会，依法设立的基层人民调解组织，在乡镇、街道设立的具有劳动争议调解职能的组织。以上调解组织的建立改变了原来劳动争议调解组织和途径的单一化，为更多的社会调解机构依法参与劳动争议调解工作，充分发挥社会力量在解决劳动争议中的作用提供了途径。

（二）劳动争议调解程序

根据《中华人民共和国劳动争议调解仲裁法》（下称《劳动争议调解仲裁法》）的规定，劳动争议调解的具体程序如下：

1. 调解申请

劳动争议的双方当事人以一定方式向劳动争议调解组织提出调解的请求，申请调解是启动调解程序的必要步骤。

2. 调解受理

劳动争议调解组织在收到劳动争议当事人的申请后，经过审查，决定接受申请，启动调解行为。

3. 进行准备工作

劳动调解组织受理当事人的申请后应进行必要的准备工作，具体包括：一是对申请人进行告知和征询，二是对争议案件情况进行调查分析。

4. 实施调解

实施调解是劳动争议调解的中心环节，直接关系到调解的成效。调解的形式主要有直接调解、间接调解和召开会议调解三种。实施调解的结果有两种，一是调解达成协议，依法制作调解协议书；二是调解不成或未达成协议，要做好记录并制作调解处理意见书。

5. 调解执行

调解协议达成后，争议双方执行调解协议书。

（三）劳动争议调解协议的法律效力

达成调解协议后，一方当事人在协议约定期限内不履行调解协议的，另一方当事人可以依法申请仲裁。对于因支付拖欠工资报酬、工伤医疗费、经济补偿或者赔偿金事项达成的调解协议，如果用人单位不履行劳动者可以依法向人民法院申请支付令。

三、劳动争议仲裁

劳动争议仲裁是法律授权的仲裁机构根据法律的规定和当事人的申请，以第三者的身份，依法对劳动争议进行调解和裁决的法律制度。在中国，劳动仲裁是劳动争议诉讼的必经程序。

（一）劳动仲裁的受理范围

根据《劳动争议调解仲裁法》第二条规定，劳动仲裁委员会应当受理下列发生在用人单位与劳动者之间的劳动争议：

①因确认劳动关系发生的争议；

②因订立、履行、变更、解除和终止劳动合同发生的争议；

③因除名、辞退和辞职、离职发生的争议;

④因工作时间、休息休假、社会保险、福利、培训以及劳动保护发生的争议;

⑤因劳动报酬、工伤医疗费、经济补偿或者赔偿金等发生的争议;

⑥法律、法规规定的其他劳动争议。

此外,根据《最高人民法院关于审理劳动争议案件适用法律问题的解释(一)》(法释〔2020〕26号)第二条要求,下列纠纷不属于劳动争议:

①劳动者请求社会保险经办机构发放社会保险金的纠纷;

②劳动者与用人单位因住房制度改革产生的公有住房转让纠纷;

③劳动者对劳动能力鉴定委员会的伤残等级鉴定结论或者对职业病诊断鉴定委员会的职业病诊断鉴定结论的异议纠纷;

④家庭或者个人与家政服务人员之间的纠纷;

⑤个体工匠与帮工、学徒之间的纠纷;

⑥农村承包经营户与受雇人之间的纠纷。

(二)劳动仲裁的程序

劳动争议的程序分为申请、受理、开庭前的准备、开庭和裁决、裁决生效与执行五个主要阶段。

1. 申请

申请劳动仲裁一般应当提交书面的劳动仲裁申请书,如果劳动者确实有困难不能书面申请的,可以口头申请,由劳动仲裁委员会记入笔录并告知对方当事人或用人单位。

2. 受理

劳动仲裁委员会收到仲裁申请之日起5日内,应查明当事人的申请是否符合法定条件,符合受理条件的,应当受理,并通知申请人;认为不符合受理条件的,应当书面通知申请人不予受理,并说明理由。

3. 仲裁准备

根据《劳动争议调解仲裁法》第三十条规定,劳动仲裁委员会受理申请后,应当在5日内将仲裁申请书副本送达被申请人。被申请人收到仲裁申请书副本后,应当在10日内向劳动仲裁委员会提交答辩书。劳动仲裁委员会收到答辩书后,应当在5日内将答辩书副本送达申请人。被申请人未提交答辩书的,不影响仲裁程序的进行。

4. 开庭和裁决

仲裁委员会、仲裁庭在当事人及其他仲裁参与人的参加下,依照法定程序对案件进行实体审理。如果调解不成或者调解书送达前,一方当事人反悔的,仲裁庭应及时作出裁决。

190

5.仲裁裁决的生效和执行

对劳动报酬、工作时间等劳动标准的仲裁裁决为终局裁决，裁决书自作出之日起产生法律效力。但以下两种情况除外：①劳动者对以上仲裁裁决不服，自收到仲裁裁决书之日起15日内向人民法院提起诉讼的；②用人单位依法申请撤销裁决，仲裁裁决被人民法院裁定撤销的。

四、劳动争议诉讼

当事人对劳动仲裁裁决不服的，可以在法定时间内向人民法院提起诉讼。诉讼是保护劳动者合法权益的最后一道屏障，体现了司法最终救济原则。由于中国没有设立专门的劳动法院、劳动法庭，也没有劳动争议诉讼程序法，因而，目前劳动争议诉讼适用《中华人民共和国民事诉讼法》规定的程序，实行两审终审制，并由各级人民法院的民事审判庭受理，程序上包括劳动争议案件的起诉、受理、调查取证、审判和执行等一系列诉讼程序。

（一）劳动争议诉讼的程序

劳动争议诉讼程序包括一审程序、二审程序和审判监督程序。与二审、审判监督等程序相比，一审具有程序完整和适用广泛的特点，在劳动争议诉讼中的地位最为重要。一审程序包括起诉和受理、庭审前准备、开庭审理和裁判四个阶段，其中庭审前准备、开庭审理与劳动争议仲裁程序相同，这里不再赘述。

1.起诉和受理

劳动争议诉讼实行"不告不理"原则，因此，起诉和受理是劳动争议诉讼的启动程序。劳动争议诉讼阶段的立案材料与劳动仲裁阶段提供的材料相似，均需提交书面的起诉状、相关证据材料以及原被告身份信息材料，并将劳动仲裁裁决原件及复印件一并提交。

2.作出判决

人民法院在对劳动争议案件进行审理后，根据案件的不同情况，作出劳动争议裁定书、劳动争议调解书和劳动争议判决书。其中，劳动争议裁定书是人民法院在审理和执行过程中，就程序问题或部分实体问题所制作的文书。劳动争议调解书是在人民法院的主持下，对争议双方说服教育，当事人双方协商一致达成的协议。该调解书与判决书、裁定书具有同等的效力，经双方当事人签收后便具有法律强制力，一方拒绝履行的，对方当事人可以向人民法院申请强制执行。如果未调解成或者调解书送达前一方当事人反悔的，人民法院应当及时作出判决。

（二）劳动争议诉讼的举证责任

劳动争议诉讼过程中，举证责任的分配基本上参照民事诉讼举证规则，即实行"谁主张，谁举证"原则，但基于劳动争议双方当事人在举证能力上的差异，法律考虑到用人单位在证据的收集和掌握方面具有优势，对举证责任作出了特殊规定，在一定条件下将举证责任转移给用人单位，实行"举证责任倒置"。

根据《最高人民法院关于审理劳动争议案件适用法律问题的解释（一）》（法释〔2020〕26号）第四十四条规定，在劳动争议纠纷案件中，因用人单位作出的开除、除名、辞退、解除劳动合同、减少劳动报酬、计算劳动者工作年限等决定而发生的劳动争议，用人单位负举证责任。这就意味着，在这些劳动争议案件中，用人单位应当承担举证责任，如果用人单位提不出足够的证据证明其决定的合法性，则无须劳动者举证证明，用人单位就承担败诉的法律后果。需要注意的是，劳动者主张加班费时，应当对加班事实进行举证，但如果劳动者有证据证明这些证据是由用人单位管理掌握的，此时举证责任将发生倒置。

互动交流

1. 我国劳动法的适用范围有哪些？
2. 劳动合同的法定解除情形有哪些？
3. 我国劳动法对限制延长工作时间有哪些主要规定？
4. 论述工资支付保障制度的内容。
5. 论述劳动争议的处理机制和程序。

案例任务

公司的行为是否合法？

2016年9月30日，某公司人力资源部发出通知，要求所有员工"十一"国庆节放假期间照常上班，理由是黄金周产品好销售，节后将给员工进行补休。员工张某提出补休不符合《劳动法》的规定，公司应当支付加班费，但遭到了人力资源部经理王某的拒绝。因此张某在"十一"国庆节期间没有到公司加班。10月8日，公司总经理即宣布解除公司与张某的劳动合同，理由是张某不服从管理，违反公司规章制度。在多次交涉无果的情况下，张某只好到当地劳动仲裁委员会提起仲裁申请。

请分析：

1. "十一"国庆节假期加班，公司只补休不支付加班费的行为是否合法？
2. 劳动者在国庆节七天进行加班，公司应当如何支付加班费？
3. 公司以张某违反规章制度为由解除劳动合同是否合法？

第十讲

劳动关系与未来职业

本讲概要

　　大学生是未来各行各业的劳动者，需关注经济社会的最新发展，以及新技术、新经济、新业态对未来工作的影响。新技术一方面是劳动力市场中的外生冲击，对经济发展和就业产生影响，另一方面又内生于新经济和新业态中，并伴随其共同发展。本讲在介绍新技术、新经济和新业态等概念的基础上，概述新型劳动与未来工作，介绍新型劳动关系及新业态企业面临的新型劳动关系协调困境，探讨互联网平台的劳动关系和潜在的劳动权益风险等内容。

学习目标

　　1. 阐述新技术、新经济与新业态的内涵。
　　2. 列举新型劳动与未来工作的种类和内容。
　　3. 分析"三新"对就业和劳动关系的影响。
　　4. 比较新型劳动关系与传统劳动关系的异同。

内容导图

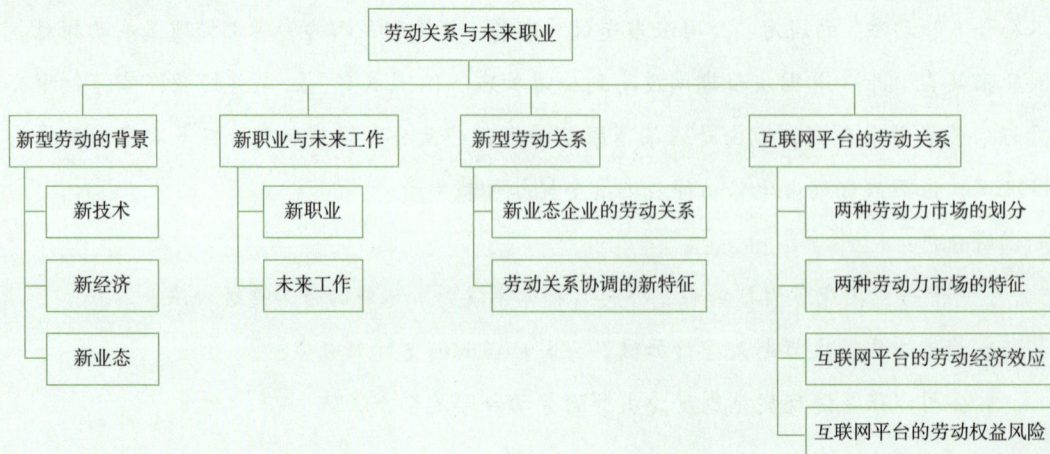

网络主播成"网红",要求确认劳动关系

在互联网经济蓬勃发展的背景下,现代社会用工形态出现了新发展。2016 年 1 月,阿娇与上海某网络科技中心签订《主播经纪协议》,由该公司安排其在某网站上的指定直播间主播。协议对阿娇工作内容、双方权利义务、权利归属、合作费用、收益分配、违约责任等进行约定,并约定阿娇从事的主播事业包括参与所有游戏或娱乐的线上、线下直播、录制或表演等一切相关演艺事务,以及涉及其名誉、姓名、肖像、表演、著作权等一切相关演艺活动;约定该公司在全世界范围内担任阿娇独家经纪公司,独家享有其全部主播事业的经纪权;协议期限 36 个月;公司每月向阿娇支付保底收入 5000 元。

经过经纪公司的包装、宣传,阿娇在网络上逐渐具有了一定知名度。3 个月后,阿娇退出公司在某网站上的指定直播间,并以公司未按规定为其缴纳社会保险费为由向劳动人事争议仲裁委员会申请仲裁,申请要求确认 2016 年 1 月 1 日至 3 月 31 日期间与经纪公司存在劳动关系,并要求经纪公司支付解除劳动关系经济补偿金 2500 元。

仲裁委员会对其请求不予支持。阿娇诉至基层法院被驳回。阿娇不服判决,向上海市第一中级人民法院(下称上海一中法院)提起上诉。

2017 年 2 月 7 日,上海一中法院对这起上海市首例网络主播要求确认与经纪公司劳动关系一案二审开庭审理,并当庭宣判,确认双方无劳动关系(图 10-1)。

图 10-1 劳动关系核心在于劳动者是否受到用人单位管理约束

上海一中法院认为,《主播经纪协议》系双方就开展演艺活动、提供经纪服务等民

事活动的权利义务约定，并非劳动权利义务的约定，不符合劳动关系的特征，故对阿娇要求确认与对方存在劳动关系、对方支付解除劳动关系经济补偿金的诉请不予支持。该案合议庭审判长认为，认定劳动关系核心在于劳动者是否受到用人单位管理约束。

摘编自《解放日报》（2017年2月14日）

请思考：

1. 网络主播的工作内容通常有哪些？

2. 网络主播与经纪公司的劳动关系与传统行业的劳动关系有何不同？

模块一　新型劳动的背景

一、新技术

（一）技术进步带动产业发展

从第一次工业革命中蒸汽机的使用，到第二次工业革命中电力促进规模化生产，再到第三次工业革命中半导体、计算机和互联网催生产业变革，生产自动化一直是经济增长的趋势之一。2013年德国汉诺威工业博览会提出工业4.0后，以物联网、大数据、机器人及人工智能等技术为驱动力的第四次工业革命正以前所未有的态势席卷全球。

人工智能（Artificial Intelligence，简称AI）推动生产自动化进入新的发展阶段，人工智能将使自动巡航、计算机自动控制汽车发动机、核磁共振机器和AI放射成为可能。新技术的拓展和广泛应用已经成为不可阻挡的新趋势。

（二）新技术催生新经济

本讲之中的新技术概念，主要是指在21世纪以后发展起来的，以物联网、大数据、机器人及AI为代表的数字技术所驱动的社会生产方式，或者称为第四次工业革命。它推动工厂之间、工厂与消费者之间的"智能连接"，使生产方式从大规模制造转向大规模定制，其核心是网络化、信息化与智能化的深度融合。新技术催生了新经济，主要呈现特征为深度信息化、高度智能化、供给绿色化和需求定制化。

1. 深度信息化

第四次工业革命是一次重大的信息处理技术革命，信息处理技术将进入移动互联时代，推动物联网全面发展。移动信息技术带来空间和时间的灵活性，将改变商业运作模式，促进整个工业及经济更加系统化。市场对信息化的需求日渐扩大，世界信息与通信技术革命进入了协同融合创新时代。

2. 高度智能化

第四次工业革命将使劳动者和劳动工具、劳动对象的关系发生重大变化。AI 正渗透到人类生活的各个方面，智能机器人不仅可以替代人的肢体能力，更有可能超越人类智力。如 2017 年 5 月，AI 围棋程序"阿尔法狗"与世界排名第一的中国围棋选手柯洁进行了三场比赛并全部获胜，这说明 AI 在某些分析博弈领域已经超越了人类。新技术每渗透一个领域或部门，均带来新的秩序和结构变迁，如数字经济、大数据经济、共享经济、智能经济、物联网经济、计算经济等是经济的新结构形式；智慧城市、智能社会等是社会的新结构形式；电商、网联汽车、产业互联网等是产业的新结构形式；网络化、虚拟化、平台化是商业组织的新结构形式。

3. 供给绿色化

前三次工业革命在推进人类繁荣发展的同时，也造成了巨大的能源和资源消耗及环境生态破坏，加剧了人与自然之间的矛盾。尤其是进入 21 世纪以来，全球能源与资源危机、全球生态与环境危机、全球气候变化危机与全球经济危机交互影响，迫使世界主要国家开始寻找新的产业发展路径，推动产业结构加速变革，一系列生产要素从以自然要素投入为特征，开始转向以绿色要素投入为特征，人类利用资源的方式从消耗化石能源为主转向消耗可再生能源为主这是第四次工业革命区别于前三次工业革命的根本特征。

4. 需求定制化

第三次工业革命实现了大批量定制，第四次工业革命将低成本个性化定制变为现实，如双星集团建立了全球轮胎行业第一个全流程"工业 4.0"智能化工厂，通过互联网，消费者可以根据自己的需求及偏好个性化地轮胎的尺寸、花纹、颜色等。

二、新经济

（一）认识新经济

纵观人类历史，每个时代都有属于该时代的新经济。它们有些开拓了新的经济领域，如葡萄牙、西班牙开辟的大航海时代和荷兰建立海上贸易之路打开的全球贸易之门；有些则是对传统产业的深度升级，如以机械化为特征的第一次工业革命。但以新经济这一名词指代经济发展，最早是被用来概括美国在 20 世纪 90 年代的经济繁荣。当时，《商业周刊》杂志主编和美国商务部经济分析局局长分别撰文，认为全球化和信息技术是新经济不可或缺的内容。过去几十年世界经济格局发生了一系列重要变化，其中全球化的推进和信息技术的普及是最为耀眼的两个方面，同时也是科技成果能够转化为商业活动的重要条件。全球化的推进和信息技术的普及为新技术、新业态和新商业模式的扩散提供了前所未有的力量。

新经济这个词本身并不新，在 20 世纪 90 年代末至 21 世纪初美国一直在提新经济。现在新经济已不再特指美国的经济现象，而是指世界范围新一轮科技和产业革命所驱动的经济活动和经济形态，其技术革命基础虽然以互联网、物联网、云计算、大数据、新一代通信等信息技术为主，但还包括智能机器人、增材制造（又称 3D 打印）、无人驾驶汽车等智能制造技术，以及以纳米、石墨烯等新材料技术，氢能、燃料电池等清洁能源技术，基因组、干细胞、合成生物等生物技术。新经济既表现为基于这些新技术产生的各类新产业、新业态和新模式，还表现为传统产业与新技术融合发展。

（二）新经济对工作的影响

以大数据、云计算、人工智能等数字技术为代表的第四次工业革命快速发展，新技术在提高劳动生产率、变革生产关系的同时，也影响着就业数量、结构和质量等。新经济既表现为数字化知识和信息等新生产要素，又表现为互联网技术进步。

新经济对工作的影响分为直接影响和间接影响。如图 10-2 所示，直接影响表现为技术进步衍生出更加灵活的雇用模式，改变了工作方式，通过数字化和人工智能等技术替代人工劳动，或与人工劳动互补，改变了工作岗位的数量。间接影响表现为信息要素参与到生产过程中，通过经济规模的动态变化，对劳动力产生派生需求。

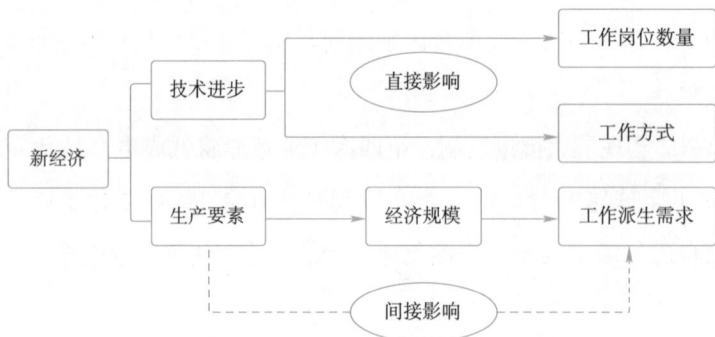

图 10-2　新经济对工作的影响

新经济通过三种机制影响未来的工作：

1. 互补效应或替代效应

人工智能带来的技术进步有两种趋势：一种是沿着以往的技术进步路线，对低技能劳动、重复性劳动进行替代；另一种是为了安全、高效地工作而对已有工作进行整合和协同，如协作机器人，不是替代人类工作，而是提高人类工作的生产力，同时降低工作场所人员伤害的风险。

2. 规模效应

信息作为一种新的虚拟生产要素，以更低的成本促使新企业涌现，开辟崭新的经济增长空间。一是经济规模扩大引起新的岗位需求，二是数字信息类创业企业创造了新的工作岗位。

3. 匹配效应

互联网是一个信息平台，有利于避免传统劳动力市场中供求信息不匹配。新经济将借助大数据信息和互联网平台，时时共享信息，动态匹配供求信息，以更灵活的用工方式创造各种形态的工作机会。

（三）中国的新经济

在中国，新经济最初是以信息技术为载体进入经济社会生活的。早在1998年，中国就在邮电部和电子工业部的基础上组建了信息产业部，其主要职责是：研究拟订国家信息产业发展战略、方针政策和总体规划，振兴电子信息产品制造业、通信业和软件业，推进国民经济与社会服务信息化等。到2008年，中国组建了工业和信息化部，在信息化方面的主要职责是管理通信业，指导推进信息化建设。2015年，工业和信息化部的职责有所调整，突出了推进"信息化和工业化融合"的相关职责。

中国新经济的提法最早出自2014年10月印发的《国务院关于加快科技服务业发展的若干意见》（国发〔2014〕49号），该文件提出"加快科技服务业发展……是调整优化产业结构、培育新经济增长点的重要举措……"。在《国务院办公厅关于对全国第二次大督查发现的典型经验做法给予表扬的通报》（国办发〔2015〕54号）中，新经济被具体地表述为"新技术、新产业、新模式、新业态"的"四新经济"。

新经济的发展很大程度上影响了近十年来中国经济的发展。图10-3显示了新经济代表企业的发展和中国经济增长的关系。每当新经济企业有长足进步时，中国的经济表现基本都是向上的。虽然它们之间并没有必然的因果关系，但可以看出新经济发展和整体经济的发展几乎同步。

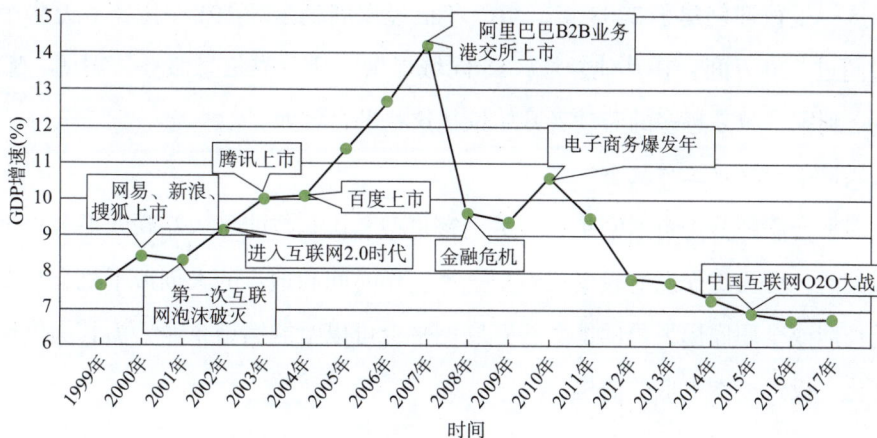

图10-3　新经济代表企业发展与中国经济增长的关系

三、新业态

（一）新业态百花齐放

每一次新经济的发展，都会带来新的经济业态。互联网、大数据、AI和物联网等信息技术快速发展，与第一、二、三产业逐渐融合，创造出智慧城市、智慧交通、智慧旅游、智慧农业、生物农业、观光农业、远程授课、移动办公、跨境电子商务等新业态。

新业态大多数是将现代元素融入传统行业，通过技术创新、技术改造、不同产业融合等方式升级旧业态。新业态分为以下三种：一是以农业为主的新业态，比如旅游农业、创意农业等；二是以工业为主的新业态，比如工业设计服务、个性化定制服务等；三是以服务业为主的新业态，比如，技术创新所推动的移动互联网、大数据等新业态，"互联网＋教育""互联网＋物流"，还有共享经济、创客空间等具有现代服务业特征的新业态。

（二）新业态典型：互联网平台行业

1. 概念及内涵

在新一代信息技术的驱动下，各类新业务、新应用蓬勃发展，采用互联网平台的组织模式，吸引不同用户群体入驻平台，通过提供信息服务，促成各类用户之间互动或交易。互联网平台是在线市场交易的组织者和重要载体。

世界范围内，很多领域已经出现了各类"明星级"的互联网平台型企业，尤其是在交通出行和住宿两个领域，分别出现了优步（Uber）和爱彼迎（Airbnb）两个百亿美元级别的全球性企业。优步创建于2009年，运营范围已经从最初的美国旧金山发展到了70多个国家和地区。爱彼迎创建于2008年，2017年已经发展到全球191个国家6万多个城市，房间数量超过300万间。在其他领域，58同城提供生活分类信息服务，美团、饿了么将餐厅美食送到家，越来越多的劳动者开始依托这些平台就业。

2. 互联网平台提供工作机会

互联网平台服务分为资本密集型、劳动密集型和认知技能型。互联网平台提供的工作通常比较灵活，可为工作意愿较弱或希望选择工作时间和地点的人创造了机会。微型企业往往缺乏长期或全职雇用人员的能力，互联网平台可以赋能微型企业，为其提供比本地市场更多样化、投入成本更低的商机。

数字经济大巡游——华为中国生态之行 2020

近年来，各行各业的数字化先行者已经从数字化转型中收获新的价值：对政府而言是"善政、兴业、惠民"，对企业而言是技术创新、管理创新和商业模式创新，这在"华为中国生态之行 2020"中体现得尤为突出。

华为积极响应湖北省需求，基于 5G、云计算、大数据等新一代技术的应用，为应急通信、智慧医疗、政府指挥、在线教育等系列工作提供保障，也在复工复产中为企业提供数字化支撑。

北京市通过与华为合作构建起服务型数字政府，不仅实现"一窗通办"，让政务服务更便捷，还从原来的"最多跑一次"升级到"秒报秒批"，真正让线上办理零延时（图 10-4）。

图 10-4　服务型数字政府让公共服务更有温度

在广东省东莞市，华为助力东莞市建设"云数网"，夯实政府服务数字底座，打造全市"一体化一盘棋"数字政府建设体系，推动在营商环境、生态文明、城市运行、民生保障、行政效能等领域创新应用。

随着数字化应用深入到越来越多行业的核心场景中，华为从单纯的产品技术提供商，变成行业转型升级、创新发展的同路人。

摘编自新华财经网（2020 年 10 月 30 日）

模块二　新职业与未来工作

新技术和新经济催生新业态，新业态催生新职业。随着技术和经济的发展，各类业态百花齐放，新职业也层出不穷。未来工作会有更多的类型，大学生也有更多的择业空间。认识新的职业和工作类型，会为其职业发展历程提供更多选择。

一、新职业

《中华人民共和国职业分类大典》（下称《大典》）是我国对职业进行科学分类的权威性文献，在开展劳动力需求预测和规划、统计分析就业人口结构和趋势、开展职业教育培训和就业指导等工作中发挥着基础性和导向性作用。

（一）新职业助力国家战略

《大典》于1999年颁布，2015年完成第一次修订，2022年完成第二次修订。《大典（2022年版）》的修订紧密围绕制造强国、数字中国、绿色经济、依法治国、乡村振兴等国家重点战略。比如，围绕制造强国战略，新增工业机器人操作员和运维人员等；围绕乡村振兴战略，新增农业数字化技术员和农业经理人。与《大典（2015年版）》相比，《大典（2022年版）》净增了158个新职业，职业数达到了1639个。

《大典（2022年版）》的亮点和创新是首次标注了97个数字职业，约占职业总数的6%。2022年9月，在人力资源和社会保障部举行的新闻发布会上，国家职业分类大典修订专家委员会主任、中国就业培训技术指导中心主任吴礼舵表示，标注数字职业有以下四点重要作用和意义：

第一，有利于推动数字经济的发展。近年来，我国数字经济发展非常迅猛，到2021年底其规模已经达到45.5万亿元，占GDP比重达到39.8%。通过标注数字职业，一方面可以反映出各个行业在数字化进程当中的一些变化，同时也反映出这个行业未来数字经济发展的趋势，为国家加大数字经济政策创新力度提供有益参考。

第二，有利于加速数字技术创新。数字职业是伴随着数字技术的发展而来的，通过标注数字职业，可以提升数字职业社会的认同度和公信力，可以成为广大劳动者选择职业发展的风向标，也可以引导越来越多的技术技能人才投身到数字经济建设的伟大实践当中来，为推动我国数字技术的创新贡献力量。

第三，有利于数字人才队伍建设。人才是第一资源，标注数字职业有利于规范数字职业标准的开发，引导院校专业的设置。同时，对数字资源培训课程的开发也发挥着积极的引导作用。通过这些基础资源的开发，对数字人才的培养、评价和使用提供基础，拓展人才发展空间，畅通职业发展通道，激发人才创新活力，通过人才创新带动数字经济的发展，推动数字技术的转型。

第四，有利于提升全民数字素养和技能。目前，随着数字产业的发展，数字经济的发展，数字素养和技能已经融入百姓日常生活当中。通过标注数字职业，可以激发全民参与到数字经济建设的过程中来，进一步激发全民提升数字素养的热情，为未来数字产业的发展营造良好的氛围。

（二）产业发展催生新职业

2019年4月，《人力资源社会保障部办公厅 市场监管总局办公厅 统计局办公室关于发布人工智能工程技术人员等职业信息的通知》（人社厅发〔2019〕48号）印发，确定了人工智能工程技术人员等13个新职业信息（表10-1）。

表 10-1

序号	职业名称	定 义
1	人工智能工程技术人员	从事与人工智能相关算法、深度学习等多种技术的分析、研究、开发，并对人工智能系统进行设计、优化、运维、管理和应用的工程技术人员
2	物联网工程技术人员	从事物联网架构、平台、芯片、传感器、智能标签等技术的研究和开发，以及物联网工程的设计、测试、维护、管理和服务的工程技术人员
3	大数据工程技术人员	从事大数据采集、清洗、分析、治理、挖掘等技术研究，并加以利用、管理、维护和服务的工程技术人员
4	云计算工程技术人员	从事云计算技术研究，云系统构建、部署、运维，云资源管理、应用和服务的工程技术人员
5	数字化管理师	使用数字化智能移动办公平台，进行企业或组织的人员架构搭建、运营流程维护、工作流协同、大数据决策分析、上下游在线化连接，实现企业经营管理在线化、数字化的人员
6	建筑信息模型技术员	利用计算机软件进行工程实践过程中的模拟建造，以改进其全过程中工程工序的技术人员
7	电子竞技运营师	在电竞产业从事组织活动及内容运营的人员
8	电子竞技员	从事不同类型电子竞技项目比赛、陪练、体验及活动表演的人员
9	无人机驾驶员	通过远程控制设备，操控无人机完成既定飞行任务的人员
10	农业经理人	在农民专业合作社等农业经济合作组织中，从事农业生产组织、设备作业、技术支持、产品加工与销售等管理服务的人员
11	物联网安装调试员	利用检测仪器和专用工具，安装、配置、调试物联网产品与设备的人员
12	工业机器人系统操作员	使用示教器、操作面板等人机交互设备及相关机械工具，对工业机器人、工业机器人工作站或系统进行装配、编程、调试、工艺参数更改、工装夹具更换及其他辅助作业的人员
13	工业机器人系统运维员	使用工具、量具、检测仪器及设备，对工业机器人、工业机器人工作站或系统进行数据采集、状态监测、故障分析与诊断、维修及预防性维护与保养作业的人员

2020 年 2 月，《人力资源社会保障部办公厅 市场监管总局办公厅 统计局办公室关于发布智能制造工程技术人员等职业信息的通知》（人社厅发〔2020〕17 号）印发，确定了智能制造工程技术人员等 16 个新职业信息（表 10-2）。

2020 年新增新职业名称及其定义　　　　　　　表 10-2

序号	职业名称	定 义
1	智能制造工程技术人员	从事智能制造相关技术的研究、研发，对智能制造装备、生产线进行设计、安装、调试、管控和应用的工程技术人员
2	工业互联网工程技术人员	围绕工业互联网网络、平台、安全三大体系，在网络互联、标识解析、平台建设、数据服务、应用开发、安全防护等领域，从事规划设计、技术研发、测试验证、工程实施、运营管理和运维服务等工作的工程技术人员
3	虚拟现实工程技术人员	使用虚拟现实引擎及相关工具，进行虚拟现实产品的策划、设计、编码、测试、维护和服务的工程技术人员
4	连锁运营管理师	运用连锁经营管理工具及相关技术，进行业态定位、品类管理、营销企划、顾客服务、视觉营销等工作，负责门店业务管理的人员
5	供应链管理师	运用供应链管理的方法、工具和技术，从事产品设计、采购、生产、销售、服务等全程的协同，以控制整个供应链系统的成本并提高准确性、安全性和客户服务水平的人员
6	网约配送员	通过移动互联网平台等，从事接受、验视客户订单，根据订单需求，按照平台智能规划路线，在一定时间内将订单物品递送至指定地点的服务人员
7	人工智能训练师	使用智能训练软件，在人工智能产品实际使用过程中进行数据库管理、算法参数设置、人机交互设计、性能测试跟踪及其他辅助作业的人员
8	电气电子产品环保检查员	从事电气电子产品的整机、元器件、材料等环保检验、检测、监测、分析及数据处理，并利用检测结果改进产品环保设计、生产工艺、供应链环保溯源管理，以及环保检测新方法开发的技术及管理服务人员
9	全媒体运营师	综合利用各种媒介技术和渠道，采用数据分析、创意策划等方式，从事对信息进行加工、匹配、分发、传播、反馈等工作的人员
10	健康照护师	运用基本医学护理知识与技能，在家庭、医院、社区等场所，为照护对象提供健康照护及生活照料的人员
11	呼吸医疗师	使用呼吸机、肺功能仪、多导睡眠图仪、雾化装置等呼吸治疗设备，从事心肺和相关脏器功能的评估、诊治与康复，以及健康教育、咨询指导等工作的人员
12	出生缺陷防控咨询师	从事出生缺陷防控宣传、教育、咨询、指导，以及提供出生缺陷发生风险的询证信息、遗传咨询、解决方案建议、防控管理服务及康复咨询的人员
13	康复辅助技术咨询师	根据功能障碍者的身体功能与结构、活动参与能力及使用环境等因素，综合运用康复辅助技术产品，为功能障碍者提供辅助技术咨询、转介、评估、方案设计、应用指导等服务的人员
14	无人机装调检修工	使用设备、工装、工具和调试软件，对无人机进行配件选型、装配、调试、检修与维护的人员
15	铁路综合维修工	对铁路线路、路基、桥涵、隧道、信号、牵引供电接触网及附属设备进行检测、施工、养护、维修的人员
16	装配式建筑施工员	在装配式建筑施工过程中从事构件安装、进度控制和项目现场协调的人员

2020 年公布的新职业主要集中在新兴产业和现代服务业两个领域，具有以下三个特点：

一是生产制造和建筑领域的技术革新催生新职业。在制造业领域，由于技术革新，智能制造和工业互联网取得了长足发展，智能制造工程技术人员、工业互联网工程技术人员等新职业随之出现，相关从业人员快速增长。伴随高铁、无人机行业的快速发展和人们环保意识的增强，铁路综合维修工、无人机装调检修工和电气电子产品环保检测员等新职业应运而生。

二是现代服务业的快速发展催生新职业。近年来各类电商迅猛发展，快餐、生鲜、药品等领域的网约配送员大量涌现。伴随着人工智能和信息技术的发展，人工智能训练师、虚拟现实工程技术人员和全媒体运营师等新兴职业也备受追捧。

三是健康照护服务的大量需求催生新职业。随着居民收入水平提高、人口老龄化进程加快，健康检测、康复照护等需求不断增加，并要求更加专业化、精细化。健康照护师将为众多消费群体提供更加优质的服务。随着我国生育政策的逐步放开，民众对新生儿的健康问题越来越重视，出生缺陷防控咨询师将对优生优育发挥积极作用。

AV 影音 10-1

Hi 新职业——农业经理人

播出平台	中央电视台	栏目简介
频道名称	纪录频道 CCTV-9	这是一档有关职业的纪录片节目，讲述了一个个真实的新职业和个体。通过其如何创新思维，拥抱变化，克服困难，实现自我价值，展现了中国经济社会脉搏的有力跳动
栏目名称	Hi 新职业	
节目名称	农业经理人	
播出时间	2021 年 5 月	

农业发展从古至今都尤为重要，但在农业现代化的时代背景下，帮助农民走上致富的道路，可不是件容易的事！纪录片第五集聚焦农业经理人。他们致力于将智慧农业、规模化农业带入农村，帮助农民走上发家致富的道路。他们是新经济浪潮中盛放的时代浪花，其背后是年轻一代的劳动者，敢于思考、敢于创新、敢于实践的新生活。

纪录片前四集介绍的新职业分别为：民宿试睡员、实景地图采集员、铁甲设计师、犬行为训练师，以年轻生动的笔触描绘新职业如何引燃年轻人的梦想、热忱和力量，"新职人"又如何勇敢面对未知，冲破职业探索中的种种不安和困惑。

摘编自央视网（2021 年 5 月 5 日）

二、未来工作

未来的工作有三种可能：一是在技术进步动态变化中，某些工作岗位将会消失；二是在数字信息要素使用中，新的创业带动新工作岗位；三是在互联网平台，新就业形态不断涌现。

（一）一些工作岗位有可能被替代

新经济以 AI 和数字化技术为核心。AI 虽然可以胜任一些复杂工作，但是 AI 无法模仿和替代人的情感意识和感知能力，因此，工作内容具有创造性的岗位不易被 AI 替代，工作内容具有重复性或常规性的岗位容易被 AI 替代。

按照技术对工作岗位的替代程度和工作内容的常规性程度，可以将工作分为四种类型，如图 10-5 所示。第一象限内的工作岗位，其工作内容虽然具有一定技术门槛，但具体操作过程较为标准化，更多依赖劳动者的认知能力，而非人际交往能力，一旦人工智能技术达到技术要求的阈值，这类工作岗位被技术替代的可能性较大，代表性工作为会计、翻译校对和办事员等。第二象限内的工作岗位，其工作内容以程序化和规范化操作为主，技术替代性强，代表性工作为机器操作员、出纳员和打字员等。第三象限内的工作岗位，其工作内容虽然不具有规范性，但是技术替代性较强，代表性工作为清洁工、理发师和小商贩等。第四象限内的工作岗位，其工作内容集中在认知能力和人际情感交流技能方面，这类工作岗位不仅对技能要求较高，而且与技术进步具有相互增强性，代表性工作为研究员、教授/教师和管理人员等。

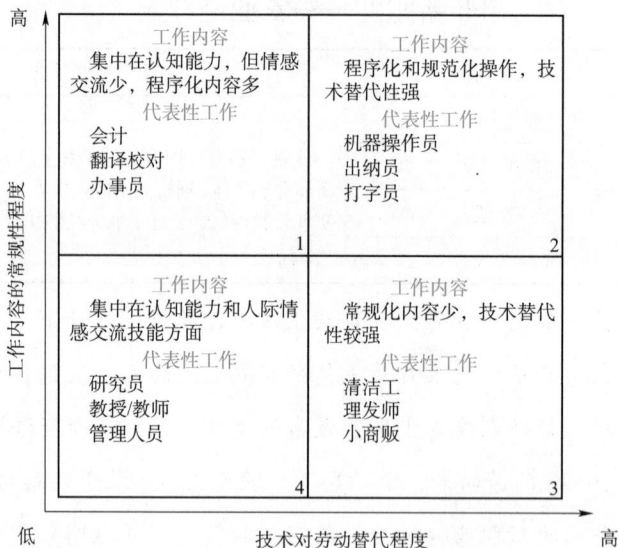

图 10-5　四种工作类型及其可替代性

金融数据服务商肯硕（Kensho）的创始人预计，未来金融行业 33%~50% 的工作岗位将被电脑替代。以数据信息工作为例，电脑程序完成时间仅需 1 分钟，而人工完成需要 40 个小时，后者每年还会产生 35 万美元的薪资成本。以银行信贷业务信审员为例，以前人工审核一天不过 50 单，如今风险控制进入"数据驱动"时代，机器每天审核量超过一万单，同时避免了人工审批主观性、效率低等弊端。

（二）创业带动新工作岗位

以数字化信息技术为生产要素的创业公司往往处于新经济领域，其有效提升了全社会平均生产效率，成为经济增长新动能。经验表明，创新和创业较强的国家，宏观经济增长较快或衰退较慢。如图 10-6 所示，创业指数越高的国家，人均 GDP 增长较快或衰退较慢，说明新创企业对经济增长具有促进作用。

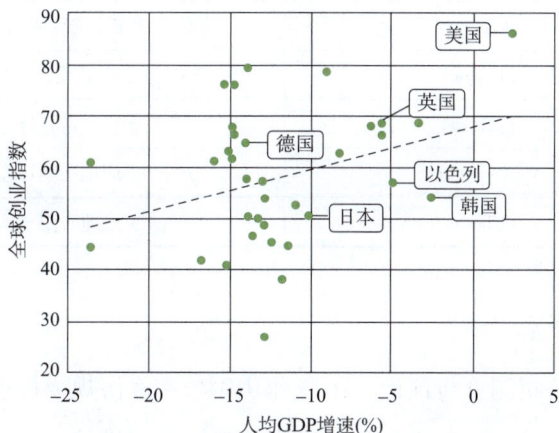

图 10-6 全球创业指数与人均 GDP 增速的关系

（资料来源：腾讯研究院《2016 互联网创新创业白皮书》）

创业不仅促进经济发展，还创造了新的工作岗位。2015 年中国提出"大众创业，万众创新"，创业带动就业成效显著。据腾讯发布的《2016 互联网创新创业白皮书》统计，截至 2016 年第二季度，腾讯开放平台上注册者数量达到 600 万人，在两年内共增加了 150 万名开发者，其中个人与公司的比例为 7∶3，直接带动个人就业和自雇就业 105 万人次。在美国，独角兽企业①为美国社会带来大量的工作岗位，如表 10-3 所示，美国太空探索技术公司（Space X）直接带动就业数量为 4000 人，数据分析公司（Mu Sigma）直接带动就业数量为 3500 人，美国帕兰提尔数据分析和安全公司（Palantir Technologies）直接带动就业数量为 2000 人，表中 11 家独角兽企业直接创造的就业岗位累计数量达到 18365 人。截至 2014 年 12 月的数据显示，优步除至少 900 余名直属员工外，在美国还拥有 162037 名完成至少 4 趟出行的"活跃司机"。

独角兽企业所创造的就业岗位数量（单位：人） 表 10-3

序号	创业公司	公司主要业务	带动就业
1	Space X	美国太空探索技术	4000
2	Mu Sigma	数据分析	3500

① 独角兽企业是投资界对于 10 亿美元以上估值、创办时间相对较短（一般为 10 年内）、还未上市的公司的称谓。

序号	创业公司	公司主要业务	带动就业
3	Palantir Technologies	金融大数据分析平台	2000
4	Zenefits	一站式云人力资源管理	1465
5	Bloom Energy	美国清洁能源	1200
6	Wework	众创空间，共享办公场所	1200
7	Apttus	人机对话交互的智能代理程序开发	1100
8	Clodera	Hadoop 数据管理软件与服务提供	1100
9	AppNexus	广告科技	1000
10	AppDynamics	应用性能管理	900
11	Uber	全球即时用车软件	900

数据来源：美国政策国家基金会。

（三）新就业形态

根据波士顿咨询公司测算与预计，2015 年中国数字经济规模接近 1.4 万亿美元，总就业容量达 1.13 亿人，预计到 2035 年中国整体数字经济规模接近 16 万亿美元，总就业容量达 4.15 亿人（图 10-7）。借助数字技术的广覆盖，无论是身处偏远山区的个人还是小微企业组织，均将无差别地被纳入全球性就业链条中。

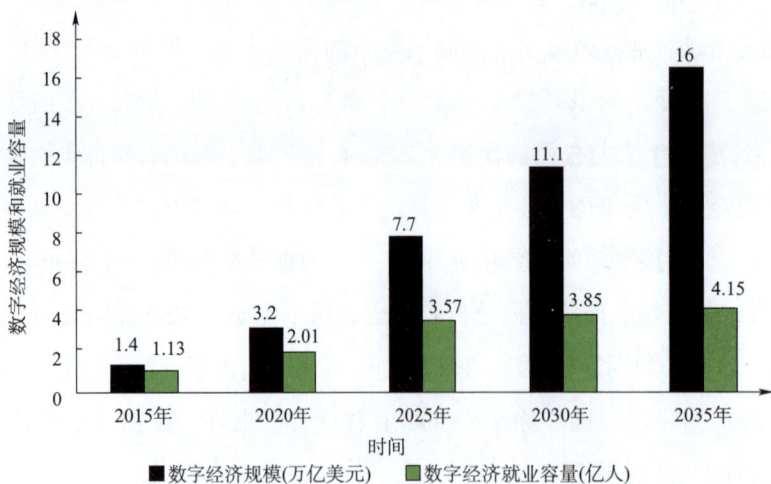

图 10-7　2015—2035 年中国数字经济规模和就业容量测算与预计

（资料来源：波士顿咨询公司，《迈向 2035：4 亿数字经济的未来》）

以互联网平台为依托，劳动力市场新就业形态不断涌现，新就业形态主要特征为就业领域新、匹配方式新、就业方式新、就业观念新（表 10-4）。

特征	界 定	具体表现
就业领域新	就业形态大量出现在互联网和数字技术渗透的创新企业和新创行业	新零售领域的"淘女郎"、体验师；泛娱乐领域的网络文学作家、网络视频主播，新金融领域的互联网金融岗位，新制造领域中数字工厂内的机器人操作员等
匹配方式新	新就业形态依托技术进步和数据共享，提高劳动力市场匹配效率，实现劳动供需快速对接，为企业提供了质优价廉的劳动力	美国人口中 1% 为印度裔；美国的信息、通信和技术行业的劳动者有 4% 来自印度，而在美国亚马逊的众包平台（Mechanical Turk）上，完成工作任务的工作者 22% 来自印度
就业方式新	新就业形态的就业方式更灵活、多元，许多劳动者通过信息技术直接与一个或若干个工作任务对接	许多个体在外部第三方共享平台上寻求多元化"零工"的"斜杠青年"和自主创业者，同时，传统组织也会内生出类似外部平台的灵活就业市场，借助任务平台外包、外部专家库、竞赛等方式匹配，产生合同工、兼职、外部专家等
就业观念新	传统观念上劳动者追求稳定的工作，更高的薪资报酬，标准化的工作时间，全面的福利保障和路径清晰的职业上升空间	新的就业观念逐渐转向更高质量的就业、更匹配的专业技能体现，平衡工作和生活的追求。在新的就业观念影响下，劳动者更愿意从事灵活性与自主程度更高的工作

　　平台经济、共享经济、"众包"和"众创"等新经济、新模式、新业态的快速发展，除了产生传统的雇用型就业外，还催生了自主创业、自由职业、兼职就业等灵活就业新模式。如图 10-8 所示，按照是否为固定工作场所，新就业平台分为众包和零工两大类。根据工作任务指向性，众包分为指向特定个人的自由职业群体和指向人群的微任务处理平台；零工分为指向特定个人的零工和指向人群的微任务处理平台。

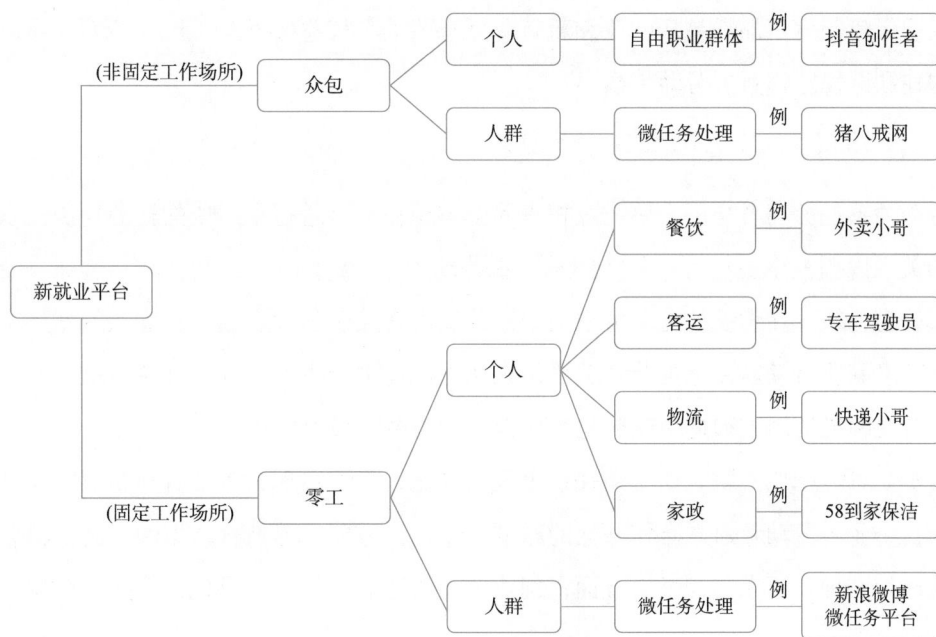

图 10-8　数字经济中新就业形态

新职业守护"夕阳红"

播出平台	中央电视台	栏目简介
频道名称	财经频道 CCTV-2	这是一档经济深度报道栏目，用经济的眼光关注社会热点，以严谨的态度、新闻的眼光、经济的视角、权威的评论，深度报道经济事件、透彻分析经济现象、准确把握经济脉搏
栏目名称	经济半小时	
节目名称	新职业守护"夕阳红"	
播出时间	2022 年 11 月	

让家里老人得到好的照顾是每个子女心里最大的愿望。随着人口老龄化进程的加快，人们对养老服务的需求正在极速放量增大。"老人陪诊员""助浴师""老年人能力评估师"等新型职业的出现成为就业市场新的增量。

摘编自央视网（2022 年 11 月 5 日）

模块三　新型劳动关系

党的二十大报告指出，要"健全劳动法律法规，完善劳动关系协商协调机制，完善劳动者权益保障制度，加强灵活就业和新就业形态劳动者权益保障。"广大劳动者需共同努力，构建和谐稳定的新型劳动关系。

一、新业态企业的劳动关系

劳动关系是劳动者与用人单位及相关社会组织在劳动过程中形成的社会经济关系。标准劳动关系以用人单位与劳动者之间的一重劳动关系、8 小时全日制劳动、遵守一个雇主的指挥等为特征。在传统的劳动关系当中，劳动者直接受雇于雇主，在雇主的直接指挥、监督下从事职业劳动。非标准劳动关系是在灵活就业中产生的一种特殊的劳动关系。日常生活中所说的灵活用工和灵活就业是非标准劳动关系的表现形式[①]。

与工业时代相比，新时期劳动关系出现新变化，主要表现为劳动者与企业共同进行各类创新，企业与劳动者建立合作共赢的新型关系。一方面，受教育水平的提高使得劳动者本身就成为一种"资本"，另一方面，创业企业创造出"众创、众包、众扶、众筹"等新

---

① 董保华. 论非标准劳动关系 [J]. 学术研究，2008，（7）：50-57.

模式、新业态，带来多样的就业岗位和灵活的劳动契约。创业带动就业，就业形式灵活化、就业时间弹性化、雇用关系多样化对传统劳动关系协调机制形成挑战。针对挑战，可通过"联盟"策略重建企业与员工之间的信任，在鼓励创新过程中，维护劳资合作共赢，寻求自由与公共利益之间的平衡。

现阶段，在法治化体系和经济干预的框架下，劳动关系协调机制从国家治理、企业管理和个体劳动合同三个层面同步进行：

在国家治理层面，从个别劳动关系调整向集体劳动关系调整转型。《劳动合同法》的颁布、实施及修订标志着劳动关系的个别调整在法律建构上已经初步完成，同时也开启了劳动关系集体调整的新起点。工会以第三方立场就劳动者需求与企业进行协商。人力资源和社会保障部通过界定社保缴费最低标准，向企业和劳动者共同筹资，建立专项基金，以保证在劳动者失去劳动收入后获得一定的收入补偿。

在企业管理层面，人力资源管理对内主要优化管理实践，提升工作绩效，比如弹性工作安排，对外主要是解决就业、响应劳工标准、承担企业社会责任等。

在个体劳动合同层面，随着"互联网＋"技术蓬勃发展，网络平台劳动力市场呈现出劳资融合化、契约虚拟化、时间灵活化、雇用关系多重化、职业生涯碎片化等特征。

二、劳动关系协调的新特征

（一）在劳资力量方面，双方高度融合

国家劳动关系协调重点关注劳资双方和利益相关方的利益诉求，平衡各个主体之间的力量，通过谈判确定契约条款，突破"工资侵蚀利润"或"强资弱劳"的困境。企业人力资源管理重点关注企业内部劳资双方利益的一致性，通过确立各方面的条款和条件后，签订合作契约。随着人力资本价值的提高，员工对创业企业同样重要，劳资双方高度融合。在创业企业中，创业者常常具有企业和劳动者的双重身份，一些员工以人力资本、知识技能入股企业，并获得股东身份。劳动者双重身份超越了我国现行《关于确立劳动关系有关事项的通知》（劳社部发〔2005〕12号）中劳资双方需具有从属关系的认定。

（二）在契约特征方面，存在用工风险

现行法律规范下，创业企业的用工风险主要有三类：第一类是企业初创孵化期的用工风险。创业企业在工商注册登记前，尚不具备法人主体资格，不是合法的用人单位，但在筹建过程中与劳动者之间，尤其是众创合作伙伴之间存在事实劳动的关系，如果企业创业失败，无法支付劳动报酬，创业企业就存在被起诉的风险。第二类是创业企业忽略签订劳

动合同的用工风险。创业企业，尤其是微创企业由于企业内部人员较少、组织关系较为紧密，容易忽略劳动合同的签订，一旦劳资双方相互协商的认识不一致或有认识误区，就会产生用工风险。第三类是创业企业灵活用工风险。新业态创业企业利用网络平台实现了更多灵活的就业模式，对人才"不求所有、但求所用"，将过去内部一体化的人力资源实践拓展为开放参与的模式，将过去追求多方社会利益平衡的劳动关系协调为参与共享的模式。这类灵活契约达成了企业降低成本和劳动者提高收入的共识，但缺乏稳定性保障，形成用工风险。

（三）在协调层面上，双方共求发展

在我国现行的劳动关系协调机制中，国家层面协调是既要寻求不同利益主体之间的平衡，又要保护劳动者权益，以构建和谐劳动关系。企业层面协调在于寻求内部劳资共同目标，通过人力资源管理同时实现企业所追求的利润、组织绩效与劳动者追求的工作、待遇以及晋升。在此基础上，创业企业劳动关系协调的困难在于平衡创业企业生存、发展与承担的社会责任之间的矛盾。主要体现在两个方面：一是创业企业难以满足劳动者正规就业的诉求和劳动关系政策稳定性的要求。二是创业企业难以承担较高的社会保险缴费比例。与发达国家相比，我国社会保障支出中企业社保负担过重，造成了职工收入不高但企业实际用工成本不低的矛盾。劳动关系协调模式及创业企业协调困境如表10-5所示。

劳动关系协调模式及创业企业协调困境　　　　　　　　　　　　　表10-5

类别	国家劳动关系协调	企业人力资源管理	创业企业的协调困境
利益需求	劳资双方利益不一致，力量不均等，需通过谈判来确定契约条款	劳资双方利益一致，确立各方面的条款和条件后，签订契约	劳资双方利益高度融合，个人可同时具有劳资双重身份
契约特征	劳动关系是多方利益协调后达成的和谐稳定的社会关系	劳动关系是存在共同利益的长期契约关系	劳动关系灵活且具有风险性，合作契约需要兼顾灵活和稳定
劳资协调	劳资利益虽有冲突，但是可以平衡和协调	劳资目标一致，企业追求利润、组织绩效，劳动者追求工作、待遇和晋升	创业企业的脆弱性使得企业难以承担过多的社会责任

模块四　互联网平台的劳动关系

互联网平台可以进行生产要素的重新组合，打破以往劳资双方需要建立固定劳动关系，签订劳动合同，履行社会保障合约的用工方式。依托知识和技术，劳资双方的角色交互转换，互相融合。

一、两种劳动力市场的划分

引致劳动关系变化的力量主要包括：劳动力市场、劳工队伍的特征和价值观、产品市场、技术及公共政策。而在引致力量中，劳动力市场的变化又是由其他因素所推动的。工作场所分割理论形成框架如图 10-9 所示，当代劳工队伍的特征表现为劳动力整体老龄化、新生群体教育水平较高、女性参与劳动的诉求上升、价值诉求从单一的收入需求转向"平衡家庭与生活"。在产品市场中，"互联网 +"对传统产业的渗透，带来了新的产品和服务，加速了产业结构升级。在技术变革中，普通大众可以更深入地加入创新创业潮流。在宏观经济增速放缓和财政预算约束的背景下，传统产业工作岗位相应减少。

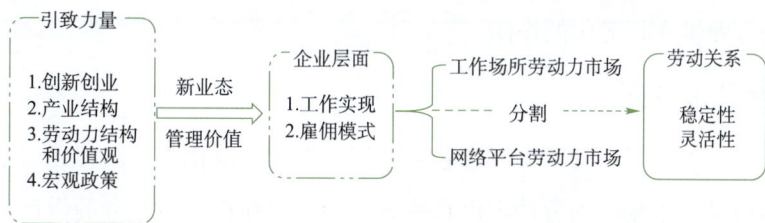

图 10-9　工作场所分割理论形成框架

在新经济的冲击下，产业结构会发生变化，劳动力结构和价值观也会发生变化，宏观经济政策将做出相应调整，这些将产生新业态。在企业层面，工作方式和雇用模式均将产生变化。在反复探索中，逐步出现新的劳动力市场，即网络平台劳动力市场，这有别于传统的工作场所劳动力市场。在新出现的劳动力市场中，劳动关系具有灵活性。在传统的劳动力市场中，劳动关系具有稳定性。当新型的分割由互联网技术带来时，线上、线下两个劳动力市场具有非常明显的互补性。工作场所分割理论正是建立在互联网技术上，将劳动力市场分为线下工作场所劳动力市场和线上网络平台劳动力市场。网络平台劳动力市场也被称为互联网平台劳动力市场。

二、两种劳动力市场的特征

工作场所劳动力市场是在工业化时代背景下产生的，兴起于 20 世纪 50 年代的美国制造行业，岗位创造依赖于产业资本化、场所隔离化，以及工作规则机械化；网络平台劳动力市场产生于互联网时代，兴起于分享经济的理念，新岗位依赖于产业信息化、资源共享化，以及工作规则灵活化。不同时代背景下，劳动力市场特征也不同，具体表现为六个方面。

（一）岗位创造方面

工作场所劳动力市场供求信息不充分、结构性失衡和摩擦性限制了正规就业的数量；而网络平台劳动力市场信息是充分的，供求及时对接、有效配置，大大降低了搜寻成本、联系成本和签约成本等，创造了大量的灵活就业岗位。

（二）契约方面

工作场所劳动力市场的劳资双方在法律规则下单一对应，通过合同管理的方式维系了长期、稳定的权属关系；网络平台劳动力市场的劳资双方以分享的理念同时参与到多重、灵活的契约关系中。

（三）企业业态方面

工作场所劳动力市场的企业强调对劳动力的拥有及控制，借助科学管理手段管理劳动者，重视工作流程的完成；网络平台劳动力市场的企业对劳动力"不求所有，但求所用"，重视劳动者的专业性在任务中的作用。

（四）劳动者方面

工作场所劳动力市场中的劳动者被企业雇用，按照标准化工作流程完成企业指派的任务；网络平台劳动力市场中的劳动者以自主方式参与企业产品与服务的设计、生产和销售的流程中。

（五）政府治理方面

工作场所劳动力市场在较为成熟的法律体系下，政府建立三方协商、集体谈判等协调机制进行治理；而对于网络平台劳动力市场，法律体系尚未建立，尚存在一些争论，有待探索解决。

（六）劳动关系方面

在工作场所劳动力市场中，劳资双方利益需要分割，强调契约关系的一致性，薪酬、工时和福利方面相对规范，劳动者普遍追求专业上升空间。在网络平台劳动力市场中，劳资双方共赢共享利润，强调参与主体的灵活性和分享性，劳动者的收入和时间方面灵活自由，劳动者更希望平衡工作与生活。

两种劳动力市场特征对比如表 10-6 所示。

两种劳动力市场特征对比   表 10-6

类别	工作场所劳动力市场	网络平台劳动力市场
时代背景	工业化时代，资本化、隔离化、机械化	互联网时代，信息化、分享化、灵活化
岗位	信息不充分； 有限的正规、固定的就业岗位	信息是充分的； 无限的非正规、灵活就业岗位
契约	一一对应的劳动关系；合同管理方式； 长期稳定的权属关系	多重劳动关系；分享参与型； 短期灵活的权属关系

类别	工作场所劳动力市场	网络平台劳动力市场
企业	强调对劳动力的拥有及控制； 科学管理和标准化工作流程	"不求所有，但求所用""轻雇用"； 强调利用参与者的专业性
劳动者	被雇用去完成企业指派的任务	参与企业产品与服务的设计、生产和销售
政府	已有较为成熟的法律框架及协调机制	存在争议，有待解决
劳动关系	劳资合作分利 强调契约性规则和一致性 薪酬、工时、福利方面的规范 劳动者普遍追求职业上升空间	劳资共赢共享利润 强调参与主体的灵活性和分享性 收入、时间方面的灵活自由 平衡工作与生活

三、互联网平台的劳动经济效应

由于时代背景不同，两类劳动力市场在创造岗位、履行契约、劳资双方和政府治理等方面均处于动态变化和相互融合中，因此挑战现存劳动关系及其协调机制的并非是新生的网络平台劳动力市场，而是新型市场的灵活性是否损害了传统市场的稳定性和规范性。

（一）就业扩大效应

网络平台对工作场所劳动力市场起到岗位创造作用。以交通出行行业网络平台劳动力市场为例，其就业扩大效应体现在产业链的三个阶段上：上游阶段，通过对车辆的需求，扩大了汽车制造、租赁和维修服务行业的就业；中游阶段，降低了传统出租车的空乘率，提高了职业驾驶员的劳动报酬；下游阶段，创造了更多用户的就业体验，带来更加灵活、高效和低成本的工作岗位。

（二）满足劳资双方的诉求

灵活就业岗位供给的涌现反映出企业对灵活性的诉求。在商业周期的不同阶段，企业所需的劳动力数量不同，然而，在工作场所劳动力市场条件下，调整劳动力数量只有一个方法，即按照相应的规则去雇用和解雇，这无疑增加了企业的调整成本。网络平台劳动力市场以灵活的用工时间，保证雇用群体的稳定性，以契约的多重性，降低了解雇冗余劳动力的成本。

灵活就业岗位的需求旺盛反映出劳动者对灵活性的诉求。高等教育大众化改变了劳动力结构和人力资本水平，劳动者的议价能力不断上升。如图 10-10 所示，2015 年欧洲各国灵活就业的劳动者中受过高等教育的比例大约在 1/4~1/3 之间，中国这一比例为 34.8%，美国为48%。劳动者利益诉求由过去强调薪酬、工时和福利等方面，转向强调共享生产收益和平衡工作与生活的灵活状态。当前，劳动关系的双方主体都可以通过灵活就业满足其利益诉求。

劳动关系与未来职业 第十讲

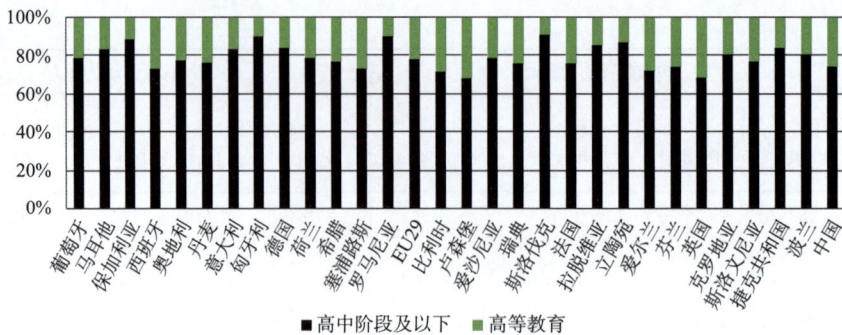

图 10-10　灵活就业学历分布的国际比较

（资料来源：1. 欧洲 29 个国家数据来源于欧盟统计局；2. 中国人民大学劳动人事学院课题组《平台经济与新就业形态：中国优步就业促进研究报告 (2016)》）

（三）缩小收入不平等程度

网络平台劳动力市场就业门槛较低，可以吸纳其他行业的专职就业者以兼职的方式获取收入，会缩小行业间工资收入差距；也可以消除歧视，给予女性、流动人口及失业人口平等的就业机会，可缩小不同群体间收入差距。灵活性可能影响劳动关系的规范稳定，过度灵活性会有损稳定性，但是如果以"两害相权取其轻"的原则来审视灵活就业，那么互联网平台将成为稳定就业水平和维护劳动者收入的机遇。

EG 案例 10-2

外卖小哥和网约车驾驶员收入可观

2020 年 3 月开始，小卖部老板李某在某平台上注册成了一名外卖小哥。"小卖部属于那种撑不死饿不着的，每个月收入很有限。今年买了套房子，月供要 4000 多元，压力太大。"李某告诉记者，疫情期间小卖部完全没了生意，而那些外卖则生意好得不行，"所以将小店交给老婆打理，我来专职送外卖。"

李某介绍，成为专职外卖小哥后，自己平均月收入为 6000~7000 元（图 10-11），"很多时候是要靠抢单的。如果抢单多，没差评，月入过万元也是有过的。"

门槛低、时间自由又能增加收入是他们选择网约配送员的主要原因。也正因为这些因素，网约配送员成为越来越多人职业兜底的选择。据公开数据显示，疫情期间，美团外卖新增了 69 万名骑手，其中不乏创业者和白领。根据饿了么的数据显示，56% 的骑手都有第二职业。

在某企业上班的小陈，两年前就成了某平台的网约车驾驶员。"我一般就上下班的时候顺路接一下顺风车的单子。周末没事的时候，会接一接单。"小陈说，年轻人闲着没事，平时就喜欢开车转着玩，成了网约车驾驶员，正好一举两得。

图 10-11 外卖小哥生意忙

"比如像我，想接单了就打开平台系统，不想接单了就关闭系统，时间完全由自己掌控，不会影响到本职工作。"小陈告诉记者，不过由于不是做专职网约车驾驶员，每个月增加的收入有限，"一般来说一个月能多赚 2000 多元。"

摘编自《东江时报》（2020 年 10 月 22 日）

四、互联网平台的劳动权益风险

（一）劳动关系认定风险

新技术带来新的劳动关系风险。一方面，"互联网+"平台经济、分享经济、众创空间等新经济、新业态的快速发展，使制造业、零售业等传统行业和实体经济受到不同程度的冲击，出现企业效益下滑、经营困难、甚至倒闭，由此引发劳动关系风险；另一方面，随着外包用工、临时用工、碎片化用工等多样化用工方式的出现，劳动关系领域出现许多新情况、新问题，劳动关系不确定、不稳定因素增多，新经济、新业态从业人员的权益保障处于模糊地带，现行的劳动法律法规、监管办法、处理手段相对滞后，一旦发生争执，存在协调劳动关系的难度。

（二）劳动收入稳定性较弱

从收入水平看，多数劳动者表示加入平台后收入增加。但根据 2017 年北京市交通运输工会、政法卫生文化工会、市总工会工运史和劳动保护研究室、北京市互联网行业工会联合的调查显示，56.95% 的从业者最担心的问题是收入不稳定。另外，个别平台拖欠劳动者收入，劳动者不能及时提现；个别平台仅根据用户单方面的负面评价，未向劳动者公布相关信息就直接处罚劳动者的情况也时有发生。

（三）劳动量化标准不明确

平台从业者工作量量化标准不明确，存在平台业务量波动的情况。当消费需求下降时，直接反映到平台就业者工作量化标准上，导致就业者收入降低。调查显示，在平台外卖骑手、网约搬家人员、网约车驾驶员等职业从业者中，51.64%的劳动者最担心的问题是客流不稳定。当平台面临消费需求高峰时，平台就业者劳动超量、工作超时情况非常严重，调查显示，平台从业者平均每周工作6天以上的占86.81%，每周工作7天的占31.6%。

（四）劳动安全存在风险

依托技术进步，新就业工作任务在线上签约，在线下完成实际劳动过程，因此对于上门服务的劳动者（如美甲师、网约护士）或密闭空间的劳动者（如网约车驾驶员）而言，均存在人身安全风险。调查显示，48.58%的劳动者最担心安全问题，包括交通事故、治安事故、工伤事故等。目前平台从业者无法缴纳与享受工伤保险，也仅有少数平台，如滴滴、美团等通过人身意外伤害险等方式防范此类风险，大部分平台从业者仍然未享受到保障。此外劳动者还担心财产安全，如快递包裹丢失、所使用生产工具或交通工具丢失等，这些都不在平台运营企业负责的范围内。

（五）社会保障程度较低

按照我国当前社会保障体系，平台运营企业不承担劳动者缴纳社会保险中企业应承担部分。兼职人员社会保险可由本职工作单位负责；专职人员如果拥有就业所在地户籍，可以灵活就业人员身份在就业所在地参保。然而，异地从业者不能以个人名义参加社保，需要以更高的成本通过人事代理机构代缴，由于参保成本高，平台中异地劳动者缴纳社保的比例不高。调查显示，36.02%的平台从业者认为"从事平台就业最担心的问题"是"没有缴纳社保，存在后顾之忧"。

互动交流

1. 新技术、新经济和新业态之间存在什么关系？
2. 最近几年有哪些新的职业类型？
3. 新业态的劳动关系与传统行业的劳动关系有哪些不同？
4. 互联网平台劳动力市场中有哪些劳动权益风险？

如何破解互联网平台劳动关系难题?

中国互联网协会分享经济工作委员会 2017 年发布的《2016 年度中国"共享经济"发展报告》数据显示,2016 年中国"分享经济"平台的就业人数约为 585 万,比 2015 年增加了 85 万。但是,一边是从业者数量的大幅度增长,一边是部分"共享平台"经历井喷式增长后离场撤资,可以预见在未来一段时期内,涉互联网 App 平台劳动争议案件的数量将继续保持增加态势。

早在 2013 年,我国第一起网络预约平台与其下属的驾驶员之间的劳动关系确认案件就走进了公众视野。

孙某,入职北京亿心宜行汽车技术开发有限公司,并签订了《劳动合同书》,岗位为代驾驾驶员。之后,汽车公司与孙某解除协议,双方就是否存在劳动关系产生争议。这个案例引发了广泛的社会讨论,若认定为劳动关系,则驾驶员孙某能如期享受社会保险、住房公积金等福利待遇,在发生交通事故时,则可能属于职务行为,由汽车公司承担赔偿责任;若不认定为劳动关系,孙某的代驾工作,则似如履薄冰,一旦发生事故,相应后果需自行承担。

把案件放在"互联网+"这个大的时代背景里,在越来越多的人投入到互联网平台从业的浪潮中,无论何种裁判结果都可能激起千层浪。在如此具体的现实压力下,法院经过审慎裁判,一审法院和二审法院均未支持孙某的诉讼请求,认为孙某和汽车公司之间的关系不符合劳动关系的特征,不属于劳动关系。

在之后几年的时间里,关于互联网平台与从业者的劳动关系确认案件呈递增趋势,急速上涨。法院在确定互联网平台与从业者的劳动关系审查时,主要秉承"实质审查原则"。根据劳动和社会保障部〔2005〕第 12 号文《关于确认劳动关系事项的通知》,所谓"劳动关系的成立"应同时具备四个要素,即双方主体资格、用工管理与劳动安排、报酬、劳动为用人单位业务组成部分这四要素,核心指向了"人身隶属性"。具体而言,如经由实质审查,双方间存在劳动法意义上的"人身隶属性"、符合劳动关系的特质,则应认定双方间建立了劳动关系。

以"好厨师"案为例,"好厨师"App 由某信息技术公司运营,该平台可以在线预约厨师上门提供烹饪服务。从业人员张某为证明其与该技术运营公司存在劳动关系,提供了银行卡账户历史明细清单、押金收据、工作服及背包及其他劳动者案件一审判决书。信息技术公司主张双方是合作关系,并且提交了双方签订的《合作协议》进行证明。一

217

劳动关系与未来职业 第 十 讲

审法院认为该技术公司对张某进行指派、调度及惩戒，按月发放较为固定的报酬，张某接受公司的劳动管理，在安排的地点工作，代表公司从事有报酬的劳动，双方符合法律规定的用人单位和劳动者的主体资格，并且张某主要提供厨师技能，双方具有较强的从属关系，双方建立的关系符合劳动关系的特点，法院据此认定双方存在劳动关系。

与该案相反，在另外一个涉及"五八到家"平台的案件中，"五八到家"公司主要是为从业人员刘某提供信息平台，刘某通过平台获取服务信息，自主选择工作时间和工作地点，没有专门、固定的办公场所，双方没有人身或组织上的从属性，并且刘某从事的美甲业务并非"五八到家"公司业务的组成部分。因此，法院未认定刘某与"五八到家"公司成立劳动关系。

摘编自《经济参考报》（2018年5月30日）

请分析：

1. 同为互联网平台用工，部分平台与从业者的关系受到法律承认，部分则不然，司法裁判为何会呈现出如此明显的认识性差异？

2. 如何做好劳动者权益保护与鼓励新生事物发展之间的平衡？

参 考 文 献

［1］雷切尔·刘易斯，拉腊·齐巴拉斯.工作与职业心理学［M］.叶茂林，译.杭州：浙江教育出版社，2019.

［2］中国法制出版社编写组.事业单位领导人员管理核心规定［M］.北京：中国法制出版社，2017.

［3］常凯.劳动关系的集体化转型与政府劳工政策的完善[J].中国社会科学，2013,（6）：91-108.

［4］陈雄.职业卫生法律法规［M］.重庆：重庆大学出版社，2018.

［5］党印.新时代劳动教育100问［M］.北京：中国人民大学出版社，2021.

［6］党印，李珂.以劳模精神、劳动精神、工匠精神引领新时代劳动教育［J］.中国高等教育，2021,（Z3）：62-63.

［7］党印，刘丽红，张诺.教育与生产劳动相结合：理论溯源、历史演进与现实方向［J］.中国劳动关系学院学报，2022,36（02）：8-18.

［8］党印，咸丽楠.服务业人才培养中融入劳动教育的内在逻辑与现实路径——以中国劳动关系学院酒店管理专业为例［J］.劳动教育评论，2020,（3）：145-160.

［9］邓小平.邓小平文选［M］.2版.北京：人民出版社，1994.

［10］高鸿业.西方经济学（宏观部分）［M］.7版.北京：中国人民大学出版社，2018.

［11］高鸿业.西方经济学（微观部分）［M］.7版.北京：中国人民大学出版社，2018.

［12］关怀，林嘉.劳动法［M］.5版.北京：中国人民大学出版社，2016.

［13］胡玉玲.产业结构演进视角下的劳动教育形态变迁[J].劳动教育评论，2020,（2）：83-104.

［14］纪雯雯，赖德胜.从创业到就业：新业态对劳动关系的重塑与挑战——以网络预约出租车为例［J］.中国劳动关系学报，2016,30（2）：23-28.

［15］纪雯雯.数字经济下的新就业与劳动关系变化［M］.北京：社会科学文献出版社，2019.

［16］姜颖.劳动法学［M］.北京：中国劳动社会保障出版社，2007.

［17］景跃进，陈明明，肖滨.当代中国政府与政治［M］.北京：中国人民大学出版社，

2016.

［18］康晓光.非营利组织管理［M］.2版.北京：中国人民大学出版社，2020.

［19］黎建飞.劳动法与社会保障法：原理、材料与案例［M］.2版.北京：北京大学出版社，2019.

［20］李珂.从当代人工智能的发展看马克思的人机关系思想［J］.自然辩证法研究，2019，35（4）：71-75.

［21］李珂.初次就业不迷"盲"——和谐劳动关系导读［M］.北京：机械工业出版社，2021.

［22］李珂.迈向制造强国：建设新时代高素质产业工人队伍［M］.北京：中国工人出版社，2019.

［23］李珂.新时代劳模精神的崭新意蕴与当代价值［J］.红旗文稿，2020，（8）：33-35.

［24］李珂.劳模精神［M］.北京：中共党史出版社，2020.

［25］李娜.退休再就业人员工伤损害赔偿的困境与出路［J］.中国人力资源开发，2020，37（3）：115-128.

［26］李英武.职业健康心理学［M］.北京：北京师范大学出版社，2017.

［27］刘剑.实现灵活化的平台：互联网时代对雇佣关系的影响［J］.中国人力资源开发，2015，（14），77-83.

［28］刘丽红，曲霞.论高校创新创业教育与劳动教育的同构共生［J］.中国青年社会科学，2020，（1）：103-109.

［29］刘向兵.用劳模精神、劳动精神、工匠精神凝聚新征程奋斗力量［J］.红旗文稿，2021，（1）：37-39.

［30］刘向兵.劳动通论［M］.北京：高等教育出版社，2020.

［31］卢晓东，曲霞.大学劳动教育课程框架、特征与实施关键：基于劳动要素的理论视野［J］.中国大学教学，2020，（2）：8-16.

［32］曼昆.《经济学原理（微观经济学分册）》（第8版）笔记和课后习题（含考研真题）详解［M］.北京：中国石化出版社，2020.

［33］欧阳日辉.从"＋互联网"到"互联网＋"——技术革命如何孕育新型经济社会形态［J］.人民论坛·学术前沿，2015，（10）：25-38.

［34］乔东.劳模精神、劳动精神和工匠精神探析［J］.中国劳动关系学院学报，2019，33（5）：35-42.

［35］曲霞.新时代劳动教育的三重内涵［J］.人民教育，2020，（7）：1.

［36］石阶瑶.大学生失业的心理学阐释及对策［J］.苏州教育学院学报，2008，25（4）：82-85.

［37］苏庆华.新兴商业模式与雇佣关系规制——互联网众筹模式下的雇佣关系问题分析［J］.中国人力资源开发，2015，（14）：89-93.

［38］王全兴.劳动法［M］.4版.北京：法律出版社，2017.

［39］王永柱.职业卫生工程专业认识实习课程内容设计［J］.科技视界，2019，（35）：110-111，93.

［40］向德荣.劳模精神职工读本［M］.北京：中国工人出版社，2016.

［41］宿恺，袁峰.企业管理学［M］.北京：机械工业出版社，2019.

［42］徐大真.职业心理学［M］.北京：高等教育出版社，2011.

［43］徐彦秋.工匠精神的中国基因与创新［J］.南京社会科学，2020，（7）：150-156.

［44］杨冬梅.新中国70年劳模事业成就与经验［J］.湖北社会科学，2019，（8）：29-34.

［45］中国劳动关系学院.劳模学概论［M］.北京：人民出版社，2020.

［46］杨红萍，颜铠晨."工匠精神"的国际比较［J］.经济师论坛，2020，（1）：283-284，287.

［47］张东风.职业道德［M］.3版.北京：中国劳动社会保障出版社，2017.

［48］张小小.劳模文化育人视角下大学生职业道德教育现状调查与路径分析——以上海第二工业大学为例［J］.高教学刊，2020，（12）：60-63.

［49］赵薇.发挥工会劳动竞赛优势动员组织广大职工共克时艰［J］.工会博览，2020，（19）：24-25.

［50］赵薇.中国古代工匠精神特点及其价值追求［J］.中国劳动关系学院学报，2018，32（2）：118-124.

［51］中国安全生产科学研究院.安全生产法律法规［M］.北京：应急管理出版社，2020.

［52］周欢.大学生就业心理问题分析及应对措施［J］.现代职业教育，2020，（45）：188-189.